康和證券
集團會長 鄭世華●著

# 計謀謀學

創造機會、改變命運的最佳武器

## 作者簡介

# 鄭世華
### 1944 年生於台灣台北

**學　歷**

　　大同工學院電機系

**經　歷**

　　康和證券集團經營管理委員會主任委員

　　國立台北商業大學企管系教授（兼任）

　　康和綜合證券股份有限公司董事長

　　帝國建設股份有限公司董事長

　　台北市中興獅子會會長

　　台北市露營協會理事長

　　經歷過士農工商等二十七種行業

**現　任**

　　康和證券集團會長

　　世善企業集團會長

　　財團法人台北市鄭世華社會福利（慈善）基金會董事長

　　財團法人鄭俊生社會福利慈善事業基金會副董事長

**獎　項**

　　榮獲經濟部頒發「優良商人獎」暨中華民國全國商業總會「金商獎」

　　榮獲大同大學校友會頒發「傑出校友獎」

**著　作**

　　智謀 39 計

　　浮生若夢

　　逆轉運勢的 3 堂課

　　計謀學

# 《計謀學》的構想及三大特點

**理想：**「為往聖繼絕學」，《孫子兵法》與《36計》等，如果大眾不會運用，將面臨失傳。

**傳承：**在經歷過的二十七種行業中，擁有豐富的計謀實戰經驗願與大家共享之。

**初衷：**是讓弱勢者翻身或對抗強勢者的最佳武器，以達成濟弱扶傾及眾生平等的目的。

《計謀學》這本書的精神雖然是沿襲中華民族古聖先賢智慧謀略的兩大兵書：《孫子兵法》與《36計》而來的，但是它卻有三大特點是在《孫子兵法》與《36計》中沒有但可以相得益彰的東西。

## 一是首創將「計謀數字化」：

讓計謀變成易學、易記、易懂、易組合、易轉化且好運用。而於數字化後，在談判時立可隨機運用，達到出奇制勝，隨機應變的效果，且用「計號」取代「計名」後，即可以排列組合，衍生百計運用。

## 二是逆向速成學習法：

逆向學習法是先談實務，再學理論。先談實務應用→模仿方法→瞭解理論。亦即先瞭解前輩們對計謀運用的行為模式解析，並運用觀察、模仿、修正、執行，循環為之的方式。逆向學習法不但快速而且可以節省很多財力、精力、時間，亦可記取他人失敗的教訓及成功的經驗。

## 三是它有 1327 個行為模式解析：

所謂行為模式解析（分解與剖析），就是將對方運用的每個計謀以它的行為模式加以解析，將其歸納為《智謀39計》中某個「計名」（計的名稱），這就是「知彼」；然後根據我方的條件、環境、利基來選擇《智謀39計》中的某一個「計名」，作為破解、防禦、反制、攻擊的依據，這就是「知己」。

透過行為模式解析，掌控知彼知己，無論防禦或攻擊皆能運用自如，當然勝算就大了，這就是《孫子兵法》所說的：知彼知己，百戰不殆（不敗）。

學習者只要能掌握這《計謀學》的三大特點，立刻可以快速學習到它的精華，再加以不斷地對照書後的拉頁「計名簡介表」來演練行為模式解析的選擇題，這就達成「知行合一」。然後立可領悟到計謀的神奇功能及奇妙運用，此時創造機會、改變命運的契機，即可拭目以待了。

〔推薦序〕

# 計謀的本心與妙用

何飛鵬╱城邦媒體集團首席執行長

　　一般人在職場與人生，追求的不脫名、利、成就與情感。過程中，不可能事事順利，一定有困難必須克服。面對問題，我們會分析原因，同時尋求方法與工具，予以解決。

　　本書作者鄭世華會長，自承初入社會時，為人處事只能自己摸索，或向前輩請教，但前輩未必傾囊相授，自學又不得章法。在經歷許多挫折後，才猛然警覺，要在職場上競爭、出人頭地，必須要適當使用謀略，才能達到目的。

　　然而計謀是家庭、學校、社會都不會教的街頭智慧，只能找到對的專家或達人，以「觀察、模仿、修正、執行」來自學偷學，或者買一本書自行研讀。

　　鄭會長苦心研究《孫子兵法》與《36計》，再加上自創的三計而成「智謀39計」，具紮實的理論基礎。再加上他在職場五十餘年來，歷經士農工商等二十七種行業，有非常豐富的計謀實戰經驗。近年來，鄭會長更在國立台北商業大學企管系，開設「創造機會，改變命運的謀略」課程，以自創的「計謀數字化」教學法，讓計謀易學、易懂、好運用。

　　本書第三篇舉出古今中外、形形色色的四十個案例，包

括警察科學辦案、郭台銘訪白宮，以及網路名人的詐騙案等，鄭會長一一拆解其中的心理與行為模式，剖析當中的連環計謀，讀者若能反覆研讀、練習，對計謀的掌握度，必定高人一等。第四篇則自述一生的經歷，罹癌、多次手術、換肝、長期住院，讀者更能理解，在人生遭逢重大變故時，計謀扮演的重要角色。

鄭會長還提醒讀者，學計、用計，當然是希望能出奇、應變，獲得我們設想的成果，但內功心法不能偏廢，必須以誠為本、計亦有道，計謀只是工具，若心懷爾虞我詐，不擇手段、蠻橫致勝，便於理有虧，終究不是正道。

《計謀學》融合了鄭會長的職場實務、人生體悟、教學經驗，是學習謀略的書籍首選，我從中獲益良多，如果讀者能將此書置於案頭，時時翻閱思考，學會系統性、邏輯性地運用計謀，必定能突破瓶頸、扭轉困局！

〔自序〕

# 為什麼要寫《計謀學》這本書？

《孫子兵法》：「百戰百勝，非善之善者也；不戰而屈人之兵，善之善者也。故上兵伐謀，其次伐交，其次伐兵，其下攻城。」

百戰百勝，算不上是最高明的；不用交戰就降伏敵人，才是最高明的。所以，用兵最上策就是用計謀挫敗敵方，使其屈服。其次是在外交上擊敗敵人，再其次是直接與敵交戰，最下策就是武力攻城。

由此可見，兩千多年前的孫子即已領悟計謀的重要性，而我寫這本書的構想，也就是從孫子的這段話開始。

我寫這本書的初衷，是認為可藉由運用計謀，達到濟弱扶傾及眾生平等的目的。因為我認為計謀是上天賜予弱勢者翻身或對抗強勢者的最佳武器，而不需要經過革命或鬥爭等激烈手段，即是透過運用計謀，讓全民都有創造機會、改變命運的契機。

計謀是，在競爭激烈的戰場、商場或生活上，為了在競爭中求勝或為了謀求名、利、成就、情感等四大需求時，你不能不知、不能不學的學問和技能。尤其是想當領導者或老闆的人更要覺悟，各種專業方面可聘請專業人士代勞，然而

有關計謀的學問和技能卻非靠自己不可！計謀的領悟來自三個層面，一是天賦，二是實務經驗，三是學習。有天賦者須經過學習才能熟悉運用，有經驗者也要透過學習才能精進。

計謀也是家庭、學校、社會都不會教導的東西，必須靠自己摸索、體驗數年甚至數十年，才會有運用的概念，卻經常在運用後，發覺難以如人所願。所以我才動了念頭，在寫了《智謀 39 計》、《浮生若夢》、《逆轉運勢的 3 堂課》等三本書之後，盡速於有生之年再寫一本不但可傳承我的經驗，而且能讓人快速學習的書，但是卻因為事業、教學及健康因素，斷斷續續寫了十一年才得以完成。

我在商場上五十餘年，前段經常挫折、失敗，一直到領悟計謀後才開始得心應手，可是已經花費了二十餘年。所以，我經常思考，有沒有什麼能夠快速學習到計謀，並且可以運用自如的方法？走遍坊間各種書店，可以看到許多有關計謀的書，大多是描述古代戰爭的故事，卻很少有現代商場或生活上的實際案例，看了之後大有「知其然而不知其所以然」的感覺。

後來才知道，寫計謀書的人都是文筆佳、理論寫得好，但卻沒有商場或生活上運用計謀的實務經驗；而有實務經驗的人，卻因文筆不好寫不出來或無意願下筆。所以必須要有一座「橋」，結合理論和實務經驗，這本計謀書才會完整。

我當過記者，文筆還算可以，也研究過《孫子兵法》和《36 計》這兩本兵書雙絕後，寫了一本《智謀 39 計》，

亦算通曉理論。再加上我五十餘年來曾經歷過士農工商等二十七種行業，自然有非常豐富的計謀實戰經驗，所以靈機一動，由我來當「橋」結合理論與實務經驗，寫下一本類似教科書或工具書，不但教導大家快速學習計謀，而且還可傳承下去，從此以後，我就把這構想當作使命！

後來我有幸在國立台北商業大學企業管理系教授「創造機會，改變命運的謀略」這堂課時，就把我的想法教導學生，發覺效果不錯，增加了不少信心！而且因為教學相長，更領悟了許多計謀的道理。我這套教學法的關鍵重點在於「計謀數字化」！若要快速學習計謀，一定要將計謀變得易學、易懂、好運用、轉化快、變化多，才能達到出奇、應變的效果，藉以突破瓶頸，解決困難，而「計謀數字化」正符合這些條件。

計謀的奧妙在於它可以結合數字來運用，有數字的東西才可以「排列組合」，有「排列組合」才能衍生多計。本書的一個重點是行為模式解析，是屬心理學及統計學，即應用分解、剖析對方行為找出其運用的計名，我方即可運用計謀，選擇計名來破解、防禦或反制、攻擊。

一般人運用計謀，一個案例大概在十個計之內可解決，能用到三十到五十個計已經很了不起，若能用到百計以上可算是高手了！然而，如果讀者能依照書上所教導的步驟，將案例的行為模式解析一一完成，必然也可達到此種境界。

總而言之，計謀只是技能與工具而已，本身並無好壞，

其好壞是由運用者的品德與心態決定之。諸位讀者如果能好好研讀並運用這本書，它絕對是你一輩子不離不棄的好幫手以及最可靠的武器，並且還值得將其傳承三代！

計謀的修練功力層級不只本書所說的六級，但若能達到六級，則對於個人在職場、商場，甚至於國家、世界中突破瓶頸、解決困難以及縱橫捭闔皆無問題，亦可達到「運籌帷幄之中，決勝千里之外」的境界。至於功力七級以上，必須兼備天賦、緣分、熱誠、苦修等方能達成，本書不再贅言。

觀察四十五到六十五歲左右的人士，於進入社會後已有超過二十年以上的社會經驗，此時又擁有相當的人脈和資源，是人生中最能發揮盡致的時候。可惜的是，這個年齡層的人在擁有數十年的商場實務經驗後，卻比較自信於運用原有的計謀經驗，然而商場千變萬化，過分自信就會造成盲點，導致輕敵而失誤，故建議可以研習一些邏輯性及系統性的計謀運用方式，再融合原有的實務經驗，即可精益求精、更上層樓，以便解決更多更困難的問題，再創事業的高峰。

最終，讀者們將會領悟到，這本書是開啟神祕計謀世界的一把鑰匙，門後隱藏著兩千多年來中華文化古聖先賢的智慧寶藏。

這本書前後寫了許多年，特別感謝太座李麗珠於病中病後的細心照顧，讓我有體力及靈感完成這本書。感謝黃宜珍、李思萱幫我打字、整稿及助教王晧的協助。也感謝商周出版社責任編輯鄭凱達的用心編排及改稿。

# Contents
目 錄

## 第二篇　計謀的學習

# 第三篇 40 種案例的問題、選擇題及行為模式解析

# 第一篇

# 計謀的說明

## 01 運用計謀，達到濟弱扶傾、眾生平等的目的

### 計謀是上天賜予弱勢者翻身或對抗強勢者的最佳武器

在物競天擇、弱肉強食的世界裡，計謀是上天賜予弱勢者翻身或對抗強勢者的最佳武器，也是一個用來扭轉乾坤、改變局勢的大好機會。

然而，強勢者如果肯用心研習計謀，同樣也會變得更為強大，幸虧強勢者兵多將廣、財大氣粗，故必有驕兵心態，變得狂傲、自負，以致謙卑、冷靜不見了，計謀也跟著走了。即使統帥或領導者刻意表現謙卑，也約束不了屬下的軍官或主管的驕兵心態。而萬一碰到既強又謙卑的對手時，即使你敗了也無話可說，只能自嘆：「既生瑜，何生亮？」

反之，若弱勢者雖人財皆少，但懷有必勝的決心，能同心協力、團結力量，再運用計謀克敵，則必可打敗強勢者。這狀況在歷史上有甚多佐證，例如漢之劉邦、唐之李淵、宋之趙匡胤、明之朱元璋，近代的孫中山、蔣中正、毛澤東等，在當時都不是強勢者，卻能運用計謀以弱擊強，反敗為勝，創造機會，改變命運。

「勢」代表力量、名聲、財富、權貴，擁有多者稱為強勢者，反之稱弱勢者，而強勢、弱勢並不是永世不變，大概十年一小變，三十年一大變，六十年一巨變。其實弱勢者與

強勢者是比較性的，因為受到時間與環境的影響，幾乎每一個人都同時具有弱勢者與強勢者的身分。舉例來說，台灣的首富在台灣是強勢者，可是和世界首富一比又變成弱勢者。或是有的行業景氣時，賺了大錢，是強勢者；而後來不景氣，虧了大錢，就變成弱勢者。所以不要以現狀是強勢者而滿足，也不要以現在是弱勢者而絕望。

　　人生之中，都有數次由弱勢者轉為強勢者的機會，當然個人的用心及必勝的決心是必要的，然而還有一個重要的催化劑，就是計謀的運用。因為計謀的功能就是以弱擊強、以小搏大、以寡敵眾等，所以出身弱勢者不需要革命或鬥爭等激烈手段，就可以經由運用計謀來翻身或對抗強勢者，達到濟弱扶傾、眾生平等，讓全民都有創造機會、改變命運的契機，這也是我寫這本書的初衷。

## 02　計謀是什麼？

- 計謀與對策皆是謀略的一種，計謀屬邏輯性的思考，對策屬直覺式的反應，而本書所說的計謀，比較著墨於古代的兵法書《孫子兵法》及《36計》。

- 計，即「預計、計算」，原意是在戰爭前，透過對敵我雙方主客觀條件（實力、領導人、環境、財務、後勤、軍法等）的分析與評估，而對戰爭勝負做出預測、謀略。

- 計謀是一種無形的東西，看不到、摸不著，就像空氣一樣，

感覺不出它的存在，但當我們遭遇困難或危機時，它會自動跳出來幫我們處理或解決問題。它部分來自天賦，而部分須靠用心研習。

● 在人生中，當我們在追求名、利、成就、情感時，計謀提供了很大的幫助，它可運用於企業管理及人性管理。

● 企業管理及人性管理，首重解決事情與人際等問題的能力，而計謀就是突破瓶頸、解決問題的技能與工具。

● 最重要的是，計謀比狗還要忠心，還要長壽，一輩子不離不棄，同甘共苦，赴湯蹈火，生死與共，無怨無悔跟在我們身邊，一直到死為止。切記：靠山山倒，靠人人跑，靠自己最可靠。

● 進入社會後，首先要知道的是，己方在想什麼？要做什麼？對方在想什麼？要做什麼？也就是察言觀色，知彼知己，才能運用計謀。

● 運用計謀來創造機會、改變命運，以期達成更好的理想及更佳的生活（人生四大需求：名、利、成就、情感）。

● 造命者天，立命者我；命由天定，運由己生，即是運用計謀改變命運。

● 運用計謀，達到孫子兵法：知彼知己，百戰不殆（不敗）。

## 03　計謀是創造機會、改變命運的契機

　　人的一生是命由天定（出生時的環境、家庭是由上天決

定），而運由己生（個人的前途、願景卻是由自己決定）。
一生之中所汲汲營營的四大需求：名、利、成就、情感都是
要靠機會，而機會改變命運，所以當機會不來，就要創造機
會讓它進來；當命運不好，就要改變命運讓它變好。

如何創造機會、改變命運？

就是要靠出奇制勝，隨機應變！

簡而言之，就是要運用計謀，靠三十九個計謀來出奇；
也靠三十九個計謀來應變。

孫子兵法研究的是戰勝的方法（實際是講不敗），強調
計謀的重要性，但也一再提醒不可忽略自身實力與經常訓練
等基本功夫。就像在商場上，想在激烈競爭中得勝，計謀固
然重要，但更要緊的是自己公司的本質——經營管理。

## 04 計謀的精髓在於出奇制勝、隨機應變

- **出奇制勝**：當狀況發生時，要運用奇計來應對，並藉以獲
  勝。
- **隨機應變**：當天時（趨勢）、地利（環境）、人和（人際）
  發生變化時，要靈活運用奇計來應對。
- **奇計**：即「智謀 39 計」，要運用三十九個計交叉運作來出
  奇與應變。
- **目的**：當達成出奇制勝、隨機應變時，即可搶到先機，爭
  取主動，出其不意、攻其不備，進而伺機一擊而中，達到

勝利的目的。

- **搶先機、爭主動**：靈活應用奇計，就可以比敵人早一步搶到機會，爭取到主動權。
- **出其不意、攻其不備**：靈活應用奇計，在敵人意料不到時採取行動，在敵人沒有防備處發起攻擊。
- **進而伺機一擊而中，達到勝利的目的**：在以上行動後，逼使或等待敵人出現弱點時，就是機會來了，我方全力出擊，就可得到勝利。

一般人之處理方式稱為守正，特殊的方式稱為出奇，「出奇」就是要創新，要為自己造勢，不要墨守成規，要活用計謀，而「應變」就是要有靈活變化，但要注意，奇招人人會出，就看有效無效。

出奇就是創意，應變就是靈活，所以平時必須經常用「行為模式解析」來訓練腦筋的靈活度和出奇計的能力，這樣思考才會靈活，千萬不要讓呆板僵硬的思維扼殺了創意與想像的空間。

「出奇制勝、隨機應變」是相輔相成、缺一不可的，因為要「出奇」才能創新，才能突破困境、解決困難；而要「應變」，「出奇」才會有效果。

故縱然有「奇計」而不會「應變」，「計畫趕不上變化」，雖奇而無用，奇計無法奏效。反之，如會「應變」而無「奇計」，則等於只有防禦而無攻擊，缺了主動與先機，便無效果。

## 05 運用計謀的六大原則：快、準、狠、斷、捨、離

- **快**：出手要快。
- **準**：目標要準。
- **狠**：決心要狠（對自己、對他人）。
- **斷**：切斷不需（人、事、物、情）。
- **捨**：捨棄多餘（人、事、物、情）。
- **離**：脫離執著（人、事、物、情）。

如果對這六大原則看不透、想不開、做不來、放不下，則對計謀的運用就會受到限制，功用及效能就會降低。

想當老闆、領導者或成大事立大業的人，這六大原則也是必備的。

人生成長過程中，必須經歷的四大需求：名、利、成就、情感等等，都需要斷、捨、離。它是人生淬鍊必經的一課，這學分沒修好，成不了大人，做不了大事，一輩子都會庸庸碌碌。人的一生中不知道需要多少次的斷捨離？然而，面臨最大的困惑是，人若沒有目標或志向，要如何才能下決心去斷、捨、離？

人的一生於商場上有無數次各種戰役及談判，不要奢求每次都要贏，運用計謀掌握快、準、狠、斷、捨、離，能勝就爭取，該敗就放下，把精力、資源留待下一場戰役，切勿

孤注一擲，小心籌碼用盡，其他敵人將會乘虛而入，變成鷸蚌相爭，漁翁得利。

計謀是特效藥而不是萬靈丹，商場上萬一我方天時（趨勢）、地利（環境）、人和（人際）皆不足時，運用計謀可減少損失，小輸勿大敗，以保存元氣，再圖東山再起，是謂留得青山在，不怕沒柴燒。

## 06 計謀的神奇功能

歷史上，漢之劉邦、唐之李淵、宋之趙匡胤、明之朱元璋，在當時都不是最強、最能掌握大局及最有資格當皇帝的人，但都憑著個人及手下謀士運用計謀，以寡敵眾，以弱擊強，反敗為勝，終於在最後一刻扭轉乾坤，改變局勢，稱王稱帝。

但若想要以小搏大、以寡敵眾而得勝，則不能只單獨運用一個計，必須有些計運用於正，有些運用於奇，正奇並用，虛實相應、互為呼應才能成功。

兩軍對陣，正面攻打為正兵，側面攻打為奇兵，正奇並

用，則敵軍不知我軍主力於何處，敵兵多是為主，我兵少是為客，若能依㉚反客為主讓敵軍被我調動分兵，則敵必敗。

　　成語「背水一戰」的典故，以楚漢相爭，韓信率兵一萬餘人於井陘口打敗二十萬趙軍為例。奇正相生：韓信兵分三支，自己帶一支（正），先派出一支兩千人埋伏在側（奇），背水列陣一支一萬人（奇），是一正二奇。交戰後，韓信敗退（佯敗），其大將旗鼓儀仗皆丟棄（餌兵），並撤退和水邊一萬人合兵（正），此時是一正一奇。趙軍派大軍進擊（正），另一部分於軍營留守（奇），亦是一正一奇，但趙軍一看韓信敗了，就一鼓作氣全巢盡出（有正無奇），想一舉殲敵並搶奪戰利品，此時埋伏的漢軍兩千奇兵衝入空虛的趙軍軍營，拔了趙軍旗幟，換上漢軍軍旗（奇變正）。

　　趙軍看到軍營已全插上漢軍旗，回師要奪回軍營，韓信部隊從後面追擊（正變為奇），趙軍陷於進退兩難，以為大勢已去，頓時軍心大亂，故潰而大敗。此戰韓信破二十萬趙軍，斬了主帥成安君陳餘，生擒了趙王歇。在此戰中驗證了「計謀的精髓」──出奇制勝、隨機應變，韓信正奇並用，有正有奇且隨時變化，而趙軍雖亦有正有奇，但自恃以大吃小，且貪圖戰利品而形成有正無奇，若當時趙軍在軍營中保留著1%（兩千人）的兵力（奇），則漢軍定不能得逞，且必大敗，而歷史就此改變了！

● 「背水一戰」一役中，韓信運用的計謀及行為模式解析（共16個）

## 一、韓信對漢軍運用的計謀

1. ㉘上屋抽梯：切斷去路，迫其妥協

   韓信背水布陣，漢軍無後退之路，只有奮勇作戰，以求死裡逃生。

2. ③借刀殺人：借用人或物，達成目的

   韓信利用人性，退是死路，奮力一搏也許還有機會，只好拚命。

## 二、韓信對趙軍運用的計謀

3. ①瞞天過海：正常過程，帶入陰謀

   韓信擺下兵家大忌的背水陣，讓趙軍主帥產生輕敵之心而失戒心。

4. ⑥聲東擊西：佯裝攻東，卻是擊西

   韓信率兵正面攻打（正兵），卻於側面埋伏兩千精兵（奇兵），伺機進擊。

5. ⑦無中生有：製造假象，以假亂真

   韓信主動率軍攻擊，讓趙軍主帥以為漢軍比預期又多又精銳，只好派出大部分兵馬應對。

6. ⑪李代桃僵：犧牲局部，顧全大局

   韓信率兵攻擊，以小打大，犧牲部分士兵及武器以顧全大局。

7. ⑮調虎離山：引開對手，離開地盤

   韓信主動出擊，趙軍主帥看漢軍如此勇猛，不敢大意，被迫將大部分兵力帶離軍營，投入戰場。韓信再利用

人性之貪，讓留守軍營的趙軍盡出，搶奪戰利品。

8.⑯欲擒故縱：以退為進

韓信並不是真的要打，他以自身為餌（餌兵），利用詐敗丟棄大將旗鼓儀仗等戰利品，引誘趙軍留守軍營人員出來搶奪。

9.⑱擒賊擒王：找出問題，打其要害

韓信設法讓趙軍營房空虛，如此漢兩千伏兵才能順利攻入換旗。

10.⑳混水摸魚：模糊焦點，障眼法

韓信讓趙軍將焦點集中在他身上，而忽略了其他不利因素。

11.㉑金蟬脫殼：避險求存，棄殼脫身；分身術

趙軍將注意力集中在韓信身上，而忽略了韓信分身（另有伏兵）。

12.㉛美人計：運用美色、名、利誘惑

（美人計不只是用美女，以利誘之也是美人計之一）
交戰一陣後，韓信詐敗撤退（佯敗），而且退得狼狽，連大將旗鼓儀仗也丟了，引誘趙軍來搶。

13.㉞苦肉計：示弱擊強

韓信以自身為餌，再詐敗逃走，讓趙軍信以為真，全力追趕。

14.㊱走為上計：避開不利，保留實力

兩軍交戰一陣，韓信算好時機，詐敗後撤，一來引誘

趙軍來追，二來保留實力以便反攻。

15. ㉚反客為主：化被動為主控

漢軍敗退，趙軍以為全力衝擊就可大勝，加上戰利品的誘惑，趙軍中誰能搶得韓信的大將旗幟鼓儀將是大功一件，使得留守在軍營的趙軍也傾巢而出，軍營頓成空虛。此時埋伏的兩千漢軍輕易攻入軍營，並將攜帶的漢軍旗取代趙軍旗掛滿全營。

16. ⑤趁火打劫：趁著危機，得到利益；亂而取之

正在攻打的趙軍聽見背後喧嘩聲，回頭一看軍營全是漢軍旗，頓時驚懼慌亂，急著回救，然而此時撤退中的韓信加上在水邊布陣的一萬兵力趁機全力反攻，漢軍兩邊夾擊，趙軍陷於進退兩難，以為大勢已去，頓時軍心大亂，一哄而散，致使主帥被殺，趙王被擒。

## 07 計謀的妙用

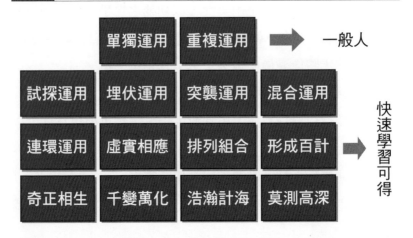

　　依照書末所附「計名簡介表」中的「簡介」，每一計都有其特定運用，但有時也可兼其他運用，在運用時，只要「簡介」有些相符，即可大膽運用，不要有太多的拘泥或自我限制！

- **單獨運用**：將三十九個計每一計個別運用。
- **重複運用**：在一個事件中，同一個計一再運用。
- **混合運用**：在一個事件中，可多計混在一起運用，亦可有先後或主攻、副攻之分別運用，讓對方措手不及。
- **連環運用**：在一個事件中，可計計相連，環環相扣運用，一計接一計，使對方應接不暇，手忙腳亂而突顯弱點。
- **試探運用**：將計用於試探，探出對方虛實或弱點時，再下他計。①瞞天過海、⑥聲東擊西、⑦無中生有、⑬打草驚蛇、⑯欲擒故縱、⑰拋磚引玉、㉖指桑罵槐、㉗假痴不癲、㉙樹上開花、㉛美人計。
- **埋伏運用**：將計用於潛藏或埋伏，俟時機成熟時，再下他計。②圍魏救趙、④以逸待勞、⑨隔岸觀火、⑮調虎離山、⑳混水摸魚、㉔假道伐虢、㉗假痴不癲、㉛美人計、㉜空城計、㉝反間計。
- **突襲運用**：將計用於當對方出現破綻、間隙、瑕疵、矛盾等時，它們背後經常會隱藏著重大的弱點，我方可趁隙攻擊。③借刀殺人、⑤趁火打劫、⑩笑裡藏刀、⑱擒賊擒王、⑲釜底抽薪、㉒關門捉賊、㉔假道伐虢、㉘上屋抽梯、㉚反客為主、㊱走為上計。

- **虛實相應**：在本篇第 14 章中另有說明。
- **奇正相生**：奇可以變正，正可以變奇，相互轉化，循環往復，其中變化無範圍、無限制。

## 08 計謀運用的步驟：破解→防禦→反制→攻擊

在進行這四個步驟時，「觀察」非常重要，要用心觀察對手之缺點、破綻、瑕疵、間隙、矛盾，因為它們後面可能隱藏著對手的重大弱點，要應用三十九個計謀，將其擴大，找出弱點，然後再伺機一擊而中，就可達到勝利。

研習者應先了解「防禦」，保護自己，防範於先，再練習「攻擊」。

一般人不要急於應用計謀進行「攻擊」，在未充分領悟前，用計出招只是花拳繡腿，效果小又打草驚蛇，易被對方反制而失了先機。應該先朝「防禦」下手，當充分了解後，熟讀各計之「簡介」，再以「案例解析」為範例，嘗試如何解析，先學習「破解」及「防禦」能力，然後再學習「反制」、「攻擊」。

對方對我方用計成功，表示我方有破綻、有弱點。此時，不必急於「攻擊」，先鞏固陣地，找出我方弱點或被攻破處，加以亡羊補牢。接著再解析對方是用什麼計謀，至少要知道陷阱在哪裡，不要被賣了還替人家數賣身錢。當「防禦」及

「攻擊」都學會時，就可以「攻擊」、「防禦」同時出手。

一、**「破解」**：就是運用計謀解析對方的行為模式，即對方攻擊所用之手段和目的，再圖謀如何防禦及反制（即找出對方攻擊我方用的計名）。

二、**「防禦」**：就是運用計謀阻擋對方攻擊，並加強我方的防禦能力（即找出我方要阻擋對方攻擊的計名）。

三、**「反制」**：就是對方先攻擊，我方失了先機，但仍有機會運用計謀反擊，達「後發先至」。例如㉗假痴不癲，也是「後發制人」應用的計謀之一（即我方同時找出防禦與攻擊的計名）。

四、**「攻擊」**：就是運用計謀搶先機、爭主動，出其不意、攻其不備，先下手為強，先聲奪人、先發制人（即我方找出攻擊對方的計名）。

當我方攻擊時，對方必先防禦，就無法攻擊，因而失去了先機及主動。但當對方實力超出我方太多時，一方面會輕易擋住我方攻擊，一方面又可出手攻擊，對我方反而不利，故攻擊前應先用㊳動靜互制，觀察了解對方實力後再布局出手。

人類天生就有防禦的本能，對陌生的人、不懂的事物，都會抱有警覺心，但警覺心僅能應付幾個計的攻擊，對於同時多計的攻擊，則會顯得手忙腳亂，容易露出弱點，讓對方

有機可乘。所以若要成大事，則必須有解析和攻擊的能力，不能只靠「防禦」。故請記住：「最佳的防禦就是攻擊、攻擊、再攻擊！」

簡言之，就是用攻擊來找出對方弱點，用防禦來保護自己弱點。

實施後的效果：激發本能加上累積經驗會使效果更好。

- **「攻擊」**：施計以百戰常勝；開疆闢土，創造價值。
- **「防禦」**：懂計以明哲保身；保護自己，防範於先。
- **「平時」**：一知計以修心養性；人外有人，謙虛包容。

本書中「案例解析」所談之「解析」，就是破解及分析，破解之後就可以知道對方使用何種「計名」為手段。譬如，對方使用③借刀殺人：借用人或物，達成目的，那麼你就要讓對方無法借用該人或物。若是用⑤趁火打劫：趁著危機，得到利益，則你就要把該危機處理好。若是用⑥聲東擊西：佯裝攻東，卻是擊西，則你就要把「西」防護好等等。這種做法，也是「防禦」的一種。

若是高手，「破解」、「防禦」、「反制」、「攻擊」會一起來，或者輪流做，譬如高手在解析後，了解對方攻擊所用之手段和目的，一方面亡羊補牢，把漏洞（弱點）補好，同時一方面用㊳動靜互制觀察對方弱點，找到機會攻擊；或是用㊱走為上計，先脫離現場，保留實力；或是用㊲以誠為本和對方

懇談，看看有無轉圜機會；或是用⑬打草驚蛇試探對方弱點。總之，就是要搶先機、爭主動，出其不意、攻其不備，伺機（逼使或等待對方露出弱點）一擊而中，達到勝利的目的。

## 09　計謀的範本：《智謀39計》

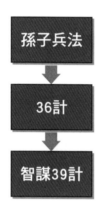

| | |
|---|---|
| 孫子兵法 | 作者孫武，西元前546年春秋時代齊國人，十三篇，6,079字。是歷史上最有名的兵法書。 |
| 36計 | 作者無名氏，兩千多年來，依據中國歷代卓越的軍事思想和豐富的戰爭經驗，總結而成的一部兵法書。其中二十六個計是沿襲《孫子兵法》的精神而來，是《孫子兵法》的民俗實用版。 |
| 智謀39計 | 作者鄭世華，沿用《孫子兵法》、《36計》的精神而來，加上邏輯思考及行為模式解析，於用計之前、之中、之後再加上以誠為本、動靜互制、將計就計，是《36計》的現代實用版。 |

## 10　計謀運用於何處？

| 場合 | 戰場 | 商場 | 人生 |
|---|---|---|---|
| 名稱 | 兵法 | 商略 | 智慧 |
| 方式 | 布陣 | 布局 | 修練 |
| 競爭 | 生、死 | 名、利 | 善、惡 |
| 範圍 | 治國、平天下<br>國家、世界 | 齊家<br>職場、商界 | 修身<br>個人 |
| 影響 | 千、萬人 | 十、百人 | 一、十人 |
| 效果 | 保持靈活頭腦，優先看出機會，了解人性 | | |
| 競爭力 | 有創意，掌先機，知人性則將無往不利 | | |
| 勝算 | 危機時，有計謀則選擇及機會多，勝算大 | | |

## 11 計謀的道德觀

- **正面看法**：足智多謀、神機妙算、洞燭機先、錦囊妙計。

  **負面看法**：工於心計、詭計多端、奇計淫巧、雕蟲小技。

  同樣一件事情，會有兩種不同的看法，全視運用者的動機而定。

- **「菜刀理論」**：菜刀只是一種工具，可做佳餚亦可殺人。

  計謀亦只是一種工具、技能、方法而已。

- 計謀提供多重選擇，藉以突破瓶頸，解決困難，俾能創造機會、改變命運。

  人有善惡，計無是非，運用者的「品德」與「心態」決定了計謀的好壞。

## 12 對《36計》的誤解

　　《36計》原為兵法，使用於戰場，後來進入民間。計名淺顯，手段非常赤裸而直接，乍看之下計名聳動驚人，易生誤解，然而印象深刻，易記難忘，故運用計謀者應以涵義為重。

| 計名 | 直覺 | 涵義 |
|------|------|------|
| ③借刀殺人 | 殺人犯 | 借力使力 |
| ⑤趁火打劫 | 強盜 | 亂中取勝 |
| ⑩笑裡藏刀 | 陰險 | 兩面手法 |

| 計名 | 直覺 | 涵義 |
|------|------|------|
| ⑫順手牽羊 | 小偷 | 一石二鳥 |
| ⑳混水摸魚 | 投機者 | 模糊焦點 |
| ㉛美人計 | 色誘 | 以柔克剛 |

## 13 計謀是人性統計學及心理學

- 計謀是人類天賦本能，只要有競爭、鬥爭或危急時，它自然會呈現出來（參考第三篇第 5 章「兒童妙計」，兒童沒人教也會的計謀）。

- **行為模式解析**：兼具心理學及統計學。

- **心理學**：只要人性有弱點，計謀必然會產生。

- **人性弱點**：貪婪、嫉妒、自私、驕傲、固執、好色、恐懼、懶惰、猜疑、虛榮、自我感覺良好等等。

- **統計學**：歷經兩千多年來的統計，證明了計謀的重要及效果。

- 作者經歷五十餘年來二十七種行業的實際經驗統計，亦驗證了計謀的可行及有效。

- 為什麼兩千多年來，文明進步、科學發達，思想觀念、生態環境等等一直改變時，《孫子兵法》及《36 計》運用於戰場、商場、職場、人生等效果還是屢試不爽，歷久而不衰？

- 因為：世事瞬息萬變，人性弱點永遠不變；
  歷史一再重演，重蹈覆轍屢屢重現。

## 14 計謀的運用在於虛實相應

《智謀39計》的邏輯推理，乃由古人智慧《易經》中的陰陽變化，推演出虛實、剛柔、奇正、攻防、彼己、主客、勞逸等對立關係的相互轉化，其中變化無範圍、無限制。

有關「虛實」，孫子曰：「兵之勝，避實而擊虛。」漢武帝劉徹也曾說：「百家兵法，無出孫子，孫子兵法，無出虛實。」

虛實相應講的是以實為虛（實是手段，虛是目的，即表面上是實，而實際上是虛），或以虛為實（反之亦然）。

「虛」即是空，空無就有無限的可能（有很大的想像空間），但是空無卻沒有力量。「實」即是力，力量是可計數，而且是有限的。

我提出「風扇理論」為例：某強力電扇，它有0、弱、中、強等四段風速。若不啟動，就無力量，即是「虛」，但因為不啟動，沒人知道它風力有多強，所以就讓對方有想像空間，而不敢輕舉妄動。若一啟動，就有風力（攻擊力量），即是「實」，但對方也會知道風力有多大，而調整他的對策。

若我方掌控「風扇」之啟動權（機動調整我方攻擊力量），可強、可弱、可停，就能搶先機、爭主動，然後調整風力之大小有無，使對方產生混亂，摸不著我方底細，因而不敢輕易出手，而我方則可趁機調整風力及要攻擊之時間、地點、人物，並伺機找出對方的間隙或破綻，然後出其不意、

攻其不備，一擊而中，達到勝利的目的。

　　若再以單獨、重複、試探、埋伏、突襲、混合、連環等運用法，依狀況以虛實變化相呼應，將三十九個計謀加以排列組合，就可以形成一百個計來運用。如果對敵時，我方運用計謀將敵調動或分兵到敵虛我實時，我方即可以實擊虛，就如以石擊卵，必能大勝。

　　「計謀高手」乃對敵時避實而擊虛，於己時顯實而隱虛。而用計謀必是虛實相應，乍看是虛，其實是實，又看是實，其實是虛，似有若無，用計恰如輕風拂過臉頰，讓人毫無戒心，等警覺時，狀況已過，大勢已去，後悔不及。

## 虛實相應：實則實之，勝中增勝；虛則虛之，疑中更疑

● 「**實則實之，勝中增勝**」：若我方勝算有 55％，而對方有 45％，反之亦然，兩者差距不大，勝負難卜，而我方應用計謀，設法讓對方誤以為我方勝算有 80％，讓對方心虛，失去信心及鬥志，而退卻或求和。

● 「**虛則虛之，疑中更疑**」：若我方勝算只有 30％，而對方有 70％，兩者差距甚大，勝負似乎已定，而我方運用計謀故意更示弱，顯示我方只有 10％，讓對方起疑，信心動搖而不敢立即行動，則我方可爭取時間，另行他圖（參考㉜空城計）。

## 15 勢與計謀

一、《孫子兵法》：「**善戰者，求之於勢，不責於人；故能擇人而任勢。**」凡是擅長用兵打仗的人，會努力尋找對己有利的態勢，不苛求於下屬，並且會選擇適合、有用的人才來改變態勢。

「勢」是一種無形的東西，可是，在戰場上、商場上或在各種競爭的環境中，它卻左右著大局及勝敗的結果。

「勢」是一種大局（態勢）、權力（威脅）、力量（氣勢）、風向（聲勢）、輿論等。

勢起時（有勢），恰如順水行舟、得心應手、一切順利，是謂勢不可擋。

勢落時（無勢），即如逆水行舟、寸步難行、諸多不順，是謂勢不可為。

命運來時，時勢會造英雄；機會來時，英雄要造時勢。

二、「勢」的步驟

● **觀勢**：觀察與評估敵我雙方之勢，即天時（趨勢）、地利（環境）、人和（人際）。

若勢於我方有利時，則順勢而為，必要時加碼加力。

若勢於我方不利時，則造勢而行，必要時減碼減力。

● **任勢**：順其自然，把對的人放到對的地方，一切自然順利達成。

● **造勢**：以計謀營造有利局勢，來爭取或改善天時、地利、

人和之勢。

- **集勢**：以計謀聚集各種小勢。
- **蓄勢**：集勢後累積成大勢，並等待機會來臨。
- **瀉勢**：蓄勢到某個程度後，配合計謀將所蓄的勢放出，一瀉千里，威力強大無比。
- **循勢**：將以上各步驟循環為之，至達到目的為止。

三、但若造勢不成，則須檢視我方資源或力道是否不足，還是環境不利後，再思造勢，若再不成，則須謙卑認錯，將損害降到最低，並即蟄伏、減碼或退出戰場，保留實力，再圖東山再起。

四、若勢不足，要忍耐，小不忍則亂大謀，切忌貿然行事，導致慘勝（殺敵十分，自損七分）或慘敗（損失慘重），除勢傷之外，且會影響根基及信心，乃有勇無謀，匹夫之勇也！

五、「勢」與計謀：勢與計謀互動，相輔相成，缺一不可。勢於成前，須靠計謀形成；勢於成後，則靠計謀增強。所以，勢因計謀而強盛；計謀因勢而活躍。

六、運勢：命運的趨勢，透過改變命運而改變了趨勢。

造命者天，立命者我：創造生命是上天，而改變命運在自己。出生時的環境、家庭、國家、時代，我們沒辦法左右，但是個人的前途、際遇、願景，卻是自己可以決定的。

- **可以改變命運的東西有八項**：個性（執著）、教育（讀書）、

機會（貴人）、努力（用心）、毅力（堅持）、積德（功德）、
變數（應變）、計謀（謀略）。

　　人類無法掌控命運，卻可以改變命運，所以必須設法創
造機會來改變命運，而於過程之中，「計謀」扮演著重要的
角色。

　　世事無常，變化之大、之多，非人力所能控制，人們有
時會「盡人事而聽天命」，有時會以「造命者天，立命者我」
而努力設法改變命運。在人生旅途之中，命運與機會時常相
互交叉而來，然而不知何者先至？接受了就是命運，改變了
就成機會，如果無法掌握機會，就會受命運所擺布。

　　人生不能一直等待與猶豫，要果斷地採取主動與伺機而
動。要在命運之神出手前，創造機會搶到先機；而於命運之
神動手後，設法改變其結果，運勢改變後的人生，才會充滿
希望且無憾！

## 16 計謀在戰場兵法、商場商略、人生智慧的相互轉化

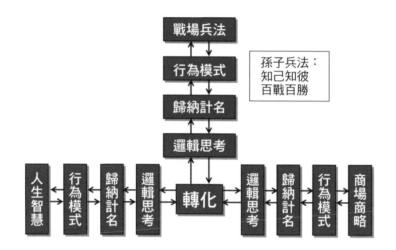

攻擊與防禦的相互轉化：

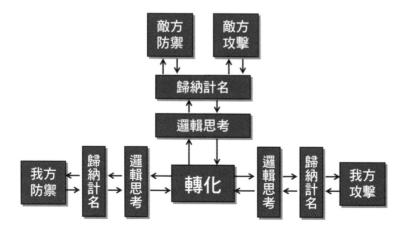

## 17 縱橫商場須用奇人、施奇計（創造機會、改變命運的必要因素）

在商場上若要成功，就要會運用計謀，領導者自己會用當然最好，但若自認能力不足，就要用奇人發揮奇計來幫忙大展鴻圖，以成大事、立大業。

**計謀之運用，由正轉奇，由奇變正，變來變去，永不固定，永不停息。商場競爭，奇正之變，變幻無窮，敵莫能測。**

一般之處理方式稱守正，特殊之處理方式稱出奇。

例：上二樓，大部分人會走樓梯是為正，坐電梯是為奇。但上十樓，大部分人會坐電梯是為正，走樓梯反而是為奇。

「奇」在於出人意料之外，所以平時行事要「守正」，有機會才「出奇」，則致勝機會大。若平日隨便「出奇」，「奇」就變成「邪」，而且正與奇有法律的限制，守法是正，違法是犯罪，不是「出奇」。

如依個人之行事風格，社會上可分成四種人：

- **行正道**：正人，安分守己、行事正直的人。
- **行奇道**：奇人，有創意、有點子、不墨守成規、不按牌理出牌的人。
- **行邪道**：邪人，不依正道行事的人，小惡之人。
- **行惡道**：惡人，做壞事的人，大惡之人。

　　每一個人的個性中都含有顯性與隱性，所以可能會同時擁有數種風格，而且會因天時（趨勢）、地利（環境）、人和（人際）之變化，而顯現出不同組合。如果要用奇人，其標準就如《論語》中子夏曰：「大德不踰閑，小德出入可也。」其意為：「人在重大節操上不能超越界限，小節上有些出入是可以的。」

　　所謂「奇人」，就是「與眾不同」且匯集眾人的嫉妒、排斥及羨慕於一身的人，即會運用計謀且勇於行事，也就是本書所談的，會「出奇制勝、隨機應變」的人。就公司而言，不分男女老少、性格、相貌、學識經驗或職位高低，只要是會應用「出奇制勝、隨機應變」的謀略來突破瓶頸、解決公司困難及危機，或使公司的績效、業績猛進，或能創造利潤的人，統稱為「奇人」。

　　少數奇人品德好、EQ 高、忠誠度高，卻是「可遇不可求」；也有些奇人其行為和常人無異；但大部分有爆發力的奇人，因生活態度、習慣、價值觀與常人不同，而為一般社會人士所不看好，實際上卻是有潛力，但缺乏自制能力的人。如果要用奇人，就要容忍他，製造機會給他，激出他的潛能。

　　奇人必有奇計，會出奇招，做很多常人做不到的事，讓公司的業績和利潤大增。但和奇人相處必須要有耐性，因為他可能會有無理的態度和要求，也難以和同事相處，要適時讓他知道領導者的原則和能容忍的程度（領導者是個統稱，在公司中則是指某部門主管或總經理、執行長、董事長、總

裁、老闆等），不能讓他肆無忌憚、狂傲囂張、貪得無厭，變得難以駕馭。

因為奇人對公司有特殊貢獻，領導者會給予禮遇，所以難免恃寵而驕，再加上自負、直言、不拘小節等，故容易和同事們起衝突。又因為奇人自認是奇才，都想脫離正常管理系統，直接面對領導者，這樣也會引起他的主管不滿，導致同事間衝突、抱怨、申訴等層出不窮，這是一般用奇人的領導者，面臨最頭痛的問題。

在職場內部鬥爭中，常會利用八卦（謠言）、霸凌、結黨及檢舉來排除異己。自認是「大德不踰閑，小節出入可也」的奇人，如果沒有領導者適度保護，常會是鬥爭下的犧牲者。在處理申訴過程中，奇人也會觀察領導者的處理方式與結果，來決定是否值得鞠躬盡瘁、搏命相隨，或是選擇「良禽擇木而棲、賢臣擇主而事」，應用㊱走為上計，一走了之。

培養一個奇人為將，須費時數年甚至十餘年，可是要毀掉一個奇人或將，卻非常容易，有時是在一念之間。所以領導者在處理對奇人之申訴案件時要慎重，不要一味息事寧人，恩威並用、軟硬兼施的手段是必要的。原則上要以法律為準則，即一切以證據為主，而不該用：「你沒做，為什麼別人會來告你？」的推論來處理。若無明顯證據，但有蛛絲馬跡，則請當事人雙方前來說明，如有犯小錯，予以告誡，應謹言慎行，不能公開大肆調查，因為此舉等於未審先判，即使事後證明無罪，但名譽已損，傷害已造成，逼得該人非離開不

可。領導者一時不察，可能痛失一員大將，能不慎乎！

　　舉例而言，有一部分奇人（並非全部），因為能言善道，又不拘小節，言行隨便，在男女關係中有時會因處理失當，而引起風風雨雨，甚者發生申訴案件，其中狀況到底是被威迫，或兩廂情願，或片面之詞，有時難以查明，所以一切唯有以證據為主。

　　在職場鬥爭中，男女問題常會是被利用的工具之一。領導者勿被情緒左右，因為「眾口鑠金」、「三人成虎」、「道聽塗說」之事經常會發生。查明真相及如何讓奇人和一般員工信服，以維持公信與和諧，這些都在考驗領導者的睿智和擔當。

　　但是如果查到奇人有犯大錯的明確證據時，領導者就不能護短，必須賞罰分明，要記住孔子曰：「不教而殺謂之虐。」平常過分縱容，犯小錯時不予告誡，等到積習難返、鑄下大錯時，立刻嚴厲處分，這種做法不但殘忍，還會導致雙方決裂，反目成仇。

　　大奇之人必有大缺點；小奇之人必有小怪癖。人性的弱點，人人皆有，奇人也不例外，但因對奇人的期望較大，而對其行為就會放大檢視，所以會特別突顯出其弱點。有些大奇之人，才華傑出，但卻意志薄弱，無法拒絕「酒、色、財、氣、賭」之誘惑，領導者應設法勿讓奇人耽溺其中，不時規勸及約束，讓他們專心於達成任務，若放任其行，恐會糟蹋了這匹千里馬。

「士為知己者死」，也會「士為名利而別」。故管理奇人，須依其個性，分別以名利、情感、義理（理性的義氣）、成就（舞台）等特殊待遇、特殊管理相待，讓其心服，才能發揮其威力。但若其所作所為，已達領導者無法忍受的程度，則應當機立斷，安排其離開，否則會因小失大。如果奇人之階段性任務已達成，或績效一直不彰時，領導者也應考慮讓其調職或離職，以免影響公司發展。至於善後處理技巧，更應注意，以免留下後遺症。

用奇人就要依循「大德不踰閑，小德出入可也」，至於品德太差的奇人，除非領導者火候已達爐火純青，否則少用為宜，以免得不償失。

奇人有常人沒有的創意和膽識、和常人不同的思考模式，與他相處要迴避他的缺點，用他的優點。公司必須有幾個這種奇人，會刺激同事提升士氣，達成交付之特別任務，業績就會特別成長。

如依「二八法則」（馬特萊法則），公司全部業績中有80％是由20％的業務員達成，這20％裡面就有本章所講的「奇人」在內。

當奇人占30％以下時，因為互相刺激、競爭後業績會大增，但若奇人超過30％時，反而因為奇人們會互鬥、排除異己而且難以管理，導致業績下降。在拿捏公司業績與管理之間，一個領導者能夠掌管多少個奇人，就要看每個領導者的能耐。當公司在大力發展時，人才是永遠不夠的。領導者只

是從外聘用奇人進來，尚嫌不足。基於穩定性和共識度，還要在公司內部培養奇人，領導者要訂下時間表，對特定人物給予培養、訓練、啟發及表現機會（舞台）。若期限到了，仍無表現，表示領導者可能看錯了，把劣馬當成千里馬，這時就要當機立斷，另行策劃。

一般領導者對奇人是「愛恨交加」，愛的是才華，恨的是禍源，奇人能讓公司名利雙收，卻也能讓公司麻煩不絕，所以很多領導者寧願捨棄奇人而不用，也不願經常受氣及惹麻煩，但也因為如此，公司就難以突破瓶頸，發展就會受到限制。

領導者應知，一個奇人代表一個機會或一個希望。雖然有些奇人為人詬病的缺點是：不安於室、見利思遷、怨天尤人、得寸進尺等等，但奇怪的是，越有爆發力的奇人，其缺點也越多。領導者的責任是發掘奇人、守住奇人，「沒有伯樂就沒有千里馬」，伯樂不只會看馬而已，還要會駕馭馬。

一個優秀的領導者就像伯樂一樣，必須具備宏觀、耐心、堅持之心態，而以「尊重、溝通、包容、分配」的方法，才能找到千里馬（奇人），才能替自己、公司、國家造就名、利、大業。然而有部分領導者卻因怕麻煩，或有私心，致無用奇人之意，或因心胸狹小，無容奇人之量，所以還是在「要不要用奇人？敢不敢用奇人？」的問題上猶豫不決，導致個人及公司前途堪憂，殊為可惜！

奇人對名聲、利益、情感、義理、成就之需求各有不同，

領導者應針對其需求處理，不能一視同仁。基本上，以下述之「尊重、溝通、包容、分配」的方法為原則，面對不同需求的奇人，調整下述四種方法之比重來應對為宜。

- **尊重**：人和人之間，本來就需要互相尊重，對奇人則更要注意。有些奇人因為從小就個性怪異、放蕩不羈，在其成長過程中，常會被他人輕視、看不起，引發許多挫折和危機。此類奇人最需要尊重和肯定，來激發他的潛能和信心，領導者對他的尊重和肯定，將會促使奇人加倍發揮其所能。
- **溝通**：有些奇人的思考模式是跳躍性的，旁人常不知其所云，行事又如天馬行空、行雲流水、摸不著邊。領導者要耐心與其溝通，了解他的意思，也讓他了解領導者想要的是什麼，才不會產生誤解，徒勞無功。也要協助奇人和其他員工溝通，以減少隔閡及阻力，才能盡力發揮所長。
- **包容**：有容乃大，領導者對奇人之眾多缺點要包容，勿太介意其態度及行事風格，守住「大德不踰閑，小德出入可也」。但在品德及公司規定上有重大過失時，領導者應明確告誡，勿予縱容，以免尾大不掉。
- **分配**：獎勵是一種最佳動力，尤其是對奇人，故要給奇人優渥待遇及獎金予以鼓勵，領導者要言而有信，不可食言。

　　「水能載舟，亦能覆舟」，水即奇人，舟即公司，大部分覆舟原因在於領導者不守承諾，失了誠信，造成公司的危

機。

　如果你自認是奇人，或想要當奇人的人，一定要謙虛待人，尊重他人，不要恃才傲物，恃功而驕。要知道，能夠當奇人的條件是績效好、對公司有貢獻，但這只代表你有能力，並不表示你能在公司安穩生存下去，另外還需要融入公司文化以及讓眾人信服兩要件。不能融入公司文化顯示你只是「過客」，沒有得到認同，公司同事不會信任你；不能讓眾人信服，顯示你的言行犯了「眾怒」，也無法產生共識。在不信任與無共識的情況下，縱然你有多大才能，也無法發揮出來，所以俗語說「寧干天條，勿犯眾怒」。結果會使支持你的領導者背負「護短」、「縱容」的罵名，不但陷領導者於不義，你的職位也將岌岌可危。

　雖然要全體同事都信服是不可能的事，然而只要有部分同事和領導者的支持，就可安然無恙，但假如領導者還有上級時，情況就較複雜了。適度的職場內部鬥爭會使組織活動起來，應該是好事，但是激烈、無理性或不擇手段的惡劣鬥爭，奇人就應該思量脫離是非之地，另尋他途。當離開公司時，要好聚好散、冷靜處理、勿過分要求，瀟灑地走、留下美名，對於將來大有幫助。因為以後要去的公司之領導者，一定會去探聽奇人在前公司的表現和事蹟。

　對於公司給予舞台，讓自己有機會發展，應抱感恩之心，才有機會得到更大的舞台，不要為了短視近利，而斷送自己的美好前程。

　　奇人創業成功的機率大於常人，然而守成的機率卻不一定大於常人，這是因為其人格特質是優點也是缺點的關係。一般人若一生中想要多得機會及創業，以便在名聲、財富、成就上有所建樹時，則必須用心學習奇人優點，摒棄奇人缺點，讓自己變成優秀奇人，則來日之發展與成功，必將指日可待。

　　歷史上在朝代更替時，奇人事蹟甚多，例如：秦朝末年，各路豪傑群起逐鹿中原，其中佼佼者為楚之項羽和漢之劉邦，論家世、人品、氣魄、勇猛、軍力，劉邦比項羽差太多了，然而到後來，項羽慘敗，自殺身亡，關鍵就在劉邦靠一群奇人鼎力相助，而項羽卻疏離奇人、眾叛親離。劉邦就靠這群奇人們，以寡敵眾、以弱擊強、反敗為勝、困境解危、運籌帷幄，最後終於扭轉乾坤，改變局勢，打敗項羽，當上皇帝。

　　在開發中國家，像大陸及台灣，商業鼎盛，人人急於賺錢或創業，奇人會出現得特別多，領導者能網羅多少奇人於麾下，讓自己水漲船高、一步登天，就要看領導者的願景和方法了。實際上，很多領導者想必本身也是奇人，那就將心比心、感同身受，以同理心來對待其他奇人，就可順水推舟、相得益彰了。

　　在過去的二十七種行業中，我有頗多和奇人相處共事的經驗。就其中一案為例，多年前，我經營過的一家公司，長年來員工人數都在十幾人左右，這二十年來，陸續有十個人出去創業，當了董事長或老闆。當年和這些奇人相處，箇中

甘苦「如人飲水、冷暖自知」。領導這些奇人，受了很多苦難，惹了很多麻煩，但是也完成了很多別人不可能達成的任務，也為公司突破瓶頸、解決困難、創造利潤。這些奇人們，對於計謀之應用，一點即通，運用自如，並多次達成「以小博大、少輸多贏、反敗為勝、轉危為安」之任務。

領導者若有奇人相助，好比如虎添翼，龍臨深淵，本身也會因此而快速成長與發展。在我經歷過的二十七種行業中，屢有奇人力挺相助，才能度過危機，再創機會，這些點點滴滴至今仍回味無窮，相比過去曾經因奇人而受過之苦難，還是覺得非常值得。

也許有領導者會質疑：「奇人有這麼多缺失，為何要大費周章，與虎相伴，遠離之省卻麻煩，不就罷了？」其實不然，答案有三，其一是奇人可幫公司突破瓶頸、解決困難、增加業績及利潤；其二是與虎共舞，有一種快感，也是一種挑戰，更可以增加本身能力，讓自己快速成長；其三是老虎有爆發力，有水漲船高之效，「不入虎穴，焉得虎子？」領導者其實不必害怕老虎，只須擔心自己心中那把尺是否把持得住，而不會同流合汙，或擔心是否因自身能力不夠，也無睿智、無擔當，又不用心，最後演變成兩敗俱傷而得不償失。

## 18 計亦有道

### 運用計謀之道

一、用計應論道講理，對方才聽得進去。蠻橫用計得以制勝，雖於法有據，但於理有虧，導致心中有愧，終非正道。

二、若只知精於計謀，而忽略本書中所說的「計亦有道」，那麼就很容易淪為作奸犯科之徒，害人害己也害社會了。

三、切勿運用計謀於違法或違背良知的事物上，因為以後終須付出代價，天理昭彰，屢見不鮮。

四、用計時切記「害人之心不可有，防人之心不可無」，不要害人，但也不要被人害，以及「無競爭或無利害關係的對象，避免使用」，即使吃飽沒事做，也不要去做損人不利己的事。

五、憤怒時用計，報復時用計，必定疏於考量，用計有瑕疵，易留下後遺症。

六、當我方為對方之計所乘，不要急於報復，先退守陣地，找出本身弱點，亡羊補牢後，再伺機反攻。

七、當我方雖用計成功，勝券在握，但善後及安撫動作要出於誠意去做，以減少後遺症，不要顯露勝利驕態，引發對方恨意，伺機反撲，導致我方得不償失。

八、當我方用計成功，乃應適可而止，見好即收，保留

戰果，不要激起對方鬥志或困獸之鬥，導致「慘勝」（雖勝卻受傷慘重）。要避免傷及對方自尊或忌諱，導致對方要面子（名利）不要裡子，因怨恨而不考慮後果，甚至與我方同歸於盡。

九、計謀用於「事、物」，有具體形態或數字，其效果大；但若用於感情，像親情、友情，無法量化，則效果小，所以盡量避免使用，以免傷感情。不過，假如已經惡化到攤牌，無可挽回時，為了能夠善後，用了計謀，反而可以解決問題。

十、至於用於愛情，愛情本以真誠交往，然而為了確保能在競爭中得勝，才能得到理想的伴侶時，應用計謀並不為過。但切記，勿用卑鄙手段，否則得到了人卻得不到心，以後哪有幸福可言？到頭一場空，損人又不利己，何苦來哉！

十一、善用計謀但不擇手段賺錢的商人，稱為「市儈」，真正的企業家運用計謀經商，其行事風格是共存共榮，共蒙其利，目標達到雙贏，絕不是俗話所說：「整碗全端走」的獨霸做法，而是努力達成「有飯大家吃」、「有錢大家賺」的目的。計謀的宗旨應該也是如此。

## 19　「為人厚道，處事精明」與計謀

首先要確守處世準則：為人厚道，處事精明。

「為人厚道」就是不計較，幫助別人不計較，吃點小虧不計較，重點是少計較，多寬容；「處事精明」就是要計較，

效率要計較，效果要計較，重點是要用心，求效益。看起來似乎有些矛盾，其實只是為人和處事之差別而已，所以當有問題發生時，必先分辨是屬於為人還是處事，然後再來選擇要厚道還是精明。但有些人卻反過來，變成「為人精明，處事厚道」，為人斤斤計較，自以為聰明；而處事卻不計較，馬馬虎虎。兩者之結果，導致成功或失敗，可想而知。

至於吃了大虧，要不要計較？答案是：如果自認是大虧，當然要計較。

而善於應用計謀，是屬於「處事精明」，過度精明則會變成冷酷無情，若能於應用計謀時，加入「為人厚道」之精神，則會得到雙贏與人和。「己所不欲，勿施於人」的同理心，也是一種「厚道」。

以三國時期諸葛亮與曹操為例，兩人都善於應用計謀，堪稱高手中的高手。可是歷史上對兩人的評價卻兩極化，描述諸葛亮「足智多謀」、「神機妙算」，而描述曹操「工於心計」、「詭計多端」，其關鍵就是「厚道」問題，兩人同樣是「處事精明」，但就「為人厚道」而言，曹操不僅遠遠不及諸葛亮，反而「反其道而行」，也因此千秋萬世後，曹操依然背負著罵名。

研習計謀時為避免於過於深入，操之過急，而被認為「工於心計」或「走火入魔」，平常應盡量用客觀的心態來看待事物及保持「赤子之心」，讓自己內心達到平衡，經常觀看各種卡通影片（兒童或成人片）及漫畫，其返璞歸真的效果

都不錯。

「處事精明」才能領先於商場競爭，而「為人厚道」才能貫徹真誠。無論如何，計謀只是一時的手段，而真誠卻是永遠的道理。

在自由競爭的市場上，永遠有賺不完的金錢，也永遠有趕不盡的敵人。商場不是戰場，沒有必要拚得你死我活，而是要應用計謀達到共存共榮、共蒙其利，所以，「雙方都不滿意，但都可以接受」的結論，就是圓滿的結果。全勝而趕盡殺絕，不留點餘地給對方，不但不夠厚道，而且還會留下嚴重的後遺症，得不償失。

人的一生於商場上有無數次各種戰役及談判，不要奢求每次都要贏，能勝就爭取，該敗就放下，把精力、資源留待下一場戰役，小心籌碼用盡，其他敵人將會乘虛而入，變成鷸蚌相爭，漁翁得利。況且「留得青山在，不怕沒柴燒」（參考㊱走為上計）。

由於世事無常，在人生旅途中，有時我們會扮演強勢者的角色，有時又會變成弱勢者，若身為強勢者時，要「為人厚道」，廣結善緣，累積功德；若身為弱勢者時，則要「處事精明」，改變局勢。

## 20 談判的實戰經驗與計謀

1. **談判**：於日常生活中透過交涉、溝通、協調、說服、賠償、

約定……等等，來達成我們的需求或目的。

2. **談判前後**：談判前，我方一定要開會討論，確定個人角色、任務並達成共識；而於談判後，也要開會檢討，參加者各提出情況觀察，做成結論報告，作為下次談判的參考。

3. **觀察**：觀察對方「要什麼？」、「怕什麼？」作為攻擊之依據，是為知彼；了解己方「要什麼？」、「怕什麼？」作為防禦之依據，是為知己。知己知彼，百戰百勝。

4. **虛實相應**：對敵人要「避實而擊虛」，而自己則要「隱虛而顯實」，也就是讓對方乍看是虛，其實是實；又看是實，其實是虛；虛實並用，軟硬兼施。

5. **放話**：「放話」是攻擊、防禦戰的前奏曲，繼之以「出奇」與「應變」來調整「放話」的內容，雙方透過「放話」互探虛實，並藉以驗證觀察的成效，而修正下次的「放話」或攻擊、防禦的手段。如果藉「放話」而達成妥協，或因此找到中間者調停，導致不戰而屈人之兵，是談判的最高明者。

6. **團隊**：談判是團體戰，單槍匹馬會顧此失彼，易生差錯，常會誤了大局。最好是三人，一人主談、一人助談、另一人記錄，而最少應兩人。

7. **黑白臉**：一人扮白臉（通常是業務），另一人扮黑臉（通常是法務或財務），互相呼應，並緩和氣氛、降低壓力，落實虛實及機動調整談判的方向與內容。

8. **天時**：我方盡可能決定談判的時間點（須於我方資料準

備好及搞清楚對方狀況時），並了解自己的生理時鐘，
談判時間盡量選擇自己精力旺盛、頭腦清晰的時刻。

9. **地利**：選擇對我方有利場所及可以聚精會神的地方，光
線要好，可以看清對方五官及身體動作、語言等，以利
我方判斷。

10. **人和**：了解對方的個性、習性、作風，以規劃我方的人選。
我方派出的三人如何配合、呼應，事先要演練並熟悉。

11. **攻防術**：試探攻擊對方的缺點、破綻、間隙、瑕疵、矛盾，
因為它們背後經常會隱藏著重大的弱點、罩門、死穴，
甚至致命傷。而相對地，我方必須防禦，即保護或隱藏
自己的上述各種不利點。

12. **殺價**：我方一再先請對方表示誠意，讓對方提出折扣數，
不要急於出價，降價要小幅度退讓。如果我方目標是五
折，則要等待對方提出三折，我方再提七折。說法是：「如
果你同意，我回去向公司爭取七折！」

13. **狀況**：訴訟對象有多個時，各依狀況做不同處理，不能
一視同仁。如有查封、假扣押時，緊咬住不讓步，再看
狀況變化來調整。金額小或勝算無把握者，可進行協調
讓步。

14. **耐力**：如涉及訴訟，則是持久及耐力戰，哪一方先感覺
煩惱、厭惡或恐懼，而急於逃避、擺脫或解決時，則會
是輸家。要運用計謀一再施壓，讓對方失去耐性而出差
錯。

15. **決定權**：不要讓對方認為你有權做決定，須託詞尚另有決定者，如此才有迴旋餘地及談判空間。

16. **掌控**：要掌控主動權，談判於我方非常不利時，要轉移話題或結束談判，擇時或擇期再來。

17. **籌碼**：手中若籌碼多、條件好時，就可以急速切入，立刻下結論以結束談判。若籌碼少、條件差時，則拖延時間，找機會翻盤或減少損失。

18. **累積充實**：應用「觀察、模仿、修正、執行」等方法，來累積及充實自己的談判經驗。

19. **書面結論**：不談判無法解決問題，所以無論在何種局面，都要設法讓雙方進行談判，最重要的是，一定要有書面結論來收尾，不要空口無憑。

20. **結果**：「雙方都不滿意，但都可以接受」的結論，就是圓滿的結果。若一方對於談判結果很滿意，則另一方一定不滿意，雖然當時礙於各種情勢而不得不同意，但內心必定極為不滿，一定會伺機報復，沒完沒了，所以會留下後遺症。故在談判時大獲全勝的人，不必得意太早，倘若再加上態度囂張，更會留下後患，不如讓步一點，謙虛一點，同樣可以獲勝，但會減少後遺症。（台灣俗語：「搖擺沒有落魄得久。」）

21. **勝敗輸贏**：人生在世到「蓋棺論定」前，會有無數次的談判，不必執著於每次談判之勝敗輸贏，勝不驕、敗不餒，才是應有的態度。

22. **計謀**：如果想在談判中達成目的，則一定要會「出奇制
　　勝，隨機應變」，出奇就是創意，應變就是靈活。要運
　　用三十九個計謀來出奇，也運用它來應變。

23. **「插秧理論」**：要完成插秧（目的），必須後退才可（手
　　段），因為若向前插秧，秧苗全被踏死了。這個寓意是，
　　要解決問題，有時先後退反而可達目的。就像⑯欲擒故
　　縱：以退為進（退是手段，進才是目的）。在談判中，
　　若一直進逼，得理不饒人，反而會將場面弄僵，導致談
　　判困難。

24. **「錢再賺還有！」**：俗話說：「世界上90％的問題都可
　　以用錢解決，而另外10％是需要更多的錢解決！」這句
　　話雖然講得有些離譜，但實際上透過金錢為媒介，確實
　　可以直接或間接解決很多問題，也可以安撫對方情緒與
　　失落的感覺，減少了不少後遺症。

　　「錢再賺還有！」如果能用錢解決就趕快處理，不要陷
入泥沼，搞得進退兩難，盡快運用計謀的六大原則：快、準、
狠、斷、捨、離來解決，把時間、精力、情緒用於設法賺更
多的錢及達到更好的目標，「塞翁失馬，焉知非福？」如此
人生才不會空轉虛耗。

## 21 學校計謀（從書本學來的）：馮諼市義

### 財散人聚 vs. 財聚人散

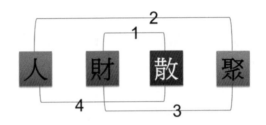

- 1～2財散人聚，3～4財聚人散。
- 人會主動聚集到有「利」的地方，財散人聚的結果是人、財更聚。
- 現代的買義：社會公益、慈善活動。
- 共襄盛舉、共享其成、共蒙其利、營造全贏。

### 《戰國策・馮諼客孟嘗君》

- 馮諼把孟嘗君託他代收的領地佃農田租借據一把火燒掉，聲稱是孟嘗君之意，爾後孟嘗君被罷官回到領地，民眾排成十餘里夾道歡迎，後人稱為馮諼買義。這就是財散人聚。
- 相反地，當你全心全意汲汲於賺錢時，而疏忽了親人、朋友，他們都會離你而去，這就是財聚人散。
- 人生有四大需求──「名、利、成就、情感」，「利」就是財，財能帶來名及成就，也能帶動情感，所以「利」才

是原動力。更重要的是，人會主動聚集到有「利」的地方，而有人，有錢，就萬事具備，成功在望了！

● 所以，財散人聚的結果是人、財更聚。財散也就是讓利，俗云：「只要肯讓利，不只所有人，連神鬼都會幫你！」

## 22 街頭計謀（從社會學來的）：福錢捨得

### 錢捨福得 vs. 錢得福捨

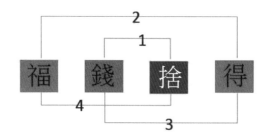

● 1 ～ 2 錢捨福得，3 ～ 4 錢得福捨。
● 福是運氣、機會，或是吉祥幸運的事。
● 錢捨福得：當捨棄不該拿的錢時，就會得到福氣。
● 錢得福捨：當拿了不該拿的錢時，就會捨棄福氣。
● 人生最重要的是選擇，而不是努力。「這錢到底該不該拿？」人生經常會碰到這種選擇，若只會埋頭苦幹，努力賺錢而不顧選擇，人生就會走偏而遠離福氣了。

## 23 《智謀 39 計》之子母連環計：③借刀殺人

### ③借刀殺人的運作原理

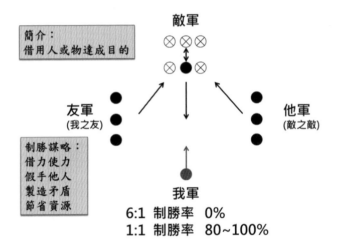

簡介：
借用人或物達成目的

敵軍

友軍
(我之友)

他軍
(敵之敵)

制勝謀略：
借力使力
假手他人
製造矛盾
節省資源

我軍
6:1 制勝率 0%
1:1 制勝率 80~100%

- **方法**：開始時，敵方有六軍而我方只有一軍，則我方必敗無疑。但只要我方運用計謀，將敵人調動或分兵，促使友軍擊潰敵方二軍，又讓他軍打掉敵方二軍，再設法使敵軍自鬥，損失掉一軍，最後敵軍只剩一軍，士氣必然潰散，在 1：1 狀況下，我方即有 80%到 100%的制勝率。

### 一、關鍵：Why？（為何用？）

- 善於借用第三者的力量，或善於利用、製造敵人內部的矛

盾，即可獲勝。

● 善於借用人或物，可省下錢財、時間、力量、精神、資源，
　增加獲勝機會。

## 二、簡介：What？（是什麼？）

● 借用人或物，借力使力，達成目的。

● 間接危害，不涉己身。不自出力，假手他人。

● 不弄髒自己的手，拉一派打一派。不須自己出面，又不會
　得罪相關人員。

## 三、說明：What？（是什麼？）

● 此計於成功時，不用付出代價；失敗時，不須承擔責任。

● 天下無不可借之人或物，即使是人生四大需求：名、利、
　成就、情感亦皆可借。

● 要努力成為借刀者，警惕自己勿成為被借刀者。然而有時
　候「被借用」，等於是創造自己有「被利用的價值」，也
　是創造機會、改變命運的一種。

● 如能巧用「借」，即能以最小的投入，創造最大的效益。

## 四、刀者：Who？（對何人？）Where？（在何地？）
## 　　　When？（於何時？）

● 他人、盟友、團體、派系、能夠擊中敵人要害的東西、敵
　人內部的矛盾、敵之敵、人力、物力、財力、勢力、權力、

派系、網路、媒體、輿論、品牌、商標、法律、規章、制度、價格、廣告、鬥爭、謠言、黑函、爆料、墊腳石、催化劑。

## 五、人者：Who ？（對何人？） Where ？（在何地？）

- 敵人、競爭者、對手、政敵、情敵、目標、目的、阻礙、損害我利益的人、我不爽的人。

## 六、實例

- 借老師之力處罰同學、借警察之力對付黑道。
- 貸款做生意、股票上市籌資、融資買股票、公開招標以降低成本。
- 爆料打敵、檢舉信打敵、利用媒體或網軍來達到目的。
- 警察借線民之力逮捕罪犯、名人代言、派系制衡、藉音樂轉移情緒、餐廳掛名人相片、餐廳佳餚。

## 七、人生成功，必懂三借

- **借智**：借用別人的經驗及智慧。
- **借力**：借力使力。
- **借勢**：順勢而為，時勢造英雄。

# 24　③借刀殺人的 11 招策略

How ？（如何用？）以各計謀之簡介及功用加以解析：

| 策略 | 計謀 | 簡介 | 功用 |
|---|---|---|---|
| 1. 引友殺敵 | | | （引友軍殺敵軍） |
| | ㉚反客為主 | 化被動為主控 | 合作時，由我方主導攻敵 |
| | ㉟以誠為本 | 精誠所至，金石為開 | 誠懇態度，曉友軍以利害 |
| | ㉙樹上開花 | 借別人聲勢，壯大自己 | 互相合作，共蒙其利 |
| | ⑰拋磚引玉 | 施予小惠，誘出大利 | 施予小惠，引友殺敵 |
| | ⑯欲擒故縱 | 激將法 | 激友軍殺敵 |
| 2. 引敵殺敵 | | | （引甲敵殺乙敵） |
| | ㉓遠交近攻 | 遠敵妥協，近敵解決 | 利用遠敵殺近敵 |
| | ㉝反間計 | 利用矛盾，分化離間 | 以間諜製造矛盾分化甲乙 |
| | ⑰拋磚引玉 | 施予小惠，誘出大利 | 施予小惠，達到目的 |
| | ⑦無中生有 | 製造假象，以假亂真 | 讓甲乙敵之間失和 |
| | ⑳混水摸魚 | 利用混亂，以達目的 | 製造混亂才有機會 |
| 3. 引敵殺己 | | | （引敵殺我內部異己） |
| | ⑪李代桃僵 | 犧牲局部，顧全大局 | 為大局，犧牲我內部異己 |
| | ㉝反間計 | 利用矛盾，分化離間 | 利用敵人，達成我目的 |
| | ㉛美人計 | 運用美色、名、利誘惑 | 引誘敵人殺我異己 |
| | ⑦無中生有 | 製造假象，以假亂真 | 偽造事實，製造雙方矛盾 |
| | ㉞苦肉計 | 受害以博取同情信任 | 將戰爭責任推給內部異己 |
| 4. 引他殺敵 | | | （引非友非敵之他人殺敵） |
| | ㉓遠交近攻 | 聯合次要，打擊主要 | 捨近（眼前利益）求遠（長遠發展） |
| | ㉛美人計 | 運用美色、名、利誘惑 | 引誘他人殺敵 |
| | ㉝反間計 | 利用矛盾，分化離間 | 以間諜分化他人與敵人 |
| | ⑪李代桃僵 | 犧牲局部，顧全大局 | 犧牲我之小部以示惠他人 |
| | ㉞苦肉計 | 受害以博取同情信任 | 訴苦受害，激起他人同情 |
| 5. 引敵自鬥 | | | （分化或製造敵內部矛盾） |
| | ⑨隔岸觀火 | 不露聲色，坐觀虎鬥 | 我方等待時機，漁翁得利 |
| | ㉛美人計 | 運用美色、名、利誘惑 | 拉攏敵之部屬、親信 |
| | ⑦無中生有 | 製造假象，以假亂真 | 讓敵人失互信，彼此互疑 |
| | ㉝反間計 | 利用矛盾，分化離間 | 以間諜分化敵人之間 |
| | ㊱走為上計 | 以退為進，尋機制人 | 我方撤離戰場，讓敵人內部為戰果、戰利品互鬥 |

| 策略 | 計謀 | 簡介 | 功用 |
|---|---|---|---|
| 6. 引敵收殘 | | | （留下爛攤、陷阱讓敵費神、費力收拾殘局） |
| | ⑯欲擒故縱 | 激將法 | 激敵將收拾殘局 |
| | ⑪李代桃僵 | 犧牲局部，顧全大局 | 犧牲小處，布局陷阱 |
| | ㉑金蟬脫殼 | 避險求存，棄殼脫身 | 脫身術，拉別人下水 |
| | ㊱走為上計 | 以退為進，尋機制人 | 讓敵收殘局，我保留實力 |
| | ㉝反間計 | 利用矛盾，分化離間 | 以間諜分化，逼敵收殘局 |
| 7. 引敵之謀 | | | （以敵之計攻敵） |
| | ㊴將計就計 | 計中有計，謀中有謀 | 以計攻計，見招拆招 |
| | ⑭借屍還魂 | 外觀是舊，內部換新 | 外觀似敵之計，但重點已改 |
| | ㉛美人計 | 運用美色、名、利誘惑 | 誘敵部屬提於我有利之計 |
| | ㉝反間計 | 利用矛盾，分化離間 | 以間諜分化或弱化敵人之謀 |
| | ㉗假痴不癲 | 大智若愚，騙敵上當 | 裝傻、裝笨使敵失戒心 |
| 8. 引敵之力 | | | （取之於敵，用之於敵） |
| | ㉙樹上開花 | 借別人聲勢，壯大自己 | 借敵資源壯大自己 |
| | ㉝反間計 | 利用矛盾，分化離間 | 以間諜分化敵人使其互鬥 |
| | ㉕偷樑換柱 | 偷龍轉鳳，移花接木 | 挖敵骨幹人才，為我所用 |
| | ⑤趁火打劫 | 趁著危機，得到利益 | 趁敵亂中下手，取敵資源 |
| | ④以逸待勞 | 不勞而獲，坐享其成 | 以敵之資源打敵人自己 |
| 9. 養寇自重 | | | （借寇之力，不勞而獲） |
| | ㉙樹上開花 | 借別人聲勢，壯大自己 | 借寇之力，襯托我之重要 |
| | ⑤趁火打劫 | 趁著危機，得到利益 | 趁寇有危機時，打擊之 |
| | ④以逸待勞 | 以靜制動，選擇機會 | 靜待寇壯大，再藉機除之，使我功績更大 |
| | ⑯欲擒故縱 | 留敵後路，一舉成擒 | 將寇先縱後擒，增加功績 |
| | ㉞苦肉計 | 自殘或受害，以博取同情 | 讓自己受害，使養寇有理 |
| 10. 借力使力 | | | （運用③借刀殺人的五個祕訣） |
| | ③借刀殺人 | 借用人或物，達成目的 | 借他人之力（借他之力） |
| | ⑮調虎離山 | 引開對手，離開地盤 | 四兩撥千斤（避實擊虛） |
| | ⑳混水摸魚 | 利用混亂，達到目的 | 借亂才有機會下手（借亂下手） |
| | ㉓遠交近攻 | 聯合次要，打擊主要 | 借遠敵之力打近敵（以敵打敵） |
| | ㉙樹上開花 | 借別人聲勢，壯大自己 | 借別人之力使自己壯大 |

| 策略 | 種類 | 簡介 | 功用 | 配合的計謀 |
|---|---|---|---|---|
| 11. 借的種類及配合的計謀 | 1. 明借 | 公開的借 | 理由正當時 | ㊲以誠為本 |
| | 2. 暗借 | 暗地裡借 | 不欲人知時 | ①瞞天過海 |
| | 3. 強借 | 強行的借 | 非借不可時 | ②圍魏救趙 |
| | 4. 誘借 | 誘導的借 | 以小引大時 | ⑰拋磚引玉 |
| | 5. 真借 | 真正的借 | 情況需要時 | ③借刀殺人 |
| | 6. 假借 | 似借非借 | 貪汙賄賂時 | ⑧暗渡陳倉 |
| | 7. 快借 | 快速的借 | 單刀直入時 | ⑱擒賊擒王 |
| | 8. 慢借 | 慢慢的借 | 細水長流時 | ④以逸待勞 |
| | 9. 試借 | 試探的借 | 沒有把握時 | ⑬打草驚蛇 |
| | 10. 哀借 | 同情的借 | 哀兵策略時 | ㉞苦肉計 |
| | 11. 詐借 | 畫餅的借 | 創造願景時 | ⑦無中生有 |
| | 12. 虛借 | 借勢的借 | 創造價值時 | ㉙樹上開花 |
| | 13. 調借 | 調離的借 | 避實擊虛時 | ⑮調虎離山 |
| | 14. 激借 | 激將的借 | 需激將法時 | ⑯欲擒故縱 |
| | 15. 圍借 | 攻弱的借 | 攻其必救時 | ②圍魏救趙 |
| | 16. 危借 | 趁危的借 | 趁著危機時 | ⑤趁火打劫 |
| | 17. 轉借 | 迂迴的借 | 分散注意時 | ⑥聲東擊西 |
| | 18. 犧借 | 犧牲的借 | 棄小存大時 | ⑪李代桃僵 |

## 25 ③借刀殺人的賺錢藝術

### 賺錢多，出力少，速度快

#### 一、槓桿原理：借力使力

- **原則**：盡量降低自有資金，提高貸款金額。
- **貸款**：土地信託貸款、建築融資、房屋貸款、二胎貸款、房屋預售、租賃借款、信用貸款、營業周轉金、票據貼現、金主等等。
- **風險**：槓桿越大，借貸越多，風險越大。
- **舉例**：建築業

| 自有資金 | 貸款 | 利潤 | 賺錢比率 |
|---|---|---|---|
| 1,000 萬 | 0 | 200 萬 | 20% |
| 500 萬 | 500 萬 | 200 萬 | 40% |
| 0 | 1,000 萬 | 200 萬 | 無限大∞ |

## 二、交換理論：各取所需

- **原則**：錢財、物品、資源、關係等等的多重交換。
- **可行性**：將計就計、共蒙其利、不同的差價比例。
- **舉例**：以未售房屋交換土地、房屋、股票、建材、任何雙方同意的物品。

  **方法**：全部以物換物或以物換物加現金。

  一次交換或多重、多次交換。

  **概念**：不同的差價比例。

  **事由**：屋主有一戶房屋欲出售 5,000 萬，因目前景氣低迷，買方經常七折出價約 3,500 萬，則將損失 5,000 萬－3,500 萬＝1,500 萬。

  **假設**：屋主以市價加 10％，交換買方擁有的股票、建材、土地等（加價是以利誘之，使成交機會加大）。

  **方法**：因交換時價格較高，若和買方擁有的股票市價 2,000 萬加 10％交換，則屋主多付出 200 萬；若和買方另擁有的建材市價 1,000 萬加 10％交換，則屋主多付出 100 萬；若和買方再擁有的土地市價 2,000 萬加 10％交換，則屋主多付出 200 萬，合計屋主多付出 500 萬。

結論：屋主以房屋和買方交換股票、建材、土地等加 10%
時，雖多付出 500 萬，但若和屋主直接出售房屋時損失 1,500
萬相較，減少損失 1,000 萬，對屋主乃是有利。

## 26 ③借刀殺人的應用範例

**運用策略、計謀、簡介、行為模式予以解析。**

● 事由

　　小明經由朋友的介紹，到他任職的公司上班。上班後，
小明發現該公司一共有十二人，卻分成三個派系，甲派有三
人，和董事長有關係；乙派有六人，和總經理有關係；丙派
有三人，和經理有關係，而小明屬丙派。

　　該公司生態環境是，公司屬總經理制，總經理當權，所以
該派氣焰囂張；董事長是董事會代表，藉由董事會可罷免總經
理，故總經理虛與委蛇，不願正面得罪董事長；而經理因為業
績好，公司需要他，其他兩派也不想與其起衝突。此環境頗有
三國的架勢，三派之間亦友亦敵，鬥爭頻繁，適者生存。

　　然而經理終究職位較低，屬於經理派的小明又是新來的，
難免受到欺凌，而且情況越來越嚴重，逼得小明不得不運用
計謀，以免在公司中無法生存下去。

## 一、引友殺敵：引導友人對付敵人

㉚反客為主：化被動為主控

敵大我小，主動才有勝算。此外，小明也設法主動操控丙派對他派之戰略。

㊲以誠為本：精誠所至，金石為開

小明以誠懇態度，以利害關係說服丙派朋友支持。

㉙樹上開花：借別人聲勢，壯大自己

小明和丙派朋友合作，可借朋友聲勢壯大自己。

⑰拋磚引玉：施予小惠，誘出大利

小明請丙派朋友吃飯、喝酒，希望朋友一齊對付他派。

⑯欲擒故縱：激將法

小明向丙派朋友請求協助，可是朋友怕事，小明就用激將法，罵他不夠義氣，是朋友怎可袖手旁觀。

## 二、引敵殺敵：引導甲敵對付乙敵

㉓遠交近攻：遠敵妥協，近敵解決

小明和大敵（乙派）衝突，而對小敵（甲派）示好。

㉝反間計：利用矛盾，分化離間

小明在甲派及乙派之間製造矛盾分化。

⑰拋磚引玉：施予小惠，誘出大利

小明對甲派請客或送禮，讓其感覺良好。

⑦無中生有：製造假象，以假亂真

小明散發假消息，讓甲派與乙派失和。

⑳混水摸魚：利用混亂，以達目的

小明故意讓公文失蹤，引甲乙派互相指責對方過錯。

## 三、引敵殺己：引導敵人對付我內部異己

⑪李代桃僵：犧牲局部，顧全大局

內部異己雖是我方成員，卻是叛徒，必要時可犧牲之。

㉝反間計：利用矛盾，分化離間

小明利用矛盾，分化他派和我內部異己的關係。

㉛美人計：運用美色、名、利誘惑

小明自己不動手，設法運用美色、名、利讓他派下手除之。

⑦無中生有：製造假象，以假亂真

小明故意傳播他派八卦，讓他派以為是內部異己所為。

㉞苦肉計：受害以博取同情信任

小明故意讓丙派遭受損失，而將其責任推給我內部異己。

## 四、引他殺敵：引導非友非敵之他人來對付敵人（非甲派、乙派）

㉓遠交近攻：聯合次要，打擊主要

小明聯合他人，合力進攻主要敵人乙派。

㉛美人計：運用美色、名、利誘惑

小明運用美色、名、利來請他人合作抗敵。

㉝反間計：利用矛盾，分化離間

小明利用矛盾，分化離間他人與乙派之間的關係。

⑪李代桃僵：犧牲局部，顧全大局

小明犧牲自己一部分利益，給他人好處。

㉞苦肉計：受害以博取同情信任

小明向他人訴苦受害，激起他人同情並對乙派不滿。

## 五、引敵自鬥：引導敵人自相鬥爭

⑨隔岸觀火：不露聲色，坐觀虎鬥

甲、乙派之間起爭執，小明裝作不知且不動聲色，坐等時機到來。

㉛美人計：運用美色、名、利誘惑

小明運用美色、名、利拉攏乙派之部屬、親信。

⑦無中生有：製造假象，以假亂真

小明製造假消息，讓乙派內部互疑，失去互信。

㉝反間計：利用矛盾，分化離間

小明設法分化乙的同派之間的友好關係。

㊱走為上計：以退為進，尋機制人

小明故意認輸，賠償乙派，讓其內部為戰果、戰利品互鬥。

## 六、引敵收殘：留下大爛攤、陷阱讓敵人費神、費力收拾殘局

⑯欲擒故縱：激將法

乙派主導之對外談判，小明故意讓其破裂，然後用激將

法指責乙派無能力收拾殘局。

⑪李代桃僵：犧牲局部，顧全大局

談判失敗，公司受到損失，對小明的丙派也會有小影響，但為打擊乙派的大局著想，不得不為之。

㉑金蟬脫殼：避險求存，棄殼脫身

小明的丙派雖有小損失，但藉此不但脫身且不予協助，反觀乙派卻嚴重受傷。

㊱走為上計：以退為進，尋機制人

小明故意退出談判，讓乙派收拾殘局，使其元氣大傷，小明的丙派則保留實力，他日再戰。

㉝反間計：利用矛盾，分化離間

乙派收拾殘局時，備極辛苦，小明再分化離間，讓其裂痕擴大，於傷口撒鹽。

## 七、引敵之謀：以敵人之謀略或想法來對付敵人

㊴將計就計：計中有計，謀中有謀

小明利用乙派之計畫來打擊乙派。

⑭借屍還魂：外觀是舊，內部換新

小明修改乙派擬出之計畫，讓其外觀看似不變，但已埋伏敗筆在內。

㉛美人計：運用美色、名、利誘惑

小明運用美色、名、利，讓乙派之部屬在計畫中，加入於丙派有利之處。

㉝反間計：利用矛盾，分化離間

小明利用乙派之間的矛盾，設法在計畫中加入於乙派不利之因素。

㉗假痴不癲：大智若愚，騙敵上當

小明裝傻、裝笨，大力推崇乙派計畫，讓其失去戒心。

## 八、引敵之力：取之於敵，用之於敵

㉙樹上開花：借別人聲勢，壯大自己

小明借乙派之資源（預算）及人才，使小明之丙派壯大。

㉝反間計：利用矛盾，分化離間

小明一再利用矛盾分化乙派，用敵之力量打擊敵人。

㉕偷樑換柱：偷龍轉鳳，移花接木

小明趁乙派之間有爭執時，說服乙派陣營中有實力的人物，與小明私下合作。

⑤趁火打劫：趁著危機，得到利益

小明趁乙派內部紛亂、自顧不暇時，趁機擴大影響力。

④以逸待勞：不勞而獲，坐享其成

小明以業務績效所需為由，簽出公文將乙派辛苦申請得到之預算，撥出一部分供丙派業務上使用。

## 九、養寇自重：借寇之力，不勞而獲

㉙樹上開花：借別人聲勢，壯大自己

小明本是默默無名，藉舉發貪汙之功，獲得公司頒獎及

獎金,使其名利雙收。

⑤趁火打劫:趁著危機,得到利益

一旦乙派貪汙被揭發,事態越嚴重且越混亂,對小明的丙派越是有利。

④以逸待勞:以靜制動,選擇機會

小明明知乙派中有人貪汙舞弊,但故意不予揭發,讓其情況惡化後再藉機除之。

⑯欲擒故縱:留敵後路,一舉成擒

小明故意不揭發,讓事態擴大,等嚴重到會影響乙派首腦人物時才動手。

㉞苦肉計:自殘或受害,以博取同情

在此次事件過程中,雖然小明受到乙派之指責、辱罵、受盡委屈,然而董事長皆看在眼裡,將大力提拔小明。

## 十、借力使力:運用③借刀殺人的五個祕訣

③借刀殺人:借用人或物,達成目的

若要小打大,必須借用他人及他物,以謀略達成目的。(借他之力)

⑮調虎離山:引開對手,離開地盤

若要小打大,必須讓大者離開對其有利之時間、地點、人物,小者才容易下手。(避實擊虛)

⑳混水摸魚:利用混亂,達到目的

若要小打大,必須讓大者內部先混亂,小者才有機會。

（借亂下手）

㉓遠交近攻：聯合次要，打擊主要

若要小打大，必須聯合次要敵人，集中力量打擊主要敵人。（以敵打敵）

㉙樹上開花：借別人聲勢，壯大自己

若要小打大，借用別人現有聲勢，是壯大自己的捷徑。（創造價值）

## 27 《智謀 39 計》之子母連環計：⑮調虎離山

### ⑮調虎離山的運作原理

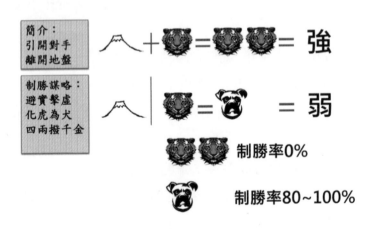

簡介：
引開對手
離開地盤

制勝謀略：
避實擊虛
化虎為犬
四兩撥千金

制勝率0%

制勝率80~100%

- **方法**：敵方在其有利的地盤，其力量等於虎加虎，力量強大，我方制勝率是 0%。但只要運用計謀，讓敵方離開其

有利地盤，虎就變成狗，力量大減，我方的制勝率就有
80％到 100％。

## 一、關鍵：Why ？（為何用？）

● 在競爭狀況下，只要設法讓對手離開其地盤，就有非常大
的獲勝機會。

● 攻擊時，設法將敵人調虎離山；防禦時，切勿被敵人調虎
離山。

## 二、簡介：What ？（是什麼？）

● 引開對手，離開地盤。化虎為犬。四兩撥千金。組織輪調。
避實擊虛。誘離巢穴，乘虛而入。調虎離山，以占其山。

## 三、說明：What ？（是什麼？）

● 讓敵失去有利形勢，主力離開，分散敵實力，我方可化被
動為主控。

● 特別注意，實權與地盤，正是猛虎的雙翼。

## 四、虎者：Who ？（對何人？）

● 敵人、競爭者、強勢對手、關鍵人物、政敵、情敵。

## 五、山者：Where ？（在何地？）When ？（於何時？）

● 靠山、地盤、本行、專業、氣勢、資金、資源、勢力範圍、

熟悉地方。

## 六、實例

- 龍游淺水、虎落平陽、引鱷上岸、避重就輕、警察辦案、組織輪調、明升暗降、假出價、破成交。

# 28 ⑮調虎離山的 11 招策略

How ?（如何用？）以各計謀之簡介及功用加以解析：

| 策略 | 計謀 | 簡介 | 功用 |
|---|---|---|---|
| 1. 以情動之 | ④以逸待勞<br>㊲以誠為本<br>⑩笑裡藏刀<br>③借刀殺人<br>㉙樹上開花 | 以靜制動，選擇機會<br>開誠布公，真誠相待<br>外表友善，掩蓋企圖<br>借用人或物，達成目的<br>借別人聲勢，壯大自己 | 長期耐心，感動對方<br>誠懇態度講情<br>遊說敵之親友，請敵離開<br>借別人之力，幫助自己<br>借別人聲勢，幫助自己 |
| 2. 以理說之 | ⑬打草驚蛇<br>㊲以誠為本<br>③借刀殺人<br>①瞞天過海<br>⑦無中生有 | 旁敲側擊，偵測敵情<br>開誠布公，真誠相待<br>借用人或物，達成目的<br>正常過程，帶入陰謀<br>創造願景 | 了解敵況才能找出說理<br>誠懇態度，曉之以利害<br>請重要人士出面講理<br>以公利為前提而帶入己謀<br>給予敵希望，說服敵人 |
| 3. 以利誘之 | ③借刀殺人<br>⑪李代桃僵<br>㉝反間計<br>⑰拋磚引玉<br>㉛美人計 | 借用人或物，達成目的<br>犧牲局部，顧全大局<br>利用矛盾，分化離間<br>施予小惠，誘出大利<br>運用美色、名、利誘惑 | 拉攏敵之部屬，削弱敵力<br>犧牲小部分，誘敵離開<br>以間諜遊說敵營重要人物<br>偷雞先要蝕把米<br>貪婪、誘惑是人性弱點 |
| 4. 以力迫之 | ⑱擒賊擒王<br>③借刀殺人<br>⑤趁火打劫<br>⑳混水摸魚<br>⑬打草驚蛇 | 找出關鍵，打其要害<br>借用人或物，達成目的<br>趁著危機，得到利益<br>利用混亂，達到目的<br>連鎖反應 | 擒其首領，使其瓦解<br>藉外力強迫敵離開<br>趁敵危機，逼敵離開<br>趁敵混亂，才有機會下手<br>殺雞儆猴，迫敵離開 |

| 策略 | 計謀 | 簡介 | 功用 |
|------|------|------|------|
| 5. 攻其必救<br>〈調虎離山〉 | ⑱擒賊擒王 | 擒其首領，使其瓦解 | 若攻敵首，敵必救之 |
| | ⑤趁火打劫 | 趁著危機，得到利益 | 縱火或搗亂，逼敵離開 |
| | ②圍魏救趙 | 迂迴戰術，攻敵弱處 | 攻擊都城或敵糧草、水源 |
| | ⑥聲東擊西 | 佯裝攻東，卻是擊西 | 東為敵之要害 |
| | ㉝反間計 | 利用矛盾，分化離間 | 利用間諜遊說敵 |
| 6. 假傳命令 | ③借刀殺人 | 借用人或物，達成目的 | 借他人傳假命令 |
| | ㉝反間計 | 利用矛盾，分化離間 | 以間諜傳播假消息 |
| | ⑦無中生有 | 製造假象，以假亂真 | 偽造敵將與我勾結的證據 |
| | ①瞞天過海 | 正常過程，帶入陰謀 | 篡改真公文之一部分 |
| | ④以逸待勞 | 以靜制動，選擇機會 | 靜待對方混亂後的舉動 |
| 7. 激敵出動 | ⑦無中生有 | 製造假象，以假亂真 | 製造假象，激敵出來 |
| | ⑯欲擒故縱 | 激將法 | 激怒敵將出動 |
| | ㉖指桑罵槐 | 含沙射影，指東談西 | 誣陷敵將通敵，逼其出動 |
| | ㉜空城計 | 佯裝虛實，誘導對手 | 我方示弱，激敵出手 |
| | ⑪李代桃僵 | 犧牲局部，顧全大局 | 使我小部敵大部，同歸於盡 |
| 8. 誘敵深入 | ④以逸待勞 | 以靜制動，選擇機會 | 我方靜待對方事態擴大 |
| | ⑤趁火打劫 | 趁著危機，得到利益 | 火上加油 |
| | ②圍魏救趙 | 迂迴戰術，攻敵弱處 | 避敵鋒芒，攻敵弱點 |
| | ⑪李代桃僵 | 犧牲局部，顧全大局 | 犧牲小部隊，引敵深入 |
| | ㉝反間計 | 利用矛盾，分化離間 | 利用間諜，讓敵判斷失誤 |
| 9. 策略聯盟 | ㉓遠交近攻 | 聯合次要，打擊主要 | 引敵之敵攻敵 |
| | ③借刀殺人 | 借用人或物，達成目的 | 策動他人打敵 |
| | ㉔假道伐虢 | 借道對手，掩飾目的 | 借甲之地打乙後，回頭打甲 |
| | ⑨隔岸觀火 | 袖手旁觀，漁翁得利 | 我方製亂，引敵互鬥 |
| | ㉛美人計 | 運用美色、名、利誘惑 | 誘惑敵之敵以攻敵 |
| 10. 派系制衡 | ③借刀殺人 | 借用人或物，達成目的 | 明升暗降：將主管調升離<br>開原職，以奪其實權 |
| | ⑤趁火打劫 | 趁著危機，得到利益 | 趁其部屬犯錯，依法連坐 |
| | ⑥聲東擊西 | 旁敲側擊，分散注意 | 調動職務或調降其權力 |
| | ㉗假痴不癲 | 裝瘋賣傻，掩蓋真情 | 假裝不知派系之間的鬥爭 |
| | ㉛美人計 | 運用美色、名、利誘惑 | 以高官厚祿誘敵離開地盤 |
| 11. 調虎離山<br>以占其山 | ㉚反客為主 | 找出弱點，主導大局 | 調虎是手段，占山是目的<br>掌握調動敵人的主動權 |
| | ⑫順手牽羊 | 一石二鳥 | 調虎、占山，一舉兩得 |
| | ㉒關門捉賊 | 誘使孤立，斷絕外援 | 切勿讓虎再得實權與地盤 |
| | ⑲釜底抽薪 | 根本下手，除其力量 | 要及時徹底清理虎穴 |
| | ㉛美人計 | 運用美色、名、利誘惑 | 安撫敗敵，以減除後遺症 |

## 29 ⑮調虎離山的應用範例

**運用策略、計謀、簡介、行為模式予以解析。**

● 事由

小明（丙派）在這三國狀態的公司裡（甲派董事長派，乙派總經理派，丙派經理派），為了生存而競爭及鬥爭，激發了他的本能，所以成長非常快速。經過仔細觀察後，他發現在公司中興風作浪的是總經理派中的一位副總經理，此人是亂源，唯有除去此人，才可瓦解乙派，此後公司才能正常運作，否則公司永無寧日，不但業務無法拓展，而且公司同仁包括小明在內皆會前途茫茫，被迫離公司而去。

小明觀察這位副總，性格上有吝嗇自私、動輒辱罵、睚眥必報、霸道凌人、恐嚇威脅、出爾反爾等等惡因，是屬不學但有術之人，但因他對上級之吹捧拍馬及打小報告的功夫，皆是一流，故甚得總經理寵信。

小明細思，如果和副總硬幹對拚，必輸無疑，故須運用計謀來處理。上策是逼走副總，中策是逼走副總之左右手，下策是造成乙派內部混亂，削弱其實力或信任度，三策雖可同時進行或分開進行，然而皆屬⑮調虎離山之策略。

一、以情動之

④以逸待勞：以靜制動，選擇機會

小明還沒找到對策前，要長期耐心尋機。

㊲以誠為本：開誠布公，真誠相待

小明以誠懇態度，找副總溝通。

⑩笑裡藏刀：外表友善，掩蓋企圖

小明先以友善態度對副總，勿讓其心存主見。

③借刀殺人：借用人或物，達成目的

小明託友找到副總的關係人，表明小明不願為敵。

㉙樹上開花：借別人聲勢，壯大自己

小明託人轉告副總，某有力人士是父親好友。

## 二、以理說之

⑬打草驚蛇：旁敲側擊，偵測敵情

小明必須充分偵測、了解各種狀況，才能找出理由。

㊲以誠為本：開誠布公，真誠相待

小明以真誠態度，分析利害關係來說服甲派人馬。

③借刀殺人：借用人或物，達成目的

當副總行為蠻橫時，小明藉由甲派請董事長出面論理。

①瞞天過海：正常過程，帶入陰謀

小明是以公司利益為前提，來說服董事長介入，而避免
被認為是針對副總。

⑦無中生有：創造願景

小明以公司和諧後的願景，說服甲派的人敦請董事長出
面。

## 三、以利誘之

③借刀殺人：借用人或物，達成目的

小明藉由拉攏乙派之部屬，削弱乙派之敵意。

⑪李代桃僵：犧牲局部，顧全大局

小明藉由犧牲小部分金錢與時間，來與乙派維持關係。

㉝反間計：利用矛盾，分化離間

小明藉由乙派人士，遊說乙派除副總外的重要人物。

⑰拋磚引玉：施予小惠，誘出大利

小明藉請客拉攏甲派及乙派。

㉛美人計：運用美色、名、利誘惑

小明請客時，安排正妹朋友參加飯局，讓氣氛良好。


## 四、以力迫之

⑱擒賊擒王：找出關鍵，打其要害

小明的最終目標是副總，副總一離開則乙派群龍無首，一盤散沙。

③借刀殺人：借用人或物，達成目的

小明藉由外力來強迫副總離開。

⑤趁火打劫：趁著危機，得到利益

小明藉乙派出事時，伺機出手。

⑳混水摸魚：利用混亂，達到目的

小明藉由副總貪汙一事，設法放消息將其擴大，矛頭直指副總，讓乙派陷入混亂中，小明才有機會下手。

⑬打草驚蛇：連鎖反應

乙派貪汙出事，必須有人頂罪，小明設法將副總之左右手驅離公司。

## 五、攻其必救

⑱擒賊擒王：擒其首領，使其瓦解

副總是乙派地下領袖，打擊副總，可使乙派勢微。

⑤趁火打劫：趁著危機，得到利益

小明趁乙派紛亂時，藉機打擊乙派，削弱乙派勢力。

②圍魏救趙：迂迴戰術，攻敵弱處

副總是乙派檯面下操控者，小明藉攻擊副總貪汙一事，設法逼副總離開。

⑥聲東擊西：佯裝攻東，卻是擊西

小明聲稱舉發貪汙，是為維護公司名譽及股東權益，實際上是要逼副總離開。

㉝反間計：利用矛盾，分化離間

小明利用乙派之間矛盾，讓乙派自行鬥爭副總。

## 六、假傳命令

③借刀殺人：借用人或物，達成目的

小明所作所為，皆無出面，皆借他人之口之手而行之。

㉝反間計：利用矛盾，分化離間

小明利用他人傳播假消息，引起乙派互鬥。

⑦無中生有：製造假象，以假亂真

小明偽造副總左右手與我勾結的證據，破壞乙派內部的互信。

①瞞天過海：正常過程，帶入陰謀

小明篡改公文之一部分，造成乙派的混亂。

④以逸待勞：以靜制動，選擇機會

小明篡改後，不動聲色，靜待混亂的乙派擬出對策。

### 七、激敵出動

⑦無中生有：製造假象，以假亂真

小明散布謠言，逼乙派不得不出面澄清。

⑯欲擒故縱：激將法

小明藉故激怒副總，讓副總跳出來直接面對。

㉖指桑罵槐：含沙射影，指東談西

小明故意暗示副總內鬼通外神，逼副總出面解釋。

㉜空城計：佯裝虛實，誘導對手

小明故意表態怕事退縮，讓副總更囂張，節節進逼，引起他派反感。

⑪李代桃僵：犧牲局部，顧全大局

小明製造事端，讓自己被記小過，而讓副總被記大過。

### 八、誘敵深入

④以逸待勞：以靜制動，選擇機會

副總正在推行 A 計畫，他好大喜功，漠視計畫中的嚴重
缺失，小明故意不予揭穿，靜待事態擴大。

⑤趁火打劫：趁著危機，得到利益

乙派在危機關頭時，小明故意揭露並擴大 A 計畫對公司
之影響，驚動董事長出面干涉。

②圍魏救趙：迂迴戰術，攻敵弱處

該計畫瀕臨失敗時，乙派必全部動員搶救，小明藉機搶
下乙派的其他案件。

⑪李代桃僵：犧牲局部，顧全大局

A 計畫若失敗，經理難免受責，但為小傷，副總才是大
傷。

㉝反間計：利用矛盾，分化離間

趁乙派在危機時，小明再慫恿乙派人將責任推給副總。


## 九、策略聯盟

㉓遠交近攻：聯合次要，打擊主要

對丙派而言，乙派為主敵，甲派為次敵，小明致勝之道，
就是聯合次敵打擊主敵。

③借刀殺人：借用人或物，達成目的

小明自知丙派實力不足，要對抗副總必須有甲派支援。

㉔假道伐虢：借道對手，掩飾目的

小明的長遠計畫是，先借甲派之力打敗乙派後，再回頭
打甲派。

⑨隔岸觀火：袖手旁觀，漁翁得利

利用某次甲乙派之間的小誤會，小明慫恿甲派對付乙派，而自己袖手旁觀。

㉛美人計：運用美色、名、利誘惑

小明知道若要鼓動甲派的人，需要一些誘因來促進。

## 十、派系制衡

③借刀殺人：借用人或物，達成目的

小明說服甲派，建議董事長將副總調離到其他單位，以奪其實權。

⑤趁火打劫：趁著危機，得到利益

趁著副總的部屬犯錯致使公司遭受損失，要副總依法連坐。

⑥聲東擊西：旁敲側擊，分散注意

表面上是調動職務，實際上是為削弱乙派實力。

㉗假痴不癲：裝瘋賣傻，掩蓋真情

整個過程，小明必須裝作不知，不能讓人知道他在搞鬼，否則引起疑心時，要調動就會有困難。

㉛美人計：運用美色、名、利誘惑

也可以用高官厚祿、明升暗降，將副總誘離地盤，譬如晉升為子公司總經理或副董事長之類的職務。

## 十一、調虎離山，以占其山

㉚反客為主：找出弱點，主導大局

小明在弱勢的丙派原為被動，必須運用計謀，變成操控主動權。

⑫順手牽羊：一石二鳥

將主敵副總調離，讓中立或親丙派人士擔任副總，一舉兩得。

㉒關門捉賊：誘使孤立，斷絕外援

副總一走，乙派實力大損且總經理斷手缺腳，形同孤立。

⑲釜底抽薪：根本下手，除其力量

當主敵副總離開後，藉機再清除副總的左右手。

㉛美人計：運用美色、名、利誘惑

副總走後，乙派群龍無首，人心惶惶，小明藉機安撫，拉攏敵變友，可減少後遺症。

# 第二篇

# 計謀的學習

# 01 計謀快速自學術

## 一、前言

要快速學習計謀的運用，有三本書可以參考，第一本是《孫子兵法》，但是它太深奧了，即使有白話文註解，仍然不易體會。第二本是《36計》，它是《孫子兵法》的民俗版，雖然較淺顯，但仍然不易懂。第三本是《智謀39計》，它是《36計》的現代版，是沿用前二者的精神而來，易懂易學。然而，若讀者想快速學習計謀又不想花時間看參考書時，最簡單的方法就是只看本書最後附的「計名簡介表」，我在台北商業大學企管系教授「計謀的運用」時，就是如此。因為「計名簡介表」的各項簡介，就是這三本書的「精神」所在。

所謂「知行合一」，「知」就是了解「精神」，「行」就是行為模式解析，所以初學者一方面了解本篇的說明及精神（各項簡介），另一方面對照下篇案例的行為模式解析，即能達到「知行合一」，可以立即進入學習狀況，若能按照「自學步驟」一再演練，假以時日，必能領悟計謀的運用。

## 二、自學步驟

1.《36計》的精神是沿襲《孫子兵法》的精神而來，《智謀39計》的精神是引申《36計》的精神而來。而各「計名」之精神，就在本書最後所附「計名簡介表」中的各項「簡介」。

　　運用計謀時，自由聯想才會有創意，所以想法越奔放越好。不要被理論、常識甚至是習慣所束縛，也不要因先想到專業知識、技術層面可能會產生問題而卻步。只要掌握計謀之精神，運用自由聯想，就能發揮計謀、靈活運用，達到「出奇致勝、隨機應變」的功力。也就是說，若被「計名」的名稱所框住，就會扼殺創意，阻礙靈活，千萬不要讓呆板僵硬的思維，扼殺了創意與想像的空間。

　　所以在運用時守住精神，只要行為模式和「簡介」有些相符，即可大膽運用，不顧「計名」為何，不要有太多的拘泥或自我限制，才能學以致用。

　　2.《智謀39計》卡的使用方法：智謀即智慧的計謀。先看計名的一個字，即可念出計名全名，例如：1. 瞞：①瞞天過海；2. 圍：②圍魏救趙……以此類推，再按計號順序，背誦全部三十九個計名，一直熟練到計號一出即知其計名為止，如此才有辦法虛擬實計（空中抓計）。

### 《智謀 39 計》卡的正反面

| 正面 | 反面 |
| --- | --- |
| 智謀 39 計<br>出奇制勝、隨機應變<br>創造機會、改變命運<br>①瞞　②圍　③借　④以<br>⑤趁　⑥聲　⑦無　⑧暗<br>⑨隔　⑩笑　⑪李　⑫順<br>⑬打　⑭屍　⑮調　⑯欲<br>⑰拋　⑱擒　⑲釜　⑳混 | 神奇功能：<br>以小搏大、以寡敵眾、<br>以弱擊強、少輸多贏、<br>反敗為勝、轉危為安、<br>困境解危、險中取勝、<br>絕處逢生、運籌帷幄、<br>扭轉乾坤、改變局勢。 |

| 正面 | 反面 |
|---|---|
| ㉑金 ㉒關 ㉓遠 ㉔假<br>㉕偷 ㉖指 ㉗痴 ㉘上<br>㉙樹 ㉚反 ㉛美 ㉜空<br>㉝間 ㉞苦 ㉟連 ㊱走<br>㊲誠 ㊳動 ㊴將 | 奇計妙用：<br>單獨運用、重複運用、<br>試探運用、埋伏運用、<br>突襲運用、混合運用、<br>連環運用、虛實相應、<br>排列組合、形成百計、<br>奇計縱橫、千變萬化、<br>浩瀚計海、莫測高深。 |

3. **計名簡介表使用方法（請見本書最後所附拉頁）**：了解每一個計名的簡介。亦可參考《智謀39計》第肆篇活用實例中的簡介、說明及實例。計名只須了解即可，因為在第三篇行為模式解析時，會一再重複演練計名簡介表的應用。重點在於依據計名簡介表中的簡介，來選擇各種行為模式解析中的行為模式是屬於哪一種計名。

4. **行為模式解析**：《孫子兵法》：「知己知彼，百戰不殆。」

知彼：解析對方的行為模式，將其歸納成某個「計名」，作為我方「破解」及「反制」的依據。

知己：我方再依據我方的實力、環境、利基，選擇某個「計名」，作為我方「攻擊」及「防禦」的依據。

有40個案例含40個問題，及1,327個計謀的行為模式解析（實務經驗），自學者詳看問題，參考「計名簡介表」後，在「選擇題」填入適合的計名，或將「事由」中（　）裡的數個計名以行為模式解析。從一級到六級的案例，重複演練計名簡介表的運用。

5. 快速自學的要訣是「模仿」，程序是「觀察、模仿、修正、執行」，並將四個程序一再循環為之，即是在案例中別人如何運用計謀，你也如法炮製，一再演練就變成你自己的靈感或第六感，隨時可用。若將學習與模仿雙管齊下，則成果會更快突顯出來。

6. 尤其是初學的人，因實務經驗不足，別無他法，唯有一再演練案例中的問題、選擇題及行為模式解析，熟能生巧，如此則一方面可以熟練計名簡介表的運用，另一方面也可以與生活中發生的實例互相驗證。已有計謀運用經驗者也需要演練，一方面可溫故而知新，另一方面也可舉一反三、觸類旁通，獲取更多的技能及經驗。

7. 將實例中 1,327 個計謀的行為模式解析一再演練，並和自己的人生計謀實務經驗相互驗證，即可領悟計謀的運用法則，如此可大幅降低為獲取計謀實務經驗所花費的時間與精力。

8. 如果有軌跡可循，就必有邏輯可形。計謀是與生俱來的，它會自然呈現出來，一般人無法刻意掩飾。雖然「人心有如海底寶，千尋萬覓無從找」，但人類的思維及行為模式如果有軌跡可循，就必有邏輯可形。假如能把對方的日常行為歸納整合於三十九個「計謀」中，就有脈絡可循，不但可以找出對策來「破解」及「反制」，而且可以看出對方的為人處事風格，增加自己的觀察、判斷及解析能力。

人心雖難測，但大部分都有其行為模式的慣性，我們只

要從他過去的所作所為（軌跡），去推測他將來會做什麼（邏輯），依循這些資料，我們就可以設定計謀來「破解」及「反制」。

9. 配合手機效果更佳。讀者如果自認記憶力不好，或不願花時間背誦計名時，可用書後所附的計名簡介表，隨時查閱比對；如果要更快，則可將《智謀39計》卡及計名簡介表置入手機中，隨身攜帶，隨時可取出運用。但若是要用「虛擬實計：臨空抓計」時，仍以背誦計號為佳，因為在談判時臨場是無法使用手機的。

## 02 計謀數字化的功能

**兩千多年來，這是第一本將「計謀數字化」，俾能快速自學的書。**

**一、計謀數字化：將計謀簡化，使計謀可以快速學習**

將《智謀39計》的每一計用數字代表，即用計號取代計名，因此只要記住計號就能記住計名，如此則讓計謀易學、易記、易懂、易組合、易轉化，在計謀運用時變化多、速度快，達成出奇制勝、隨機應變的效果。

**二、用計號取代計名後，即可以排列組合衍生百計**

本書中《智謀39計》之「子母連環計」，以③借刀殺人為例，借刀殺人有十個策略，每個策略有五計，每一計又可

衍生五計共五十計，這五十計中每一計又可衍生五計，共計兩百五十計。

理論上它可以綿綿不斷衍生下去，但在實務應用上並沒有什麼意義，因為要解決問題，一個案例大概在十個計之內可解決，用到三十至五十個計已經很了不起，能用到百計以上可算是高手了！

三、將計謀數字化後，其靈活性大為增加，就可出奇、應變運用在試探、埋伏、突襲、混合、連環等，而且在計與計之間還可以串聯或並聯，達到虛實相應，變化萬千，令人莫測高深！

四、將計謀數字化後，運用者即可將計謀虛擬實計，隨身攜帶，在談判時即可隨機運用，達到出奇制勝、隨機應變的效果。想像在人的四周有三十九個計謀環繞，這三十九個計都是用數字代表。

運用者把計號記好，即可在四周布陣，猶如「臨空抓計」，將計號虛擬展現、環繞四周，運用時可從中取出。根據經驗統計，使用方便的順序是一到三十九計依順時鐘方向排列，或也可按自身習慣調整。

## 03 虛擬實計：臨空抓計

● 計謀的意念存在四周的空中，稍縱即逝，故須將其數字化（計名變計號），才能具體成形運用。

- 將三十九個計謀在空中展開，隨機挑選搭配運用。

- 熟識每計的典故及成效，了解其人性及對應。

- 解析對方的行為模式，參考計名簡介表中的簡介，將其歸納成「計名」，找出對方之用意及心態。

- 我方也參考計名簡介表，找出哪一個「計名」可用於將對方的「計名」破解、防禦、反制、攻擊。

- 嘗試出奇用計，觀察對方反應後，我方再隨機應變，以排列組合、虛實相應、進退自如應對。

**臨空抓計**

第1計～第11計

前

第31計
～
第39計　左

右　第12計
～
第21計

後

第22計～第30計

## 04　計謀的三修及三沒教

- **三修**：研習後同時得到三修的成果，戰場兵法、商場商略、

人生智慧。

- **三沒教**：父母、學校、社會都沒教，要靠自己的天賦本能以及後天的研究、學習。

## 05 計謀的逆向速成學習法

- **訣竅**：觀察、模仿、修正、執行，循環為之。
- **正向**：先學理論，再談實務。先了解理論→找出方法→實務應用。
- **逆向**：先學實務，再談理論。先懂實務應用→找出方法→了解理論。（1327 個行為模式解析就是實務經驗）

　　逆向速成學習法是一種快速的學習方式，就是以觀察→模仿→修正→執行的方式循環為之，將他人的實務經驗快速轉換成自己的知識，並於實務演練後，把知識變成自己的經驗，如此一再循環，累積眾多的知識與經驗。

　　此種「逆向速成學習法」可以節省很多財力、精力、時間，並可記取他人失敗的教訓及成功的經驗，對於創造機會、改變命運及邁向成功，將有極大的助益。

　　我在大學授課時一定要求同學們將這八個字的訣竅記下來，因為它能很快速地學到東西。我這一生能從事二十七種行業，能達到今天的成就，都是貫徹這八個字而得來的。

　　實務上若要應用於學習計謀，必先模仿本書第三篇案例

的行為模式解析，解析對方的行為模式（此謂知彼），將其歸納成計名，再依據對方所用計名的簡介，找出我方可用於破解、防禦、反制、攻擊的對應計謀的計名（此謂知己）。若能知己知彼，則必百戰不殆（《孫子兵法》）。

若以《智謀39計》的㊳動靜互制而言，觀察是靜，模仿是動，修正是靜，執行是動，而知行合一的知是知識（靜），行是執行力（動），所以萬物的進行皆於動靜之中，了解這一點後更能掌握訣竅。

- **觀察→模仿→修正→執行後再觀察→模仿→修正→執行。**
- **觀察**：用心觀察在某方面比你強的前輩或成功者，不論是為人處事或理財，都值得你去觀察，用看的或用問的，去找出他的做法和效果。也可以同時找幾個對象，分析哪一種做法和效果最好。觀察成功者以外，也要去觀察失敗者，找出失敗原因何在，勿重蹈覆轍。從電影、電視、新聞報導以及常到書店或網路找資料，也是一種有效率的觀察。
- **模仿**：模仿最重要的用意是在獲取精華，同時也節省別人曾遭受挫折、失敗所花費的精力、財力、時間，並記取失敗者的教訓，吸收別人優點而捨棄其缺點。但首先要打破自己心中「不屑」、「不如人」的想法。模仿是人類的天賦本能，從三歲小孩的成長過程就可看到，只是長大後漸漸衰退，被漠視了。

模仿不但應用於為人處事，也用於產業方面。美國產業

一開始是模仿英國，日本產業也是模仿歐美，其中某些已經超越歐美，例如汽車、電器等。台灣產業也是模仿歐美、日本，但現在台灣的積體電路製造像台積電等也已經超越了。模仿是一種快速的學習，設定某段時間內的模仿對象，超越後再設定另一段時間的對象。如果在模仿過程中，能再另找競爭對手作為比較，會更快速見到模仿成效。我們也看到很多模仿後再創新的例子，事實上模仿與創新並不衝突，它們就像兄弟一樣，會先後或同時出現，相得益彰。

　　至於要模仿到什麼程度？為了節省時間及精力，若只為獲得經驗，則只模仿 60％即可，但若為了當成事業，則最好模仿到 80％，其他再加以修正。模仿到 100％會失去自我，未必有利！

● **修正**：模仿來的東西，不一定完全適合你，就要依自己的個性、能力及環境去修正。但有時大幅度的修正會喪失模仿的效果，切記不要勉強自己去適應。至於修正的程度，隨著多次使用循環方法後，自然會體會出來。

● **執行**：修正後要實際去做做看，一旦發覺效果不彰，再回頭去仔細觀察，再模仿、修正、執行，一直到成果顯現，循環越多次，成效會越好。這就是知行合一。

## 06 計謀運用方式的學習程序

● **知行合一**：知是理論，行是執行力，合一才能產生經驗。

學習後得了知識，但要落實在實際行動中，才有效果。以上的學習程序就是將知行合一，最後形成本身技能，俾能隨時、隨身運用。

● 現因網路發達，知識氾濫，讓大家誤以為有知識即可用，其實不然，知後必須執行，有知識仍要知行合一後，才會有用。

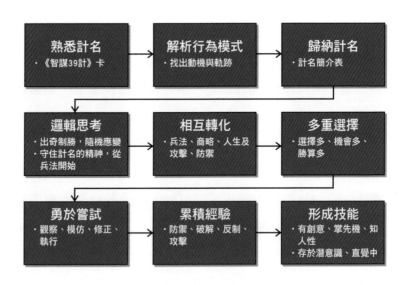

第三篇

40種案例的問題、選擇題及行為模式解析

# 案例解析表索引說明

- **計名**：計謀的名稱。
- **計號**：計謀的編號。
- **計數**：運用計謀的數目。
- **級別**：計謀的功力級數（一級到六級）。
- **選擇題**：將「智謀 39 計」中的某一個適當計名填入。
- **問題**：例如第 28 章，事由後標註的（郭董 4，奇 3 偶 1）即表示施計者有 4 個計，奇 3 偶 1 即屬於計號奇數的計名有 4 個，計號偶數的有 1 個。至於分成奇偶是為了讓初學者較易選擇。
- **行為模式解析**：將對方行為分解、剖析，以找出適合的計名。《孫子兵法》：「知己知彼，百戰百勝。」解析他人行為（知彼）就可知其思考及行為模式，我方即可運用計謀選擇計名（知己）來破解、防禦、反制或攻擊。

## 索引

| 編號 | 級別 | 計數 | 內容 | 頁數 |
|------|------|------|------|------|
| 26 | 三 | 30 | 「男女情場交鋒」 | 191 |
| 27 | 四 | 31 | 「北韓金正恩的國際縱橫捭闔術」 | 195 |
| 28 | 四 | 32 | 「鴻海集團郭台銘訪問白宮的謀略布局」 | 202 |
| 29 | 四 | 34 | 「川普與習近平的高峰會」 | 209 |
| 30 | 四 | 34 | 「半熟的鴨子還是會飛走」 | 217 |
| 31 | 四 | 39 | 「警察科學辦案」 | 224 |
| 32 | 四 | 42 | 「隨機應變：做賊也要搞懂政治」 | 231 |
| 33 | 五 | 31 | 「台灣歷史上金額最高的銀行詐貸案」 | 237 |
| 34 | 五 | 53 | 「警匪鬥智：陳進興等結夥綁票殺人事件」 | 244 |
| 35 | 五 | 44 | 「樂陞收購案」 | 254 |
| 36 | 五 | 39 | 「『夢幻幾何』土地購併案」 | 264 |
| 37 | 五 | 32 | 「公司經營權爭奪戰」 | 270 |
| 38 | 六 | 42 | 「國共戰爭中，決定中國命運的三大戰役」 | 276 |
| 39 | 六 | 82 | 「韓流（韓國瑜）席捲全台，翻轉政治生態」 | 288 |
| 40 | 六 | 167 | 「騙術大全」 | 303 |

總計 40 種案例的行為模式解析共 1,327 個

# 「活用實例」說明

計謀是人類的天賦本能，在日常生活中經常出現，男女老少每個人都會使用，只是大家不知道「計名」（計謀的名稱）而已。

以下先用一些生活中發生的事情或常識，做成選擇題，測試讀者們對計謀的了解程度。讀者們多次對照答案之後，自然會對計謀有相當程度的了解，而對於後面實例的「行為模式解析」，將更容易體會。

**注意事項：**

※（　）中請填寫「計號」（計名的代號，即第○計）。

請參考書後拉頁「計名簡介表」中的簡介（即計名的精神），只要有些相符即可填入。再對照題後的答案，如果不符不要氣餒，這是正常現象。

一再演練就是要增加對記名及簡介的熟悉度，讓它們變成直覺後，就可增加對行為模式解析的效率。

一再演練後，當每一級答對 80% 時，即可進入下一級。

「一分耕耘，一分收獲」，「天下沒有白吃的午餐」，學習要有耐心及決心，若遭遇瓶頸，就把書放下，過一陣子再看，不必急於一時完成。

只要用一年時間研讀本書，則對計謀的領悟將超越一般人二十年以上。

## 01 「活用實例」（第1計～第9計）

選擇題：36 個計謀

1. （　）貸款創業

2. （　）考試作弊

3. （　）模仿秀

4. （　）老鼠會

5. （　）路人打架

6. （　）親人出面，逼匪放人

7. （　）女友兵變

8. （　）仿製品

9. （　）魔術表演

10. （　）八卦新聞

11. （　）項莊舞劍

12. （　）膨風利多，主力出貨

13. （　）官場的「暗中卡位」

14. （　）趁情傷之後，追求心儀的人

15. （　）對方主力商品，我方削價競爭

16. （　）抄襲名牌

17. （　）爆料

18. （　）警察辦案，讓幫派火拚互鬥

19. （　）軍事演習

20. （　）總統選舉──宋楚瑜之興票案

21.（　）新店開張之假顧客

22.（　）空頭打壓股市

23.（　）棒球盜壘

24.（　）輕音樂轉移情緒

25.（　）赤壁之戰的蜀國

26.（　）加入加盟店

27.（　）辦公室戀情

28.（　）選舉時開空頭支票

29.（　）以延期交貨或品質欠佳為由扣款，要求降價

30.（　）置入性行銷廣告

31.（　）高利貸

32.（　）老大喊：「兄弟們上！」

33.（　）股票上市

34.（　）選擇高股息股票

35.（　）利用比價心理，操縱股價

36.（　）說一套，做另套

## 行為模式解析：36 個計謀

1.③　　2.①　　3.⑦　　4.⑧　　5.⑨　　6.②　　7.⑤　　8.④

9.⑥　10.⑦　11.①　12.⑥　13.⑧　14.⑤　15.②　16.④

17.③　18.⑨　19.①　20.②　21.⑦　22.⑤　23.⑥　24.③

25.⑨　26.④　27.⑧　28.⑦　29.②　30.①　31.⑤　32.⑨

33.③　34.④　35.⑥　36.⑧

## 02 「活用實例」（第10計～第18計）

選擇題：36個計謀

1. （　）便利超商

2. （　）引鱷上岸

3. （　）賭場招待

4. （　）打水趕魚

5. （　）擔擔麵加蛋

6. （　）談判前夜之酒宴

7. （　）「賊仔車」

8. （　）「搓圓仔湯」

9. （　）外科手術

10. （　）公司主管輪調

11. （　）道路監視器

12. （　）演唱會另賣相片、海報、光碟等

13. （　）口蜜腹劍

14. （　）明星義演

15. （　）選舉代夫出征

16. （　）股票設停損

17. （　）打蛇打七寸

18. （　）男女交友的手段

19. （　）用非法取得的錢洗錢

20. （　）比賽時盯緊球星

21.（　）扮豬吃老虎

22.（　）申請交際費中另行夾帶

23.（　）免費試吃

24.（　）棄卒保帥

25.（　）養寇自大

26.（　）正式比賽前之友誼賽

27.（　）公司人事明升暗降

28.（　）替罪羔羊

29.（　）銷售房屋時的「樣品屋」

30.（　）正式談判前的「放話」

31.（　）警察辦案，引開要犯離開根據地

32.（　）樹倒猢猻散

33.（　）魚目混珠

34.（　）給付佣金時，經辦人趁機留一筆

35.（　）警察辦案，「黑白臉」

36.（　）呷緊弄破碗

## 行為模式解析：36 個計謀

1.⑫　　2.⑮　　3.⑰　　4.⑬　　5.⑪　　6.⑩　　7.⑭　　8.⑯

9.⑱　　10.⑮　11.⑬　12.⑫　13.⑩　14.⑰　15.⑭　16.⑪

17.⑱　18.⑯　19.⑭　20.⑱　21.⑩　22.⑫　23.⑰　24.⑪

25.⑯　26.⑬　27.⑮　28.⑪　29.⑰　30.⑬　31.⑮　32.⑱

33.⑭　34.⑫　35.⑩　36.⑯

## 03 「活用實例」（第 19 計～第 27 計）

選擇題：36 個計謀

1. （　）山寨手機

2. （　）企業挖角以再創第二春

3. （　）詐死求生

4. （　）特種行業違規時，政府「斷水斷電」

5. （　）尿遁、酒遁

6. （　）戰國時張儀的連橫政策

7. （　）捕鼠籠

8. （　）跳板策略

9. （　）指著禿驢罵和尚

10. （　）更換包裝

11. （　）直接將對手陣營的高手挖角過來

12. （　）同業競爭，異業結盟

13. （　）上班族的「報帳灌水」

14. （　）整頓軍紀

15. （　）甲乙合作淘汰丙後，甲再回頭消滅乙

16. （　）購物中心、大批發商場

17. （　）裝笨

18. （　）多角化經營

19. （　）敲山震虎

20. （　）旅遊展、電腦展

21. （　）企業購併，消除競爭

22. （　）警察對證據不足者，虛與委蛇；證據確定者，逮捕
　　　　　歸案

23. （　）進口水貨和代理商競爭

24. （　）假迷糊

25. （　）置入性行銷

26. （　）泡水車

27. （　）警方和甲黑幫合作來瓦解乙黑幫，再由乙黑幫的密
　　　　　告來對付甲黑幫

28. （　）公開招標的「綁標」

29. （　）裝醉

30. （　）更換談判代表

31. （　）易容

32. （　）希特勒的策略，與蘇聯簽立互不侵犯條約

33. （　）國際反毒組織的「斬草除根」

34. （　）先借後占，有借無還

35. （　）殺雞儆猴

36. （　）扒手的機會

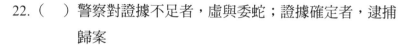

### 行為模式解析：36 個計謀

1. ⑳　2. ㉕　3. ㉗　4. ⑲　5. ㉑　6. ㉓　7. ㉒　8. ㉔

9. ㉖　10. ㉕　11. ⑲　12. ㉓　13. ⑳　14. ㉖　15. ㉔　16. ㉒

17. ㉗　18. ㉑　19. ㉖　20. ⑳　21. ⑲　22. ㉓　23. ⑳　24. ㉗

25. ㉑　26. ㉕　27. ㉔　28. ㉒　29. ㉗　30. ㉕　31. ㉑　32. ㉓

33. ⑲　34. ㉔　35. ㉖　36. ⑳

# 04 「活用實例」（第 28 計～第 36 計）

選擇題：36 個計謀

1. （　）空屋開燈

2. （　）汰舊換新

3. （　）乞丐趕廟公

4. （　）金主大抽公司銀根

5. （　）名模代言

6. （　）商業間諜

7. （　）將土地整合，使價值提升

8. （　）利用「商圈結市」，製造繁榮

9. （　）犧牲色相，達到宣傳廣告效果

10. （　）軍售武器後，零件、性能提升、後勤訓練等須再加錢

11. （　）檢察官將犯人羈押禁見

12. （　）公司經營權爭奪戰

13. （　）股市作手炒作手段

14. （　）將商品精美包裝後，提升競爭力及價格

15. （　）高額獎金

16. （　）打「政治麻將」

17. （　）戰略撤退

18. （　）警察辦案用的「臥底」手段

19. （　）公司借殼掛牌上市

20. （　）股票做多頭，頻放利多，讓散戶湧進再大量出貨

21.（　）貓狗之戰，貓毛聳起

22.（　）「假仙」，故意裝笨或裝不懂

23.（　）大賣場的促銷策略

24.（　）舊房屋外表拉皮，重新裝修

25.（　）買賣股票的停利、停損

26.（　）選舉策略，讓對方競選團隊內部產生矛盾

27.（　）紅包

28.（　）售屋時的「樣品屋」

29.（　）連鎖店

30.（　）讓敵人產生「內鬨」

31.（　）職場出走，自立門戶

32.（　）宋太祖趙匡胤杯酒釋兵權

33.（　）領導者提出「願景」

34.（　）商家的倒閉大拍賣，出清存貨

35.（　）諸葛亮的「陽平之戰」

36.（　）商品折價求現金

---

### 行為模式解析：**36** 個計謀

1. ㉜　　2. ㊱　　3. ㉚　　4. ㉘　　5. ㉛　　6. ㉝　　7. ㉙　　8. ㉟

9. ㉞　　10. ㉟　　11. ㉘　　12. ㉚　　13. ㉜　　14. ㉙　　15. ㉛　　16. ㉞

17. ㊱　　18. ㉝　　19. ㉚　　20. ㉘　　21. ㉜　　22. ㉞　　23. ㉟　　24. ㉙

25. ㊱　　26. ㉝　　27. ㉛　　28. ㉙　　29. ㉟　　30. ㉝　　31. ㉚　　32. ㉘

33. ㉛　　34. ㉞　　35. ㉜　　36. ㊱

## 05 「兒童妙計」

選擇題：20 個計謀

1. （　）大部分兒童都會說謊。

2. （　）考試時，墊板上寫滿了字，明是墊板，暗為作弊。

3. （　）兩個同學打架時，他會在一旁看熱鬧。

4. （　）抓到兒童錯處時，他會故意裝笨，或裝不知情。

5. （　）兒童會向老師告密說「某同學打破杯子」，讓同學挨罰。

6. （　）當你要處罰兒童時，他會說肚子痛，要馬上上廁所。

7. （　）兒童到別人家作客時，過一陣子他會以主人自居。

8. （　）一看苗頭不對，他會馬上溜掉。

9. （　）當某同學受罰時，趁機說「他考試也作弊」。

10. （　）兒童有要求時，會先試探父母的心情好壞。

11. （　）剛出生的嬰兒就會用哭鬧來要求吃奶、換尿布、抱抱，而且也知道，哭得越大聲、越面紅耳赤，父母的「服務」越快到來。

12. （　）當兒童突然講話很甜時，一定有其他目的。

13. （　）當兒童做錯事，你在追究時，他會顧左右而言他，分散你的注意力。

14. （　）兒童做錯事，要挨打時，他會給你甜美的笑，讓你捨不得下重手，只會輕輕打一下。

15.（　）當兒童成績不好，你很著急時，他卻不急，等著你開出獎勵條件來。

16.（　）有些兒童會塗改成績單。

17.（　）兒童之間會互相搞破壞，說壞話。

18.（　）兒童看到媽媽放在櫃上的零錢時，會拿走。

19.（　）兒童說要去圖書館看書，卻跑去其他地方玩。

20.（　）一群兒童在胡鬧，處罰帶頭的，其他就會乖乖的。

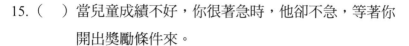

**行為模式解析：20 個計謀**

1.⑦　2.①　3.⑨　4.㉗　5.③　6.㉑　7.㉚

8.㊱　9.⑤　10.⑬　11.㉞　12.⑩　13.⑥　14.㉛

15.④　16.㉕　17.㉝　18.⑫　19.⑧　20.⑱

## 06 「酒場論計」

選擇題：23 個計謀

1. （　）你趁大家半醉時，以茶代酒乾杯。

2. （　）你帶來的酒是「約翰走路」35 年的酒瓶，可是裡面裝的是 12 年的酒。

3. （　）你告訴太太每周三晚上公司固定開會，卻跑來喝花酒。

4. （　）當別人頻頻找你乾杯時，你託辭要上廁所，尿遁了！

5. （　）大家在湊錢付酒帳時，你卻溜了。

6. （　）別人的酒杯你都倒滿，自己的酒杯卻只倒一半，用半杯酒敬人家一杯酒。

7. （　）當我們在分組猜拳喝酒時，老張、老李同組，你明知老張酒量及拳都好，而老李酒量及拳皆差，你一直向老李挑戰猜拳，老李不到十點就掛了，剩下老張孤軍奮鬥，你就穩贏了。

8. （　）你藉老李輸拳，去灌老張酒。

9. （　）別人以為你是針對老李，其實你的目標是老張。

10. （　）開始吃飯時，你頻頻向張、李敬酒，就是在探測對方酒量、酒膽。

11. （　）你平常和老張不對盤，老張喝了不少酒，你就在旁好整以暇，等著看笑話。

12. （　）你眼看老張喝得差不多了，才跳出來，直接拚命敬

他酒，讓他加速掛了！

13.（　）今天老張是召集人，你是客人，你看老張醉了，就
　　　　發號施令，儼然以主人自居。

14.（　）你罵老李：「你真笨，誰叫你選組時，人豬不分，
　　　　怪不得會輸！」

15.（　）你告訴老李，上次他被抓到有女友的事，是老張告
　　　　密的。

16.（　）老李一聽，當場和老張幹了起來，而你在旁暗笑。

17.（　）其實李太太「抓猴」的事，根本和老張無關。

18.（　）然後你故意去勸架，又暗中打了老張幾拳。

19.（　）別人要強迫你乾杯，你裝醉避開。

20.（　）你叫「小姐」拚命去敬老張酒。

21.（　）你一再吹噓：「最近股票賺了幾百萬，不過今天皮
　　　　包忘了帶出來。」

22.（　）你介紹我們到這家酒場（台語），可唱歌、喝酒、
　　　　跳舞，大家都不會想再到別家去。

23.（　）你看大家醉了，離開時把別人的酒也順便帶走。

## 行為模式解析：23 個計謀

1.⑳　2.㉕　3.①　4.㉑　5.㊱　6.⑰　7.②　8.③
9.⑥　10.⑬　11.④　12.⑤　13.㉚　14.㉖　15.㉝　16.⑨
17.⑦　18.⑩　19.㉗　20.㉛　21.㉜　22.㉒　23.⑫

## 07 「日本 UNIQLO 服飾的平價策略席捲全日本」

選擇題：10 個計謀

### 一、事由

　　1949 年創立於日本山口縣的 UNIQLO，現在是日本國民休閒服飾的領導品牌，以平易價格提供潮流單品，門市林立，但它最初其實默默無聞，時尚圈以便宜貨品牌視之。在日本景氣低迷的 1990 年代，因創辦人柳井正沒有背景，又缺少抵押品，無法從銀行得到融資。他卻推翻傳統思維，認為只有推動公司上市，才能取得需要的營運資金。為了達到快速上市的目標，他設下每年新增三十家分店，三年後總店數破百，然後申請上市的激進策略而成功。2022 年 UNIQLO 社長柳井正財富總值達 236 億美元，為日本首富，並曾名列《富比士》（Forbes）雜誌全球企業 CEO 第十名（日本企業 CEO 第一名）。

### 二、各方所用的計謀

● **UNIQLO 用的是**

1. （　）在景氣低迷時另起一片天，產品不走高價路線，反而逆向思考，主推產品多元化的平價休閒服飾，避開對手主要戰場。

2. （　）快速開設分店達到上市標準，利用資本市場來籌

資，巧妙規避其沒有擔保品，無法順利從銀行融資的窘境。

3. (　) 在日本景氣疲弱、消費緊縮的時空背景危機下，主打平價奢華風，正中消費者下懷而使產品大賣。

4. (　) 公司無足夠資產做擔保品向銀行融資，就用公司的獲利能力達到上市掛牌的機會後，再向投資大眾募資，破解公司原來經營的困境。

5. (　) 堅信「安定才有風險」，雖然持續開設新門市，但只要原有門市業績不佳，就會斷然關閉該門市，這樣會使店長們有危機意識而拚命，讓公司整體業績能持續高成長。

6. (　) 採用三百至五百坪的大面積銷售賣場，擺滿一系列各種流行風格的休閒服飾與配件，可充分滿足消費者一次購足的產品種類，其他業者無不聞風色變。

7. (　) 雖然為平價休閒服飾，但品質優良、款式多樣化又深具時尚風，把平價品弄成高級品出售，無形中創造出平價良品的新潮流。

8. (　) 一般銷售成衣皆須在各地設立倉庫，但 UNIQLO 沒有倉庫，它的倉庫在全世界的門市店內，再依各店之需求，從各地調貨。

● 客戶用的是——

9. (　) 用低廉價格買到高品質服飾，兼具流行時尚，如同

國際知名品牌 ZARA 及 H&M 等，讓客戶感到物
超所值。

10.（　）UNIQLO 品牌知名度高，具標竿效應，穿在身上
表裡兼備，可滿足虛榮心。

---

### 行為模式解析：**10 個計謀**

1. ② 圍魏救趙：轉移戰場，另起爐灶
2. ③ 借刀殺人：借用人或物，達成目的
3. ⑤ 趁火打劫：趁著危機，得到利益
4. ⑦ 無中生有：創造願景
5. ⑪ 李代桃僵：犧牲局部，顧全大局
6. ㉒ 關門捉賊：運用行銷，包圍顧客
7. ㉙ 樹上開花：創造價值
8. ㉚ 反客為主：化被動為主控
9. ⑫ 順手牽羊：順便達成其他目的
10. ⑱ 擒賊擒王：標竿效應

## 08 「官場現形記」

選擇題：13 個計謀

● 官場現形記：官場藏鋒是哲學

1. （　）為官者，平時不要亂出主意，依慣例而行可安全無事。

2. （　）對於意見太多者，予以明升暗降，以免礙事。

3. （　）處事原則：只處理目前看到的問題，至於是否有後遺症則不關我事，切勿多管閒事。

4. （　）有些事能掩飾就掩飾，讓大事化小事。

5. （　）若掩飾不了，就設法敷衍，讓小事化無事。

6. （　）敷衍還是不行，就表面處理就好，千萬不要徹底解決，以免得罪太多人。

7. （　）一旦表面處理不行，就拖到任期結束，一走了之，不關我事。

8. （　）拖不過就設法找替罪羔羊，讓別人去承擔責任。

9. （　）找不到替罪者，就送禮走後門，花錢消災。

10. （　）還不行就申請調職，讓繼任者去傷腦筋。

11. （　）調職不行就申請提前退休，趕快領走退休金，免得被查扣。

12. （　）退休不成就走為上策，出國逃避責任，等待東山再起。

13. （　）以上一到十二計的流程是屬於哪一個計？

## 行為模式解析：13 個計謀

1. ① 瞞天過海：正常過程，帶入陰謀

2. ⑮ 調虎離山：引開對手，離開地盤

3. ⑳ 混水摸魚：模糊焦點

4. ⑦ 無中生有：化大為小，化有為無

5. ⑦ 無中生有：化有為無，化大為小

6. ⑳ 混水摸魚：模糊焦點

7. ㉑ 金蟬脫殼：脫身術

8. ③ 借刀殺人：借用人或物，達成目的

9. ㉛ 美人計：運用美色、名、利誘惑

10. ㉑ 金蟬脫殼：脫身術

11. ⑲ 釜底抽薪：斷其根本

12. ㊱ 走為上計：避開不利，保留實力

13. ㉟ 連環計：計計相連，環環相扣

## 09 「追求愛情的招數」

**選擇題：39 個計謀**

1. （　） 異性同學以討論作業為由而要求聚會。

2. （　） 帶禮物到對方家庭拜訪，一方面看其家人態度，另一方面觀察其家庭狀況。

3. （　） 對情敵的缺失要隱喻暗諷，若明講會讓對方不快。

4. （　） 無論對方或情敵用計時，你要以計攻計，見招拆招。

5. （　） 交往時機成熟而對方尚在猶豫，要迫對方妥協做決定。

6. （　） 有時自殘或受害，可以博取異性的同情和信任。

7. （　） 對待情敵要微笑有禮貌，暗中再找機會破壞。

8. （　） 要靜靜觀察，尋求哪裡有認識對方的機會。

9. （　） 為得對方青睞，有時要對其家人、親戚、朋友等運用「計計相連」來應對。

10. （　） 當對方和其男友或女友吵架時，藉此機會接近。

11. （　） 要時常花些錢送禮物給對方，以博得好感。

12. （　） 當對方有不同性的伴時，設法請人追求其伴，就有機會和對方在一起。

13. （　） 運用各種關係包圍對方，使其接觸不到情敵（口袋戰術）。

14. （　） 要設法切斷對方和情敵的接觸或在一起的機會。

15. (　) 要時常打探、注意情敵的動靜，以調整攻勢。

16. (　) 故意曲解情敵講的話或做的事，模糊焦點，以假亂真。

17. (　) 利用矛盾、分化，離間對方和情敵間的關係。

18. (　) 情敵送的禮或信，故意將其掉包，讓對方產生誤會。

19. (　) 若有時對方來刺探敏感問題，要裝瘋賣傻，掩蓋真情。

20. (　) 當異性對你開始有興趣時，不要輕易答應異性的要求。

21. (　) 同時追求兩人時，要有分身術及合理的脫身理由。

22. (　) 當對方和情敵有爭執時，我方要袖手旁觀等待機會。

23. (　) 雖是同一人，但要讓對方感覺新奇有變化（改變裝扮及做法）。

24. (　) 如果看到自己中意的異性時，要主動追求才有機會。

25. (　) 若不認識對方，要找對方的朋友居中介紹，就有機會。

26. (　) 表面的語言或動作表示正在追甲，但私下卻緊追乙。

27. (　) 在追求異性途中，要察言觀色，以動制靜，以靜制動。

28. (　) 會影響對方極大的人，我方要好好把握住。

29. (　) 讓情敵離開對他有利的地方或條件來競爭，對我方有利。

30.（　）若無法和對方直接認識，先結交對方的好友，再進
　　　　而和對方交友。

31.（　）對對方的朋友、家人施予小惠，他們才會講我方好
　　　　話。

32.（　）表面上維持和對方是同學或同事，而私下卻是情
　　　　人。

33.（　）結交對方的朋友，而和對方親近的家人或好友更要
　　　　加把勁，維持更好的關係。

34.（　）要運用美色、名、利投對方所好，讓自己在競爭中
　　　　得勝。

35.（　）對異性要將自己實力灌點水，對情敵要虛張聲勢讓
　　　　其自退。

36.（　）和異性交往後，發覺並不理想，要藉機分手，另行
　　　　他圖。

37.（　）創造美景給對方，讓對方有所期待，則可增進雙方
　　　　關係。

38.（　）要借用別人的聲勢、資源、關係來為自己加分，以
　　　　創造自己的價值。

39.（　）要讓對方知道你的誠意，在言詞、動作、態度之外，
　　　　還要有實質表現（金錢、禮物）。

| 行為模式解析：39 個計謀 | | | | | | | |
|---|---|---|---|---|---|---|---|
| 1. ① | 2. ⑫ | 3. ㉖ | 4. ㊿ | 5. ㉘ | 6. ㉞ | 7. ⑩ | 8. ④ |
| 9. ㉟ | 10. ⑤ | 11. ⑪ | 12. ② | 13. ㉒ | 14. ⑲ | 15. ⑬ | 16. ⑳ |
| 17. ㉝ | 18. ㉕ | 19. ㉗ | 20. ⑯ | 21. ㉑ | 22. ⑨ | 23. ⑭ | 24. ㉚ |
| 25. ③ | 26. ⑥ | 27. ㊳ | 28. ⑱ | 29. ⑮ | 30. ㉔ | 31. ⑰ | 32. ⑧ |
| 33. ㉓ | 34. ㉛ | 35. ㉜ | 36. ㊱ | 37. ⑦ | 38. ㉙ | 39. ㊲ | |

## 10 「媽媽桑傳授給小姐的計謀」

選擇題：39 個計謀

1. （　）周旋於數個男人之間，賺更多的錢。

2. （　）以假孕、假債、假夫等行為來騙男人。

3. （　）借男人之力，打擊小姐的敵人。

4. （　）用美色、魅力、溫柔、體貼來套住男人。

5. （　）小姐告訴男人是和姐妹相聚，實際上是和別的男人。

6. （　）虛張聲勢、亂給願景、甜言蜜語或威脅來控制男人。

7. （　）表面上是一哭二鬧三上吊，其實是有其他目的。

8. （　）男人給錢買包包，小姐會買假貨替換，私吞差額。

9. （　）抓住男人「吃軟不吃硬」的心理。

10. （　）小姐會以懷孕或找男人妻子等手段來迫其妥協。

11. （　）借男人聲勢壯大自己。

12. （　）鼓勵男人買禮物給她家人，順便自己也要一份。

13. （　）不時展現誠意來感動男人。

14. （　）小姐會搶閨密或好友的男人。

15. （　）小姐的一言一笑，常會掩蓋其企圖或目的。

16. （　）偽裝受害、受傷等博取男人同情。

17. （　）藉機贈送小東西，男人會回報大禮物。

18. （　）連續給男人甜頭，讓男人禁不住誘惑。

19. （　）抓住男人想愛、想上床之欲望大漲的時間點，提出
要求。

20. （　）一旦男人床頭金盡，小姐立刻溜走。

21. （　）小姐用吊胃口、欲迎還拒等手段冷熱交替。

22. （　）小姐利用學生、上班族等身分來抬高身價。

23. （　）小姐纏住男人，使其孤立而沒機會找其他美女。

24. （　）小三結合小五打小四，來個策略聯盟。

25. （　）男人常自以為是，但小姐不揭穿，見招拆招。

26. （　）若同一場中有競爭者，小姐會設法逼對手離開。

27. （　）以指東罵西、借題發揮的手段來逼男人屈服。

28. （　）如果感情有變，小姐會找男人的長輩主持公道。

29. （　）用整型或化妝術掩飾實際年齡或外表。

30. （　）察言觀色，了解男人並尋求誘因，找出男人的需求。

31. （　）犧牲小狼犬、其他男友，來取得男人信任。

32. （　）裝傻、裝笨、裝白目。

33.（　）化被動為主控，才能控制男人。

34.（　）趁男人想做愛時提出各種要求，大多可達目的。

35.（　）當兩男追求小姐時，她會袖手旁觀，靜看兩人相爭。

36.（　）分化、離間或收買對小姐不利的競爭對手。

37.（　）小姐會把競爭對手有小狼犬或其私密事告訴男人。

38.（　）小姐會先試探男人的看法及花錢額度，再來下手。

39.（　）小姐利用她的生日、父母的生日或是公嬤的喪禮時，要男人包禮金，而讓男人搞不清楚是真是假。

● 後記

1. 三十九計中媽媽桑全都運用了，布下天羅地網，男人陷於女人的年輕、美麗、功夫、心機及謀略之中，男人該怎麼辦？

2. 以上情況也適用於牛郎店、鴨店，甚至某些情況亦發生於夫妻或男女朋友、情侶之間。

## 行為模式解析：39 個計謀

1. ㉑金蟬脫殼：分身術、脫身術

2. ⑦無中生有：化無為有，製造假象，以假亂真

3. ③借刀殺人：借用人或物，達成目的

4. ㉛美人計：運用美色或名利誘惑

5. ⑧暗渡陳倉：公開要到甲地而實際去乙地

6. ㉜空城計：虛張聲勢，虛擬榮景

7. ⑥聲東擊西：佯裝攻東，卻是擊西

8. ㉕ 偷樑換柱：調包策略

9. ④ 以逸待勞：以靜制動，選擇機會

10. ㉘ 上屋抽梯：切斷去路，迫其妥協

11. ㉙ 樹上開花：借別人聲勢，壯大自己

12. ⑫ 順手牽羊：順便達成其他目的

13. ㊲ 以誠為本：先禮後兵，先誠後計

14. ㉔ 假道伐虢：跳板原理

15. ⑩ 笑裡藏刀：外表友善，掩蓋企圖

16. ㉞ 苦肉計：受害、示弱以博取同情信任

17. ⑰ 拋磚引玉：施予小惠，誘出大利

18. ㉟ 連環計：計計相連，環環相扣

19. ⑱ 擒賊擒王：擒其首領，使其瓦解

20. ㊱ 走為上計：避開不利，保留實力

21. ⑯ 欲擒故縱：以退為進或以進為退

22. ① 瞞天過海：正常過程，帶入陰謀

23. ㉒ 關門捉賊：誘使孤立，斷絕外援

24. ㉓ 遠交近攻：遠敵妥協，近敵解決

25. ㊴ 將計就計：以計攻計，見招拆招

26. ⑮ 調虎離山：引開對手，離開地盤

27. ㉖ 指桑罵槐：指東罵西，以此警彼

28. ② 圍魏救趙：迂迴戰術，攻其必救

29. ⑭ 借屍還魂：依託策略

30. ㊳ 動靜互制：以動制靜，以靜制動，尋求誘因，找出需求

31. ⑪ 李代桃僵：犧牲局部，顧全大局

32. ㉗ 假痴不癲：裝瘋賣傻，掩蓋真情

33. ㉚ 反客為主：化被動為主控

34. ⑤ 趁火打劫：趁著危機，得到利益

35. ⑨ 隔岸觀火：不露聲色，坐觀虎鬥

36. ㉝ 反間計：利用矛盾，分化離間

37. ⑲ 釜底抽薪：根本下手，除其力量

38. ⑬ 打草驚蛇：旁敲側擊，偵測敵情

39. ⑳ 混水摸魚：利用混亂，達到目的，模糊焦點

# 11 「波斯、希臘之戰」（西元前 331 年）

選擇題：17 個計謀

## 一、事由

在波斯與希臘兩軍對峙的一百五十八年中，互有勝負，各自運用了許多計謀，然而於此戰中，希臘軍統帥亞歷山大技高一籌，終於打敗了波斯王大流士。

## 二、影響

亞歷山大運用計謀，以寡敵眾，以弱擊強，扭轉乾坤，

改變局勢，此戰役若波斯大流士戰勝，則以後的希臘文明、羅馬文明、基督教文明，甚至歐洲文明皆全部會改變，「波希戰爭」可以說是改變了整個世界歷史，影響甚鉅。

## 三、布陣圖

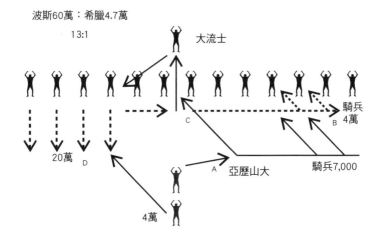

波斯60萬：希臘4.7萬

13：1

大流士

騎兵 4萬

20萬 D

騎兵7,000

亞歷山大 A

4萬

## 四、希臘亞歷山大所運用的計謀

1. （　）以寡敵眾的原則就是要操控主動，主導大局，是謂「先發制人」。

2. （　）以寡敵眾的另一原則就是要利用混亂場面，是謂「亂中取勝」。

3. （　）亞歷山大派人喬裝自己站在陣前，本人則帶領騎兵向右前進（布陣圖中的 A）。

4. （　）敵方全神貫注在陣前的假亞歷山大，而忽略了真亞歷山大的舉動。

5.（　）若波斯騎兵擋在陣前，則希臘騎兵難以攻入，故希
臘騎兵向右進行，波斯騎兵以為希臘軍要側攻，只
好跟隨也向右。

6.（　）波斯騎兵向右移動，步兵也跟著移動，但因移動速
度不同，各部隊間距拉大，亞歷山大瞬間決定從間
隙攻入（布陣圖中的 B）。

7.（　）亞歷山大找到攻入點，一聲令下，全部希臘騎兵同
時左轉攻入（布陣圖中的 C）。

8.（　）波斯騎兵趕快回擋，混亂之中波斯騎兵、步兵互相
殘殺。

9.（　）為達箭距，希臘騎兵衝到波斯陣前，一齊挽弓射向
波斯大流士王。

10.（　）大流士衛隊長，一看箭射來，趕緊將王車隊後撤避
箭。這一撤退，波斯軍以為戰敗了，大流士王要逃
跑，隨之兵敗如山倒，部隊潰散，根本無法再抵擋
希臘軍。

11.（　）亞歷山大製造假象，讓一部分波斯兵以為敗了，四
處潰散。

12.（　）但波斯左軍仍有二十萬軍隊向前進攻希臘四萬軍，
亞歷山大率騎兵回援，前後夾擊波斯軍，混亂之中，
波斯軍以為希臘援軍來了而潰散（布陣圖中的 D）。

13.（　）亂軍之中，回救的希臘騎兵並非全部，人數雖不
多，但聲勢浩大，讓波斯軍聞之喪膽而潰散。

14.（　）希臘四萬軍堅守陣地，等待亞歷山大回援，雖有局部犧牲，但終於打敗波斯大軍。

15.（　）藉波斯亂兵殺死大流士王。

16.（　）亞歷山大只攜帶三十天軍糧，其餘從敵人領地徵人、徵糧。

17.（　）此舉在昭告士兵，只有三十天糧食，非打勝戰不可，否則會餓死，士兵無奈只好拚命。

## 行為模式解析：17 個計謀

1. ㉚ 反客為主：化被動為主控

2. ⑳ 混水摸魚：利用混亂，達到目的

3. ㉑ 金蟬脫殼：分身術

4. ① 瞞天過海：公然欺敵

5. ⑮ 調虎離山：引開對手，離開地盤

6. ⑬ 打草驚蛇：旁敲側擊，偵測敵情

7. ⑥ 聲東擊西：佯裝攻東，卻是擊西

8. ⑤ 趁火打劫：趁著危機，得到利益

9. ⑱ 擒賊擒王：擒其首領，使其瓦解

10. ② 圍魏救趙：迂迴戰術，攻敵弱處

11. ⑦ 無中生有：製造假象，以假亂真

12. ⑳ 混水摸魚：利用混亂，達到目的

13. ⑦ 無中生有：製造假象，以假亂真

14. ⑪ 李代桃僵：犧牲局部，顧全大局

15. ③ 借刀殺人：借用人或物，達成目的

16. ③ 借刀殺人：借用人或物，達成目的

17. ㉘ 上屋抽梯：切斷去路，迫其妥協

## 12 「春秋吳楚，柏舉之戰」(西元前506年)

選擇題：14 個計謀

### 一、事由

　　柏舉之戰是歷史上唯一一場有詳細記載《孫子兵法》作者兵聖孫武的戰役。柏舉之戰是春秋末期一次規模宏大、影響深遠的戰役。在此戰役中，孫子（孫武）以區區三萬兵力擊敗楚國二十萬大軍，創造了中國戰爭史上以少勝多、快速取勝的光輝戰役。

### 二、布陣圖

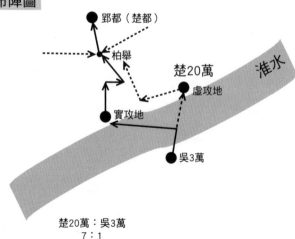

楚20萬：吳3萬
7：1

## 三、兵聖孫子（孫武）所運用的計謀

1. （　）若要以小打大、以弱擊強，在兵力懸殊時必定先發制人，先下手為強。

2. （　）若要以小打大、以弱擊強，必先讓大者、強者的內部發生混亂，然後予以各個擊破。

3. （　）吳軍先發布消息，要攻「虛攻地」，而船隊到半途時，突然改變方向攻向「實攻地」。

4. （　）楚軍得到吳軍要攻「虛攻地」的消息，就將各地軍隊調往「虛攻地」，導致「實攻地」兵力虛空。

5. （　）吳軍攻入「實攻地」後，趁楚軍因措手不及而一片混亂時，快速通過楚軍三個重要關隘。

6. （　）吳軍過三關後，就埋伏等待楚軍趕來救援。

7. （　）楚軍救援無法大軍齊行，只能分批急行，被埋伏的吳軍分批吃掉。

8. （　）吳軍進入「柏舉」城，大肆構築防禦工事，擺下守城之態，讓楚軍加緊抽調各地軍隊攻城。

9. （　）然而吳軍卻不守城，轉而運用後退疲敵、尋機決戰的戰略，讓楚軍三戰皆敗，士氣大落。

10. （　）吳軍趁楚軍外調，楚國京城郢都軍力空虛，一舉攻入郢都。

11. （　）吳軍以全國之力攻楚，京城姑蘇兵力薄弱，非常危險，然而楚國因京城被攻，各地楚軍只有回救郢都，根本無力去攻吳都姑蘇。

12.（　）吳軍攻楚只帶少數軍糧，沿途徵用楚人、楚糧。

13.（　）楚大夫申包胥於秦廷哭了七天七夜，說服秦王派兵
救援，吳軍趁此收兵回國。

14.（　）吳軍撤退時，沿途搜刮財物帶回吳國。

---

## 行為模式解析：**14** 個計謀

1.㉚ 反客為主：化被動為主控

2.⑳ 混水摸魚：利用混亂，達到目的

3.⑥ 聲東擊西：佯裝攻東，卻是擊西

4.⑮ 調虎離山：引開對手，離開地盤

5.⑤ 趁火打劫：趁著危機，得到利益

6.④ 以逸待勞：以靜制動，選擇機會

7.㉒ 關門捉賊：誘使孤立，斷絕外援

8.① 瞞天過海：公然欺敵

9.⑯ 欲擒故縱：以退為進

10.⑱ 擒賊擒王：擒其首領，使其瓦解

11.② 圍魏救趙：迂迴戰術，攻敵弱處

12.③ 借刀殺人：借用人或物，達成目的

13.㊱ 走為上計：避開不利，保留實力

14.⑫ 順手牽羊：順便達成其他目的

# 13 「三國蜀魏，陽平之戰」（西元 228 年）

**選擇題：14 個計謀**

### 一、事由

　　三國時，魏司馬懿率兵至祁山，蜀諸葛亮料定魏必奪「漢中」的咽喉要地——「街亭」，馬謖請令前往。行前，諸葛亮再三囑咐，必在水邊紮營，切勿疏忽大意。

　　但馬謖剛愎自用，不聽將軍王平諫言，逕自紮營山頂，被魏兵包圍火攻，以致「街亭」失守。司馬懿乘勝直取「陽平」，當時蜀軍兵將皆被調遣在外，城內只剩兩千五百名老弱軍士。

　　諸葛亮深知，若立即撤退必被所擒，危難時刻，諸葛亮顯示出超人的膽量和智謀，冒險使用空城之計，將城門大開讓百姓掃街，自己穩坐城樓，焚香操琴，鎮定自若，毫不驚慌。

　　司馬懿雖率兵十五萬之眾，但疑有伏兵，雖經其子司馬昭兩次要求攻城，司馬懿皆未敢進城而率軍退去，諸葛亮終於安全脫險，後人稱為「空城計」。

### 二、應對策略

　　若我方 55％，敵方 45％ 時，將我方 55％ 虛成 80％，實則實之，勝中增勝。若我方 30％，敵方 70％ 時，將我方 30％ 虛成 10％，虛則虛之，疑中更疑。

### 三、諸葛亮所運用的計謀

1. （　）以寡敵眾的原則，就是要操控主動，主導大局。兵多為主，兵少是客，主動就是倒反過來。

2. （　）以寡敵眾的另一原則就是模糊焦點、障眼法。諸葛亮的幾個動作，讓司馬懿疑有伏兵，不敢進城。

3. （　）諸葛亮將城門大開，焚香操琴，鎮定自若，毫不驚慌。

4. （　）城門大開意思是請司馬懿進來，反而讓司馬懿疑有伏兵，不敢進來而撤退。

5. （　）城內並無伏兵，諸葛亮創造出的情勢讓司馬懿有伏兵的感覺。

6. （　）諸葛亮派關興、張苞各帶三千人在城外樹林搖旗吶喊，更令司馬懿以為城內外皆有伏兵。

7. （　）諸葛亮大智若愚，才敢如此做。

8. （　）諸葛亮以虛的伏兵，騙了有實兵的司馬懿。

9. （　）諸葛亮表面坐鎮城中，三天之後卻從城後暗渡回「漢中」。

10. （　）諸葛亮避險求存，棄城脫身。

11. （　）諸葛亮用空城計公開顯示弱點，其危險性很高，是謂「死中求生」。

12. （　）諸葛亮藉機趕快溜走，以保留實力。

13. （　）司馬懿在魏朝廷中政敵環伺，正等待司馬懿失誤而群起攻擊，諸葛亮就藉此點，料定司馬懿不敢輕易

冒險進城。

而司馬懿為防止將來魏眾臣罵他膽小不敢進城，就安排他兒子司馬炎二次在陣前要求給三萬兵馬攻城，司馬懿皆以「諸葛亮多詐，要謹慎小心，免致傷亡」而拒絕。

14.（　）司馬懿之計是，魏朝廷中除司馬懿外沒有人可對付諸葛亮，所以他就挾諸葛亮自重來對付政敵，讓其政敵不敢動他。而諸葛亮就利用司馬懿之計，算準他即使明知城內沒有伏兵，也不會攻城。

## 行為模式解析：**14** 個計謀

1. ㉚ 反客為主：化被動為主控

2. ⑳ 混水摸魚：模糊焦點、障眼法

3. ④ 以逸待勞：以靜制動，選擇機會

4. ⑯ 欲擒故縱：激將法

5. ⑦ 無中生有：化無為有，化小為大

6. ⑦ 無中生有：製造假象，以假亂真

7. ㉗ 假痴不癲：大智若愚，騙敵上當

8. ㉜ 空城計：以虛詐實

9. ⑧ 暗渡陳倉：正常行動，隱藏企圖

10. ㉑ 金蟬脫殼：脫身術，避險求存，棄殼脫身

11. ㉞ 苦肉計：示弱擊強

12. ㊱ 走為上計：避開不利，保留實力

13. ③ 借刀殺人：借用人或物，達成目的

14. ㊴ 將計就計：以計攻計，見招拆招

# 14 「前秦東晉，淝水之戰」（西元 383 年）

## 選擇題：14 個計謀

### 一、事由

前秦苻堅一統北方後，率領由漢族、氐族、羌族、鮮卑族等組成的八十二萬軍隊南征，並自誇「投鞭斷流」，而東晉由謝安率訓練精良的八萬「北府兵」抗敵，兩軍布陣於淝水兩岸。

首先，晉軍用「激將法」要秦軍後退留出戰場，讓晉軍渡河，一決勝負，秦軍自恃兵力強大，且打算於晉軍渡河剛登岸時發動攻擊，故同意退兵。

由四族組成的秦軍於後撤時，由於軍令無法統一，導致誤傳軍令，使陣勢大亂，軍隊一退不可收拾，晉軍趁亂，快速渡河大舉攻擊。

秦軍中之晉軍降將朱序率人於秦軍後退時，大喊：「秦兵敗了！」眾秦兵信以為真，於是競相棄逃，潰不成軍。

藉秦軍混亂時，晉謝玄率八千騎兵向秦軍猛攻，斬殺秦軍前鋒都督苻融，秦軍頓時瓦解，士卒四散逃亡，自相踐踏，

死傷無數，兵敗如山倒。

## 二、影響

東晉謝安、謝玄運用計謀，以寡敵眾，以弱擊強，扭轉乾坤，改變局勢。後來苻堅被姚萇所殺，中國北方重新陷入分裂混亂的局面，先後成立了十國，再形成南北朝時代，一直到兩百年後才被隋文帝統一。

此戰役若前秦苻堅獲勝，中國立即統一，也就沒有了以後的「唐之盛世」，「淝水之戰」可以說是改變了整個中國歷史，影響深遠。

## 三、東晉謝安、謝玄所運用的計謀

1. （　）以寡敵眾若要勝戰，必須主動才有轉機，才能反敗為勝。

2. （　）以寡敵眾若要勝戰，必須讓眾者產生混亂，寡者才有轉機，才能反敗為勝。

3. （　）晉軍用「激將法」要秦軍後退留出戰場，讓晉軍過河，一決勝負。

4. （　）秦軍自恃兵力強大，而且另有計謀，故同意退兵再戰。

5. （　）秦軍本來之計是，等待晉軍渡河剛登岸時，隊伍尚未站穩，秦軍即以騎兵衝殺，必可殲敵，然而反而被晉軍利用此計。

6. （　） 晉襄陽守將朱序，城破被俘，偽裝投降。

7. （　） 朱序不是真投降，而是當間諜，將秦軍虛實狀況告知晉軍。

8. （　） 在秦軍中的晉軍降將朱序率人於秦軍後退時，大喊：「秦兵敗了！」眾秦兵信以為真，於是競相棄逃，潰不成軍。

9. （　） 藉秦軍混亂時，晉謝玄率八千騎兵，趁勢搶渡淝水，斬殺秦軍統帥先鋒都督苻融。

10. （　） 晉軍藉秦軍混亂，才有機會在亂軍中殺死苻融。

11. （　） 統帥一死，秦軍頓時瓦解，士卒四散逃亡，自相踐踏，死傷無數，兵敗如山倒。

12. （　） 此役之前，晉桓沖於長江上游率十萬荊州兵伐秦，以牽制秦軍，減輕下游晉軍謝安之壓力。

13. （　） 此役之前，晉勇將劉牢之率五千精兵於洛澗之間，用「虛攻甲地，實攻乙地」的計謀，奇襲秦軍，秦軍大敗，主將戰死，此役讓秦軍心懷畏意，有厭戰心理，而晉軍士氣大振，兵雖少而勇猛無懼。

14. （　） 「洛澗大捷」後，晉謝石率軍直抵淝水東岸，在八公山邊紮營，苻堅登壽陽城，見對岸晉軍布陣齊整、將士精銳，又北望八公山上草木皆類人形，嘆曰：「此亦勁敵也！何謂少乎？」憮然有懼色，鬥志大失，影響後勢。後來衍生成語「草木皆兵」。

## 行為模式解析：**14** 個計謀

1. ㉚ 反客為主：化被動為主控

2. ⑳ 混水摸魚：利用混亂，達到目的

3. ⑯ 欲擒故縱：激將法

4. ① 瞞天過海：正常過程，帶入陰謀

5. ㊴ 將計就計：以計攻計，見招拆招

6. ㉞ 苦肉計：受損或受害，以博取同情信任

7. ㉝ 反間計：用間取勝

8. ⑦ 無中生有：化無為有

9. ⑱ 擒賊擒王：擒其首領，使其瓦解

10. ⑳ 混水摸魚：利用混亂，達到目的

11. ⑤ 趁火打劫：趁著危機，得到利益

12. ② 圍魏救趙：轉移戰場，另起爐灶

13. ⑥ 聲東擊西：佯裝攻東，卻是擊西

14. ㉙ 樹上開花：借別人聲勢，壯大自己

# 15 「薑是老的辣」

問題：14 個計謀

● 事由

　　某高官因貪腐入獄後，兒子大學畢業找不著工作，探監時向他訴苦。爸爸寫了一張字條，讓兒子去找他以前的下屬

幫忙。

兒子問：「人走茶涼，現在寫條子有用嗎？」爸爸說：「我在台上的時候，想讓誰當官就讓誰當；現在我在監獄裡，想讓誰進來誰就得進來。放心吧！兒子，我的條子還是照樣有效的！」兒子試了，果然非常有效，大家爭相錄用！

- （高官14，奇7偶7。）

1. （　）高官寫條子請下屬幫忙是正常過程，其中隱藏陰謀。

2. （　）高官想藉下屬的關係，替兒子找工作。

3. （　）高官在獄中無法出面，靠簡單一張字條，就能讓下屬行動。

4. （　）高官因貪腐而入獄是危機，他卻趁著這危機替兒子找工作。

5. （　）高官寫條子給下屬，明的是替兒子找工作，暗的是警告下屬若不配合，他就供出下屬是共犯。

6. （　）高官製造假象，讓下屬心生疑慮，擔心是否會拉他下水？

7. （　）高官的條子中，非常誠懇、低調地拜託，但也暗示不幫忙的後果。

8. （　）高官寫條子給下屬，除了替兒子找工作外，也暗示平時要多照應他的家屬。

9. （　）高官寫條子給下屬，也在探測下屬的反應。

10.（　）低調的拜託是為退，暗示後果是為進。

11.（　）高官藉政府打貪政策來強化自己，高官有影響力供出共犯，讓共犯入獄。

12.（　）高官在獄中沒有自由，處於被動狀態，他卻能主動出擊，發揮影響力，讓別人幫他做事。

13.（　）高官是否會舉發共犯沒人知道，但已經造成下屬的害怕，不得不配合幫忙。

14.（　）高官一定要誠懇拜託，不能太囂張，以免下屬忍無可忍而反撲，致使罪上加罪。

● 後記

所謂「賊咬一口，入骨三分」，若是貪腐的高官要栽贓陷害誰，誰就百口莫辯，死得莫名其妙了！

## 行為模式解析：**14** 個計謀

1.① 瞞天過海：正常過程，帶入陰謀

2.③ 借刀殺人：借用人或物，達成目的

3.④ 以逸待勞：以靜制動，選擇機會

4.⑤ 趁火打劫：趁著危機，得到利益

5.⑥ 聲東擊西：佯裝攻東，卻是擊西

6.⑦ 無中生有：製造假象，以假亂真

7.⑩ 笑裡藏刀：外表友善，掩蓋企圖

8.⑫ 順手牽羊：順便達成其他目的

9. ⑬ 打草驚蛇：旁敲側擊，偵測敵情

10. ⑯ 欲擒故縱：以退為進

11. ㉙ 樹上開花：借別人聲勢，壯大自己

12. ㉚ 反客為主：化被動為主控

13. ㉜ 空城計：佯裝虛實，誘導對手

14. ㊲ 以誠為本：先禮後兵，先誠後計

## 16 「最新詐騙技倆：迂迴騙術」

問題：26 個計謀

● 事由

一、我方茶葉品質好，在市場上小有名氣，售價也較高且無法殺價；但為了增加銷售量，也去辦理了網購。有天有人打電話來要買茶葉，既然是網購，一定要給對方銀行帳號啊！

● （騙方 3，奇 3。）

1. （ ）騙方利用正常買賣需要我方帳號，此要求合理，但帶入陰謀。

2. （ ）騙方借用我方信用良好的銀行帳戶，讓買方放心把錢匯入。

3.（　　）騙方將我方的帳號給被騙的買方時，因我方在銀行的帳號一向信用良好，致使買方詢問銀行後不疑有他。

二、於是我告訴對方銀行帳號，不久就入帳了，原講好買茶葉的金額是 2,000 元，可是存摺刷出來卻是 20 萬元！

● （騙方 7，奇 4 偶 3。）

4.（　　）正常狀況下，錢少匯會特別注意；錢多匯，就會掉以輕心而失去警覺性。

5.（　　）騙方用迂迴戰術，關鍵是不從買方騙錢，而從我方騙錢。

6.（　　）騙方借用我方的銀行帳戶來進行騙錢的手段。

7.（　　）騙方不花錢，輕易地賺了 20 萬。

8.（　　）騙方有如禿鷹，在我方與買方之間設計。

9.（　　）騙方告訴我方要用 2,000 元買，卻告訴買方要賣 20 萬元的茶葉給他。

10.（　　）讓買方匯 20 萬是手段（退），而想騙錢是目的（進）。

三、我趕快問對方，怎麼會多匯這麼多？對方說他們是公司行號，是會計在出帳的時候出了問題，這是會計的失誤，可能會因此被開除，請我方大發慈悲放會計一馬，幫忙

將錢匯回他們的銀行帳戶，然後一直道謝。

● （騙方 12，奇 6 偶 6。）

11. （　）錢匯錯了，我們再匯回去，彌補了錯誤，這是正常
　　　　合理的處理方式。

12. （　）騙方利用人性為善（彌補錯誤）來行使詐騙手段。

13. （　）當事人變成我方與買方，而騙方卻安然無事，坐等
　　　　得利。

14. （　）騙方說會計匯錯了是手段（以退），讓我們相信，
　　　　匯去他的戶頭是目的（為進）。

15. （　）對方說他們的會計失誤，是他們的錯，是在模糊焦
　　　　點，讓我們不會注意到。

16. （　）騙方利用我方帳戶脫身，當事人變成我方和買方，
　　　　騙方則置身事外。

17. （　）騙方利用我方帳戶為跳板，由買方匯入我方，我方
　　　　匯給騙方，來行使詐騙手段。

18. （　）騙方聲稱是自家會計的錯，並且一直道謝！

19. （　）騙方利用我方當人頭洗錢戶，然後一走了之，我方
　　　　變成受害者，又找不到人求償。

20. （　）騙方買空賣空，完全利用別人的錢、別人的貨。

21. （　）騙方稱這是會計失誤，可能會被開除，請我方大發
　　　　慈悲將 20 萬匯回來。

22. （　）騙方先以買茶葉得我方帳號，讓買方以貪便宜心態

匯入 20 萬；利用苦肉計讓我方匯回 20 萬，最後用
假戶頭脫身溜了。

四、事隔一個月，我方收到法院通知，有人要告我方詐欺，
被害者（買方）要向我方索賠，因為匯給我方 20 萬而我
方沒有出貨，我方似乎成為詐騙集團旗下的人頭洗錢戶。

- （騙方 4，奇 2 偶 2。）

23.（　）騙方只要打幾通電話，不需成本，輕鬆地騙到錢。

24.（　）騙方藉著我方的錯誤而得到利益。

25.（　）騙方最後利用假帳戶而脫身。

26.（　）當我方追查騙方的銀行帳戶時，發覺是假帳戶，騙
方早溜了。

- 後記

1. 因我方茶葉品質好，在市場上小有名氣，售價也較高且不
易殺價。騙方告訴買方因與我方有特約關係，可以用很低
的市價買到，讓買方心動，且錢是匯到我方的銀行戶頭，
所以買方不會起疑。

2. 也有可能是騙方和買方串通好來騙我方。

- 若遭遇類似情況時

1. 在戶頭突然多出這麼多錢的同時，請冷靜一下。

2. 不要動銀行帳戶中的錢。

3. 設法儲存對話紀錄。

4. 請教專家怎麼處理。

5. 報警依法辦理。

## 行為模式解析：26 個計謀

1. ① 瞞天過海：正常過程，帶入陰謀

2. ③ 借刀殺人：借用人或物，達成目的

3. ㉙ 樹上開花：借別人聲勢，壯大自己

4. ① 瞞天過海：正常過程，帶入陰謀

5. ② 圍魏救趙：迂迴戰術，攻敵弱處

6. ③ 借刀殺人：借用人或物，達成目的

7. ⑦ 無中生有：化無為有

8. ⑨ 隔岸觀火：禿鷹行動，等待時機

9. ⑩ 笑裡藏刀：兩面手法

10. ⑯ 欲擒故縱：以退為進，退是手段，進是目的

11. ① 瞞天過海：正常過程，帶入陰謀

12. ③ 借刀殺人：借用人或物，達成目的

13. ⑨ 隔岸觀火：漁翁得利

14. ⑯ 欲擒故縱：以退為進

15. ⑳ 混水摸魚：模糊焦點

16. ㉑ 金蟬脫殼：脫身術

17. ㉔ 假道伐虢：跳板原理

18. ㉗ 假痴不癲：裝瘋賣傻，掩蓋真情

19. ㉘ 上屋抽梯：過河拆橋，用完即丟

20. ㉜ 空城計：虛張聲勢

21. ㉞ 苦肉計：受害以博取同情

22. ㉟ 連環計：計計相連，環環相扣

23. ④ 以逸待勞：不勞而獲，坐享其成

24. ⑤ 趁火打劫：趁錯得利

25. ㉑ 金蟬脫殼：脫身術

26. ㊱ 走為上計：避開不利，保留實力

# 17　「利息的因果」

問題：17 個計謀

● 事由

一、銀行家的兒子問爸爸：「我們的房子、賓士車和遊艇是
　　怎麼賺來的呢？」

　　銀行家：「開銀行賺來的。」

● （銀行家6，奇4偶2。）

1. （　）藉別人存的錢來借給他人，過程中賺了利息。

2. （　）過程輕鬆，不需勞動。

3. （　）趁別人急需錢用，銀行放款賺利息。

4. （　）銀行藉別人存的錢來借給他人。

5. （　）銀行只貸款收利息，貸款後客戶盈虧和銀行無關。

6. （　）企業賺錢時，銀行一再加貸款給企業，企業虧損時，銀行趕快把貸款收回。


二、兒子：「可是銀行裡的錢都是客戶存進來，也是客戶借走的，你如何賺到錢呢？」

　　銀行家：「廚房裡有一塊肥肉，你把它拿到客廳，再把它放回廚房。」

兒子做了，並問：「什麼意思？」

　　銀行家：「你看看，手上是不是有油啊？」


● （銀行家4，奇1偶3。）

7. （　）存款利息低，放款利息高。

8. （　）客戶向銀行借款時，銀行會要求客戶回存、購買基金、債券等，銀行可另賺手續費。

9. （　）若公司倒閉，所積欠的銀行利息，可於重整時變成公司股本，參加公司經營。

10.（　）銀行貸款給建設公司購買土地，銀行坐收利息，等房屋蓋成後，再增加房屋貸款，利息源源不斷。

三、兒子：「但賺錢都有風險，你是如何避開風險的呢？」

● （銀行家5，奇2偶3。）

11.（ ）當公司發生經營危機，無法繳利息時，銀行立刻啟動抵押品拍賣。

12.（ ）銀行貸款，平時收利息賺錢，當公司無法繳息時，銀行拍賣收回貸款，再賺違約金。

13.（ ）銀行抵押設定都是債務的一、兩倍，銀行藉抵押品拍賣收錢而脫身。

14.（ ）平時以客戶為主（顧客至上），一旦客戶無法繳息，銀行立刻主動進行拍賣程序。

15.（ ）一旦客戶不能繳息，銀行立刻啟動拍賣抵押品，不但停損，而且還可再收違約金。

四、兒子：「但要是肉上沒了油，怎麼辦？」
　　銀行家：「放進鍋再榨出點油，最後剩下的豬油渣還可吃！」

● （銀行家2，偶2。）

16.（ ）客戶無法付利息時，銀行就將抵押品拍賣，追繳貸款。

17.（ ）當客戶繳不出利息，銀行立刻停損，將抵押品拍賣，收回貸款，若收不回則列入呆帳，尚可抵扣稅金。

● 後記

銀行借力使力，藉別人存的錢來借給他人，錢沒有增減，過程中卻賺了利息。

但若客戶無法繳利息時，銀行絕不留情，立刻把客戶的抵押品拍賣，不但收回貸款本利，而且再賺違約金。

## 行為模式解析：17 個計謀

1. ③ 借刀殺人：借用人或物，達成目的
2. ④ 以逸待勞：不勞而獲，坐享其成
3. ⑤ 趁火打劫：趁著危機，得到利益
4. ⑦ 無中生有：化無為有，化小為大
5. ⑨ 隔岸觀火：袖手旁觀
6. ⑩ 笑裡藏刀：兩面手法，雨天收傘
7. ⑪ 李代桃僵：棄小存大
8. ⑫ 順手牽羊：順便達成其他目的
9. ⑭ 借屍還魂：外觀是舊，內部換新
10. ⑯ 欲擒故縱：先縱再擒
11. ⑤ 趁火打劫：趁著危機，得到利益
12. ⑫ 順手牽羊：順便達成其他目的
13. ㉑ 金蟬脫殼：脫身術
14. ㉚ 反客為主：化被動為主控
15. ㊱ 走為上計：停損
16. ㉘ 上屋抽梯：切斷去路，迫其妥協
17. ㊱ 走為上計：避開不利，保留實力，停損

## 18 「有創意的人，永遠不會吃虧」

問題：18 個計謀

● 事由

一、一位穿著時髦的小姐走進紐約銀行：「我要到歐洲出差
　　一個月，我想向銀行借 5,000 美金，可以嗎？」

● （小姐 3，奇 3。）

1. （　）小姐以到歐洲出差需要用錢的假象，來達到借款的
　　　　　目的。

2. （　）小姐以出差歐洲為由，探測銀行經理的反應。

3. （　）銀行很現實，穿著時髦比較容易借到錢。

二、銀行經理拿起契約說：「可以，但是妳必須要有擔保品
　　做抵押。」

● （銀行經理 3，奇 2 偶 1。）

4. （　）銀行藉擔保品抵押，來確保放款的安全。

5. （　）銀行藉人們有急需時，放款賺取利息。

6. （　）銀行放款可賺利息，又有擔保品抵押可保安全。

三、小姐交了停放銀行前的勞斯萊斯汽車鑰匙，銀行接受那
　　輛車作為擔保品，並且開車到停車場保管。一個月後，

小姐回到了紐約銀行，還了 5,000 美金，並且付了 15 美金的利息。銀行經理很困惑地問：「很高興和妳合作，但我有些問題想問。當妳出差時，我對妳做過調查，發現妳是某家知名企業的總經理，因此，我非常疑惑為什麼妳要貸款 5,000 美金？」

小姐簡單而伶俐地回答：「紐約哪裡能找到可以停車一個月，還能保障我的車子不受損害，而且只要 15 美金的地方呢？」

● （小姐 12，奇 6 偶 6。）

7. （　）小姐表面上是到歐洲需要借款，實際上是節省汽車保管費。

8. （　）銀行業務是借貸金錢，小姐卻可把它轉移成停車及安全保管的用途。

9. （　）小姐藉貸款付便宜利息，而省下昂貴汽車保管費。

10. （　）小姐佯裝到歐洲出差想借錢，實際上是節省停車費。

11. （　）犧牲 15 美金的便宜利息，而省下昂貴的汽車保管費。

12. （　）小姐只付低廉的利息，而且還能保障車子不受損害。

13. （　）小姐以少數利息，來節省昂貴的保管費。

14. （　）小姐隱瞞她是知名企業的總經理，銀行才不會起疑心。

15. （　）小姐藉著向銀行借錢須以汽車抵押為跳板，以達到便宜及能安全保管汽車的目的。

16. （　）小姐用昂貴的勞斯萊斯汽車當抵押品，很容易就借到錢。

17. （　）小姐又要穿著時髦才不會被看低，又要隱瞞是總經理才不會讓人起疑心，真煞費苦心！

18. （　）銀行之計是想賺利息，小姐就利用銀行之計來節省昂貴的汽車保管費。

● 後記

1. 一個懂思考的人，永遠比一個有錢卻沒頭腦的人，更有創意的空間。

2. 有創意的人，永遠不會吃虧！

## 行為模式解析：**18 個計謀**

1. ⑦ 無中生有：製造假象，以假亂真

2. ⑬ 打草驚蛇：旁敲側擊，偵測敵情

3. ㉙ 樹上開花：創造價值

4. ③ 借刀殺人：借用人或物，達成目的

5. ⑤ 趁火打劫：趁著危機，得到利益

6. ⑫ 順手牽羊：一石二鳥

7. ① 瞞天過海：正常過程，帶入陰謀

8. ② 圍魏救趙：轉移戰場，另起爐灶

9. ③ 借刀殺人：借用人或物，達成目的

10. ⑥ 聲東擊西：佯裝攻東，卻是擊西

11. ⑪ 李代桃僵：犧牲局部，顧全大局

12. ⑫ 順手牽羊：一石二鳥

13. ⑰ 拋磚引玉：以小引大

14. ⑳ 混水摸魚：模糊焦點

15. ㉔ 假道伐虢：跳板原理

16. ㉙ 樹上開花：借別人聲勢，壯大自己

17. ㉞ 苦肉計：自殘或受害，以博取同情、信任

18. ㊴ 將計就計：以計攻計，見招拆招

# 19 「合而為一，共謀其利」（挖角的方法）

問題：19 個計謀

## 一、事由

P 這個地方很小，只能支撐一家公司，然而現在 C、F 各有一家分公司，情況對兩者皆不利。然而，F 公司不願意談判合併。但無論 C 併 F 或 F 併 C，對兩家分公司及員工皆有利。

## 二、評估

維持現況、決戰後最佳狀況、決戰後最差狀況等三種。

## 三、決定

值得決戰或維持現況不變。

## 四、狀況

1. 繼續維持現況不動。

2. 維持現況，但進行促銷並「緩挖」。

3. 兩家公司董事長互相熟識，先尊重對方，找其洽談，談不成再動手挖客戶及營業員。

4. C公司先動手挖角，造成事實，再找F公司董事長洽談。

● （C公司19，奇9偶10。）

1.（　）C挖F客戶及營業員，逼F出來談判。

2.（　）C以「挖」為手段來達成目的。

3.（　）C以「挖」造成混亂，而達談判目的。

4.（　）創造C、F的分公司合併願景。

5.（　）C一邊挖角及客戶，一邊談判。「挖」越深，談判越有利。

6.（　）「挖」會犧牲點利潤，但可達到目的。

7.（　）C一方面可拓展業績，一方面亦可徹底解決問題。

8.（　）C以「挖」為手段，探測F公司反應。

9.（　）C以「挖」為進，逼F談判為退。

10.（　）C以「挖」為手段，逼F公司攤牌。

11.（　）C以「挖」造成混亂，模糊焦點（逼出談判）。

12.（　）藉併或被併，讓 C 公司脫身。

13.（　）先挖到 F 公司甲員，再用甲員去挖乙員，客戶亦同。

14.（　）C 公司董事長要裝作不知情。

15.（　）當「挖」到相當程度，F 公司被迫談判、妥協。

16.（　）為圖發展，C 必主動來逼 F 公司談判（已談過數次，F 不願談判）。

17.（　）C 利誘 F 公司營業員及客戶。

18.（　）以「挖」為手段，C 公司本身也會受些害。

19.（　）併或被併，都會增加利益或降低損失。

● 策略：「挖角」的方法及配合的計謀

|  | 種類 | 簡介 | 功用 | 配合的計謀 |
|---|---|---|---|---|
| 1 | 明挖 | 公開的挖 | 理由正當時 | ㊲以誠為本 |
| 2 | 暗挖 | 暗地裡挖 | 不欲人知時 | ①瞞天過海 |
| 3 | 強挖 | 強行的挖 | 非挖不可時 | ㉚反客為主 |
| 4 | 誘挖 | 誘導的挖 | 以小引大時 | ⑰拋磚引玉 |
| 5 | 真挖 | 真正的挖 | 情況需要時 | ③借刀殺人 |
| 6 | 假挖 | 似挖非挖 | 貪汙賄賂時 | ⑧暗渡陳倉 |
| 7 | 快挖 | 快速的挖 | 單刀直入時 | ⑱擒賊擒王 |
| 8 | 慢挖 | 慢慢的挖 | 細水長流時 | ④以逸待勞 |
| 9 | 試挖 | 試探的挖 | 沒有把握時 | ⑬打草驚蛇 |
| 10 | 危挖 | 趁危的挖 | 趁著危機時 | ⑤趁火打劫 |

## 行為模式解析：19 個計謀

1. ② 圍魏救趙：迂迴戰術，攻敵弱處

2. ③ 借刀殺人：借用人或物，達成目的

3. ⑤ 趁火打劫：亂而取之

4. ⑦ 無中生有：製造願景

5. ⑩ 笑裡藏刀：兩面手法

6. ⑪ 李代桃僵：犧牲局部，顧全大局

7. ⑫ 順手牽羊：一石二鳥

8. ⑬ 打草驚蛇：旁敲側擊，偵測敵情

9. ⑯ 欲擒故縱：以進為退

10. ⑲ 釜底抽薪：根本下手，除其力量

11. ⑳ 混水摸魚：模糊焦點

12. ㉑ 金蟬脫殼：脫身術

13. ㉔ 假道伐虢：跳板原理

14. ㉗ 假痴不癲：裝瘋賣傻，掩蓋真情

15. ㉘ 上屋抽梯：切斷去路，迫其妥協

16. ㉚ 反客為主：化被動為主控

17. ㉛ 美人計：以名利誘惑

18. ㉞ 苦肉計：受損以換取利益

19. ㊱ 走為上計：避開不利，保留實力

## 20 「謀略就是，人對方法就對」

問題：22 個計謀

● 事由

一、我們公司有一筆20幾萬的貨款，討了兩年始終要不回來，
　老闆懸賞，若有員工能討回者，將給予一半貨款作為賞
　金。一位女員工聲稱她有辦法，老闆就委以重任，將討
　債任務交給這位已經懷孕的女員工。

● （老闆6，奇5偶1。）

1. （　） 老闆想借用員工能力討回貨款，並藉高額獎金，鼓
　　　勵員工。

2. （　） 老闆用高額獎金，讓員工有願景，才會有動力去討
　　　債。

3. （　） 老闆犧牲了獎金（小），收回貨款（大）解決呆帳，
　　　對公司有交代。

4. （　） 老闆懸賞，尋求有能力討債的員工。

5. （　） 老闆用高賞金誘惑員工討債。

6. （　） 已經兩年仍收不回貨款，老闆設立停損點俾能結
　　　案。

二、她每天打扮得花枝招展，去到對方公司，人家問她有什
　麼事？她不回答，也不提討債的事，只是每次都會摸著

肚子含著淚，問櫃台接待的美女：「你們劉總在不在？」

- **（女員工11，奇5偶6。）**

7.（　）表面上，女員工每天打扮得花枝招展到對方公司，
　　　　也不回答問題，而實際上是去討債。

8.（　）女員工持迂迴戰術，不提討債的事，只問：「劉總
　　　　在不在？」

9.（　）女員工不做討債這種費神費力的動作，每天只是花
　　　　枝招展，安靜地去拜訪。

10.（　）女員工故意製造假象，讓人以為她大肚子是和劉總
　　　　有關。

11.（　）女員工一句：「你們劉總在不在？」引發大家許多
　　　　疑問。

12.（　）能否討債成功，關鍵點在劉總，所以要對劉總下
　　　　手。

13.（　）本來討債是焦點，女員工的言行故意模糊了焦點，
　　　　讓別人把焦點集中在劉總身上，對劉總形成極大壓
　　　　力。

14.（　）女員工故意賣傻，讓流言造成劉總極大壓力，逼劉
　　　　總出面解決。

15.（　）本來劉總要賴不給錢是為主（操主控），現女員工
　　　　迂迴出擊反客為主（變主控），逼得劉總只有還錢。

16.（　）女員工假裝成受害者，博取大家同情，造成劉總極

大壓力。

17.（　）劉總用㉗假痴不癲，裝瘋賣傻耍賴不給錢，女員工就以計攻計，也裝瘋賣傻應對，給予劉總極大的壓力，迫使劉總還錢。

三、半個月後，對方劉總打電話給我們老闆，氣急敗壞地說：「錢我可以一分不少地還你，但你得叫你那討債的女員工跟我老婆解釋解釋，她只是來討債的，與我沒有任何關係！」

● （劉總5，奇4偶1。）

18.（　）劉總藉還債，請女員工向他老婆解釋清楚。

19.（　）劉總拿錢出來還債，以免老婆誤會女員工大肚子和他有關係。

20.（　）劉總藉還債，換取女員工的解釋，讓他在和老婆的糾紛中能夠脫身。

21.（　）劉總裝瘋賣傻，該給的20幾萬貨款就是耍賴不給。

22.（　）劉總藉還債設停損，以免事態擴大、損失更多。

● 後記

1. 人對方法就對，事就對！

2. 解決問題要有計謀及執行力，找對的人去做就對了！

## 行為模式解析：22 個計謀

1. ③ 借刀殺人：借用人或物，達成目的

2. ⑦ 無中生有：創造願景

3. ⑪ 李代桃僵：犧牲局部，顧全大局

4. ⑬ 打草驚蛇：旁敲側擊，偵測敵情

5. ㉛ 美人計：運用美色、名、利誘惑

6. ㊱ 走為上計：避開不利，保留實力，停損

7. ① 瞞天過海：正常過程，帶入陰謀

8. ② 圍魏救趙：迂迴戰術，攻敵弱處

9. ④ 以逸待勞：以靜制動，選擇機會

10. ⑦ 無中生有：製造假象，以假亂真

11. ⑬ 打草驚蛇：投石問路，引敵入套

12. ⑱ 擒賊擒王：擒其首領，使其瓦解

13. ⑳ 混水摸魚：模糊焦點

14. ㉗ 假痴不癲：裝瘋賣傻，掩蓋真情

15. ㉚ 反客為主：化被動為主控

16. ㉞ 苦肉計：自殘或受害，以博取同情

17. ㊴ 將計就計：以計攻計，見招拆招

18. ③ 借刀殺人：借用人或物，達成目的

19. ⑪ 李代桃僵：犧牲局部，顧全大局

20. ㉑ 金蟬脫殼：脫身術

21. ㉗ 假痴不癲：裝瘋賣傻，掩蓋真情

22. ㊱ 走為上計：避開不利，保留實力，停損

# 21 「自願且免費的清潔工」

問題：21 個計謀

● 事由

一、昨天老王上網認識一個正妹，聊天後覺得十分投緣。

● （老王 1，奇 1。）

1.（　）老王利用聊天，探測正妹狀況。

二、正妹約老王去她家，說老公明天出差！

● （正妹 1，奇 1。）

2.（　）正妹說老公明天出差，不在家。

三、老王很謹慎，問：「妳老公會不會突然回來？」正妹說
　　不會。

● （正妹 1，奇 1。）

3.（　）正妹說老公不會忽然回來，給老王一個願景。

四、「萬一回來了，你就說是我請你來做清潔，擦玻璃什麼
　　的！」

- （正妹２，偶２。）

4.（　）正妹叫老王說來做清潔，並擦玻璃等來掩飾，讓老公模糊焦點。

5.（　）正妹請老王到家裡坐且說老公出差，讓老王誤以為她暗示可幽會。

五、「反正快過年了，我老公不會懷疑的！」

- （正妹１，奇１。）

6.（　）過年前叫人來打掃是正常過程，而正妹實際上有其他目的。

六、結果今天老王到正妹家裡，好巧不巧，好死不死，她老公十分鐘後就回來了！

- （老公１，偶１。）

7.（　）老公說要出差（以退），而實際上是趕回來（為進）。

七、老王只好努力擦了一天的玻璃，還洗廁所，洗浴室，以避免正妹老公懷疑。

- （老王2，奇2。）

8. （　）老王為了不讓正妹老公懷疑，只好擦了一上午的玻璃，還洗廁所、浴室。

9. （　）老王以擦玻璃和洗廁所、浴室等動作脫身，才不會被懷疑。

八、回家的路上，老王越想越不對勁，覺得自己怎麼會這麼衰！難道其中有鬼？

- （正妹12，奇5偶7。）

10. （　）正妹藉老王之力，來擦玻璃、洗廁所和浴室。

11. （　）正妹不花錢，可請老王到家裡工作。

12. （　）正妹請老王到家裡坐且說老公出差，讓老王以為可幽會，而實際上是要老王來做工。

13. （　）正妹玩弄兩面手法，一面叫老王來家裡坐，暗示幽會；一面向老公說，老王是來做工的。

14. （　）正妹叫老王來，可以幽會或是來做工。

15. （　）正妹只用點說話技巧，就可以讓老王免費做工。

16. （　）老公突然回來，正妹就用「老王是來做清潔的」等話來脫身。

17. （　）正妹將老王請進家裡，老王有如進入口袋，只好聽任正妹擺布。

18. （　）老王被正妹誘進家裡，只好擦了一天的玻璃，還洗

廁所、浴室。

19.（　）正妹用美色引誘老王上當。

20.（　）也許是正妹早計畫好，用來騙老王做工。

21.（　）老王之計是想和正妹幽會，正妹就利用老王之計，
誘導老王來做免費工。


● 後記

1. 老王越想越有種啞巴吃黃蓮，有苦說不出的感覺！

2. 正妹叫老王到家裡來，是想幽會，還是想利用老王來免費
做工，或只是臨時隨機應變，只有上帝和正妹知道！

3. 然而，這就是一種找到自願且免費清潔工的方法！


## 行為模式解析：**21** 個計謀

1. ⑬ 打草驚蛇：旁敲側擊，偵測敵情

2. ⑮ 調虎離山：引開對手，離開地盤

3. ⑦ 無中生有：創造願景

4. ⑳ 混水摸魚：模糊焦點

5. ⑳ 混水摸魚：模糊焦點

6. ① 瞞天過海：正常過程，帶入陰謀

7. ⑯ 欲擒故縱：以退為進（退是手段，進是目的）

8. ⑦ 無中生有：製造假象，以假亂真

9. ㉑ 金蟬脫殼：脫身術

10. ③ 借刀殺人：借用人或物，達成目的

11. ④ 以逸待勞：不勞而獲，坐享其成

12. ⑥ 聲東擊西：旁敲側擊，分散注意

13. ⑩ 笑裡藏刀：兩面手法

14. ⑫ 順手牽羊：一石二鳥

15. ⑰ 拋磚引玉：以小引大

16. ㉑ 金蟬脫殼：脫身術

17. ㉒ 關門捉賊：口袋戰術

18. ㉘ 上屋抽梯：切斷去路，迫其妥協

19. ㉛ 美人計：運用美色、名、利誘惑

20. ㉜ 空城計：佯裝虛實，誘導對手

21. ㊴ 將計就計：以計攻計，見招拆招

## 22 「謊言等級與騙術高低」

問題：26 個計謀

● 事由

一、謊言也有分等級，數字越大，代表騙術越高。

第一級是餐廳小姐：「快了，菜馬上就來！」

● （餐廳小姐 2，奇 1 偶 1。）

1.（　）出菜有一定程序，菜不會一喊就到，餐廳小姐公開
　　　　地騙你。

2.（　）餐廳小姐施展緩兵之計。

二、第二級是同事：「我改天請你吃飯！」

● （同事 2，奇 2。）

3.（　）同事隨便講講而已，不用當真。

4.（　）同事隨口敷衍而脫身。

三、第三級是長官：「我簡單講兩句！」

● （長官 2，奇 1 偶 1。）

5.（　）開會時長官先講兩句話是正常，可是長官藉此機會
　　　　講了半小時。

6.（　）長官本是來賓，卻講了冗長廢話，把自己當主人。

四、第四級是老公：老公請祕書轉告老婆，自己正在開會中！

● （老公 2，奇 2。）

7.（　）老公以開會為理由，不和老婆直接談，避免追問而
　　　　由祕書代答。

8.（　　）老公以開會為藉口來脫身。

五、第五級是酒店小姐：「我昨天才來，今天剛上班！」

● （酒店小姐2，奇1偶1。）

9.（　　）給客人一個願景，因為新上班的小姐比較好騙。

10.（　　）酒店小姐用來激起客人的嘗鮮心理。

六、第六級是建築商：「我們的房子絕不會偷工減料！」

● （建築商2，奇1偶1。）

11.（　　）顧客注意力在「偷工減料」這四個字，建築商故意
模糊焦點。

12.（　　）本公司絕沒有偷工減料，只是建材調換而已（以副
牌調換正牌）。

七、第七級是醫院：醫院對病人家屬說，我們已經盡力了！

● （醫院2，奇1偶1。）

13.（　　）病人已走了，醫院說已經盡力了，是在模糊病人的
死因。

14.（　　）醫院以「我們已經盡力了，然而上帝要他走，我們
也沒辦法」的說詞來脫身。

八、第八級是教育部：「我們再窮也不能窮教育！」

● （教育部2，奇2。）

15.（　）實際上它的意思是：「什麼預算都可刪，就是不能刪教育部的！」

16.（　）用大帽子壓頂，標榜教育是百年大計，所以教育的預算不能刪。

九、第九級是男人：「我愛妳到永遠！」

● （男人4，奇1偶3。）

17.（　）當男人說「愛妳到永遠」時，女人就忘了計較目前的困境。

18.（　）男人創造美麗的願景給女人。

19.（　）當男人滿口甜言蜜語時，一定是有什麼企圖。

20.（　）男人畫個大餅，女人看到卻吃不到！將來的事誰能知道？

十、第十級是女人：「我不愛你的錢！」

● （女人4，奇2偶2。）

21.（　）當女人說「我不愛你的錢」時，她要的是比錢更有

價值的東西。

22.（　）女人說：「我不愛你的錢，所以你要給我其他東西。」

23.（　）男女交往，錢常是一個焦點，當焦點被模糊時，男人的防備心就會大大降低。

24.（　）當女人的下一句說：「因為你比錢更有價值」，男人一聽就迷糊了。

十一、目前已知、唯一突破十級的第十一級是政府：「你要相信政府，明天會更好！」

● （政府2，奇2。）

25.（　）然後政府會宣布，要明天更好，需要錢才能辦好，所以必須加稅。

26.（　）當今天人民日子不好過，而政府又無計可施時，只好創造「明天會更好」的美景口號給人民。

## 行為模式解析：26 個計謀

1. ① 瞞天過海：公然欺敵

2. ⑥ 聲東擊西：旁敲側擊，分散注意

3. ⑦ 無中生有：創造願景

4. ㉑ 金蟬脫殼：脫身術

5. ① 瞞天過海：正常過程，帶入陰謀

6. ㉚ 反客為主：化被動為主控

7. ③ 借刀殺人：借用人或物，達到目的

8. ㉑ 金蟬脫殼：脫身術

9. ⑦ 無中生有：創造願景

10. ⑯ 欲擒故縱：激將法

11. ⑳ 混水摸魚：模糊焦點

12. ㉕ 偷樑換柱：調包策略

13. ⑳ 混水摸魚：模糊焦點

14. ㉑ 金蟬脫殼：脫身術

15. ㉗ 假痴不癲：裝瘋賣傻，掩蓋真情

16. ㉙ 樹上開花：虛張聲勢，迷惑對手

17. ② 圍魏救趙：迂迴戰術，攻敵弱處

18. ⑦ 無中生有：創造願景

19. ⑩ 笑裡藏刀：外表友善，掩蓋企圖

20. ㉜ 空城計：虛擬榮景

21. ⑪ 李代桃僵：棄小存大

22. ⑯ 欲擒故縱：放棄某些，獲得某些

23. ⑳ 混水摸魚：模糊焦點

24. ㉙ 樹上開花：創造價值

25. ③ 借刀殺人：借用人或物，達成目的

26. ⑦ 無中生有：創造願景

## 23 「老實人的不老實行為」

問題：27 個計謀

● 事由

一、一位銀行職員，沒結婚，三十來歲，上班十年從不請假，
每天準時盡忠職守，工作亦永不出錯，老實一生，所有
同事都叫他「老實人」。老實人的人生，只有一個願望，
就是環遊世界，不過數鈔票過活的他，並沒有真的賺到
什麼財富，打份工，夠糊口而已。

有天，他請假了。翌日，他也沒有上班。主管同事都十
分擔心，從未請假的他告假了，生怕他有什麼意外，打電話
又沒接通，大夥兒決定再等一天，便去老實人的家找他。

意料之外的事，總教人防不勝防。就在這天，銀行稽核，
發現帳戶內有 1 億資金，兩天前給老實人轉走，並提取了！

● （老實人 6，奇 3 偶 3。）

1. （　）老實人藉職務之便，暗中行使陰謀。

2. （　）老實人藉職務之便，來盜取公款。

3. （　）老實人靜靜地分批盜走公款，不勞而獲。

4. （　）公款被盜是銀行管理的危機，老實人趁著危機，得
到利益。

5. （　）老實人每天準時盡忠職守，工作永不出錯，老實一
生。

6.（　）老實人盜走公款 1 億，趕快溜了。

二、銀行趕快報案，一周過去，警察千方百計也找不到老實人。突然，老實人走進警局，一見警官，他便坦承偷了 1 億，不過自己實在不是亡命之徒，所以還是決定自首了。警察也直接要求他把 1 億贓款交出來，便會代為向法官求情。可是，老實人卻說：「我坦承我的罪行，所以我自首，但我的錢真的被偷走了，我認罪就是。」

警察說：「你根本想像不到監獄內的痛苦，快把錢交出來，讓我們幫你求情！你既然知錯，為什麼不把錢交回去呢？」

「我知錯，我認罪。我知道我應該要受罰，但我真的不知贓款在哪兒？」

結果，法官判了他十五年，主管也因監督不周全而被記過，該年度應得獎金 200 萬元全部泡湯了。

● **（老實人 8，奇 4 偶 4。）**

7.（　）老實人藉自首減輕罪刑。

8.（　）老實人想藉 1 億被偷走了，推卸責任。

9.（　）老實人想以知錯、認罪、自首（以退），來達成減刑（為進）。

10.（　）老實人以十五年牢獄來換取利益。

11.（　）1 億被偷走了是焦點，老實人以「被偷走了」來模

糊焦點。

12.（　）老實人想以錢被偷走了來脫身。

13.（　）老實人明知錢並未被偷走。

14.（　）老實人以被關、吃苦十五年來換取利益。

三、老實人坐了十三年的牢。在監獄裡，他仍是模範囚犯，一有空便看旅遊書，或教其他犯人讀書。

　　時光飛逝，老實人出獄了，當年的主管也早就退休了，可是他忘不了這個老實人，真的希望知道，究竟老實人發生什麼事？贓款去了哪裡？就在這時門鈴響起，老實人帶著皮包站在門前。

　　「這段時間，我想通了。我知錯，辜負了大家對我的期望，也連累了你，現在我拿 1 億讓你還給銀行。」結果，這 1 億，在老實人坐了十三年牢後，又再次回到銀行，老主管也因拿回 1 億而得到獎金 2,000 萬，其實銀行早就把 1 億列入呆帳，沖銷掉了！

● （老實人 5，奇 3 偶 2。）

15.（　）老實人藉還銀行 1 億，來紓解良心的不安。

16.（　）老實人藉成為模範囚犯來達成減刑目的。

17.（　）老實人藉還銀行 1 億，讓老主管得獎金 2,000 萬。

18.（　）老實人還銀行 1 億，除紓解良心不安，也讓主管得到 2,000 萬獎金。

19.（　　）雖 1 億外觀仍不變，但是價值已改變。

四、在飛機頭等艙中，老實人拿著紅酒，看著旅遊雜誌，決
定飛完巴黎，便到冰島，再到俄羅斯走走。身旁剛認識
的美麗小姐，嬌嗔地問他：「你到底是做什麼的呢？可
以這麼早退休環遊世界？」

老實人笑道：「我，做投資的。妳知道，用 1 億買 6％
利息的不記名債券，十三年後，連本帶利有多少？有 2 億
1,329 萬，扣了 1 億本金，尚有 1 億 1,300 萬多，光是利息，
已經可以退休環遊世界了。」

小姐問：「你哪來的 1 億本金呢？」

老實人淡然道：「借吧！我就是這樣。不過謹記，有借
有還，才是『老實人』。」

● （老實人 8，奇 4 偶 4。）

20.（　　）老實人拿 1 億的目的不在 1 億，而是在 6％利息。

21.（　　）老實人拿走 1 億又還 1 億，表面上是無，暗中卻賺
了利息。

22.（　　）老實人認為他被關了十三年來換取 1 億 1,300 萬，
是值得的。

23.（　　）老實人放棄了 1 億來還銀行（以退），而實際上賺
到 6％利息（為進）。

24.（　　）老實人讓大家把注意力集中在 1 億（焦點），而不

會去注意利息。

25.（　）老實人借到 1 億，拿了又還，來掩飾他賺利息的目
　　　　 的。

26.（　）老實人以利益誘惑美麗的小姐。

27.（　）老實人先拿走 1 億，被關了十三年，再把 1 億還掉，
　　　　 賺了 1 億 1,300 萬。

## 行為模式解析：27 個計謀

1. ① 瞞天過海：正常過程，帶入陰謀

2. ③ 借刀殺人：借用人或物，達成目的

3. ④ 以逸待勞：不勞而獲，坐享其成

4. ⑤ 趁火打劫：趁著危機，得到利益

5. ⑩ 笑裡藏刀：外表友善，掩蓋企圖

6. ㊱ 走為上計：停利

7. ③ 借刀殺人：借用人或物，達成目的

8. ⑮ 調虎離山：四兩撥千斤

9. ⑯ 欲擒故縱：以退為進

10. ⑯ 欲擒故縱：放棄某些，獲得某些

11. ⑳ 混水摸魚：模糊焦點

12. ㉑ 金蟬脫殼：脫身術

13. ㉗ 假痴不癲：裝瘋賣傻，掩蓋真情

14. ㉞ 苦肉計：受害以換取利益

15. ③ 借刀殺人：借用人或物，達成目的

16. ③ 借刀殺人：借用人或物，達成目的

17. ③ 借刀殺人：借用人或物，達成目的

18. ⑫ 順手牽羊：順便達成其他目的

19. ⑭ 借屍還魂：外觀是舊，內部換新

20. ⑥ 聲東擊西：旁敲側擊，分散注意

21. ⑦ 無中生有：化無為有

22. ⑪ 李代桃僵：犧牲局部，顧全大局

23. ⑯ 欲擒故縱：以退為進

24. ⑳ 混水摸魚：模糊焦點

25. ㉔ 假道伐虢：借道對手，掩飾目的

26. ㉛ 美人計：以名利誘惑

27. ㉟ 連環計：計計相連、環環相扣

## 24 「夫妻必讀：老婆回娘家的情況」

**問題：28 個計謀**

● 事由

　　小夫妻鬥嘴、吵架是常有的事，可是有時吵過了頭，老婆一氣之下就說要回家看爸媽，順便調整情緒，然後丟下家務事和孩子回娘家了，面對不擅長的事和整個生活秩序大亂，這就是老公最害怕的狀況。此時如果公婆介入，情況會更糟，娘家反而是最佳的緩衝地。

　　當然，老婆回娘家，絕不是單純回娘家而已，它警示：老婆主動出招了，她的招數中可能隱藏著許多的行為模式。身為老公，須用心了解這些行為模式，然後順勢配合，不要穿幫、切勿火上加油，就可大事化小，安然無事，如果輕忽漠視，小心星星之火，可以燎原。而身為老婆，不要得理不饒人，凡事點到為止，不要過分，而且自己要找台階下，如此才能小別勝新婚，白頭偕老。

一、夫妻吵架，老婆一氣之下回娘家，這舉動中老婆所用的
　　計謀？

● （老婆9，奇5偶4。）

1. （　）老婆要回家看爸媽是正常的事，但於此時機卻有其他目的。

2. （　）老婆藉回娘家的舉動，來警告老公言行要注意，不要太過分。

3. （　）老婆藉回娘家，探測老公的態度及反應。

4. （　）老婆故意丟下家務事和孩子，自己回娘家。除警告老公外，也要讓老公知道老婆的重要性。

5. （　）兩人吵到皆下不了台，老婆藉回娘家脫身。

6. （　）老婆回娘家訴苦，想藉娘家之力圍剿老公。

7. （　）老婆生氣了就主動出招，回娘家去了，開始主導局勢。

8.（　）老婆回娘家訴苦，一把鼻涕一把淚，引起娘家同情並支持。

9.（　）老婆覺得再吵下去沒啥意思，乾脆回娘家調整情緒再說。

二、岳父打電話來，怒氣沖天：「你是不是跟我女兒鬧彆扭了？我告訴你，這事兒沒完！」

● （岳父2，奇1偶1。）

10.（　）岳父趁著這危機，故意教訓女婿一頓。

11.（　）其實岳父是虛張聲勢，藉機給女婿下馬威。

三、老公正要解釋，岳父啪一聲掛了電話，老公趕緊打過去，岳父不接。

● （岳父3，奇1偶2。）

12.（　）岳父故意不接電話，暗示他非常生氣。

13.（　）岳父故意不接電話來表示生氣，其目的是要女婿去向女兒低頭道歉。

14.（　）岳父不接電話除生氣外，也表示支持女兒，暗示女婿要去妥協、讓步。

四、沒隔幾分鐘，連續幾條訊息發來，打開一看，老公哭笑

不得！

岳父：「剛才是故意說給她們聽的，男人嘛！肚量大一些，多擔待一點！」

● （岳父5，奇2偶3。）

15. （　）岳父扮黑白臉，一邊罵女婿（黑臉），一邊又說是故意的（白臉）。

16. （　）岳父說：「男人嘛，度量大一些，多擔待一點！」就是激女婿心胸要大，不要小氣！

17. （　）老公老婆鬥嘴是焦點，岳父故意模糊焦點，先罵女婿給女兒看，事後又安慰女婿。

18. （　）岳父扮黑白臉從兩面手法中脫身，女兒、女婿都不得罪。

19. （　）老婆回娘家向岳父訴苦，岳父打電話罵女婿給女兒看，表示支持女兒，事後又打電話給女婿，表示是故意的以安慰女婿，維持好的關係，岳父兩邊都不得罪。

五、岳母：「別往心裡去，小倆口過日子，難免意見不和，你爸說的氣話，別放在心上！」

● （岳母3，奇2偶1。）

20. （　）岳母不偏袒女兒，反而安慰女婿，創造好印象給女

婿。

21.（　）岳父扮黑臉，岳母就要扮白臉，一邊安撫女兒，一邊安慰女婿。

22.（　）岳母也用了兩面手法，從女兒、女婿兩人鬥嘴中脫身。

六、老婆：「我爸發火了，好嚇人！我怕死了！你別過來接我，我自己會回去！」

● （老婆6，奇3偶3。）

23.（　）老婆藉娘家老爸發火，自己找台階下，自行回去。

24.（　）老婆軟硬兼施，自己出走，自己又回去。

25.（　）老婆自己出走，自己又回去，整個事件都是老婆裝瘋賣傻在導演。

26.（　）老婆示弱說：「好嚇人！我怕死了！我自己回去。」就是給自己台階下。

27.（　）老婆設計先自己出走，然後讓爸媽使出兩面手法，達到教訓老公的目的後，自己再示弱找台階下，自己走回去。

28.（　）老婆看事情演變得差不多了，趕快找台階下，以免擦槍走火難以收拾。

## 行為模式解析：28 個計謀

1. ① 瞞天過海：正常過程，帶入陰謀

2. ③ 借刀殺人：借用人或物，達成目的

3. ⑬ 打草驚蛇：旁敲側擊，偵測敵情

4. ⑯ 欲擒故縱：先縱再擒

5. ㉑ 金蟬脫殼：脫身術

6. ㉙ 樹上開花：借別人聲勢，壯大自己

7. ㉚ 反客為主：找出弱點，主導大局

8. ㉞ 苦肉計：自殘或受害，以博取同情信任

9. ㊱ 走為上計：轉進重來

10. ⑤ 趁火打劫：趁著危機，得到利益

11. ㉜ 空城計：虛張聲勢

12. ③ 借刀殺人：借用人或物，達成目的

13. ⑥ 聲東擊西：佯裝攻東，卻是擊西

14. ㉘ 上屋抽梯：切斷去路，迫其妥協

15. ⑩ 笑裡藏刀：兩面手法

16. ⑯ 欲擒故縱：激將法

17. ⑳ 混水摸魚：模糊焦點

18. ㉑ 金蟬脫殼：脫身術

19. ㉟ 連環計：計計相連，環環相扣

20. ⑦ 無中生有：創造願景

21. ⑩ 笑裡藏刀：兩面手法

22. ㉑ 金蟬脫殼：脫身術

23. ③ 借刀殺人：借用人或物，達成目的

24. ⑩ 笑裡藏刀：兩面手法

25. ㉗ 假痴不癲：裝瘋賣傻，掩蓋真情

26. ㉞ 苦肉計：示弱擊強

27. ㉟ 連環計：計計相連，環環相扣

28. ㊱ 走為上計：避開不利，保留實力

## 25 「折磨男人的千古難題，終於有解」

問題：30 個計謀

● 事由

一、有位阿嬤，突然不去公園跳舞了，改去學游泳。

大家都問：「妳怎麼改學游泳了？」

● （大家 2，奇 2。）

1.（　）大家藉發問來滿足好奇心。

2.（　）大家以發問來探測阿嬤的狀況。

二、老人家無奈地說：「唉，兒子和媳婦吵架，每次媳婦都問：

『我和你媽掉到水裡，你會先救誰？』」

- （媳婦 4，奇 3 偶 1。）

3.（　）媳婦的平常問話中，帶有另外用意。

4.（　）媳婦想藉由兒子（老公）的回話，了解她在老公心中的地位。

5.（　）兒子若答對了（救媳婦），顯示媳婦在兒子心中的重要性；若答錯了（救阿嬤），則變成媳婦秋後算帳的把柄。

6.（　）媳婦的問話，是在探測兒子（老公）的心意。

三、「我不想為難兒子，所以就學游泳了！」

- （阿嬤 3，奇 1 偶 2。）

7.（　）阿嬤說不想為難兒子，暗示媳婦刁難。

8.（　）阿嬤以退為進，不得不學游泳是為退，暗中指責媳婦是為進。

9.（　）阿嬤如此回答，是為博取同情。

四、過段時間小倆口又吵架，媳婦說：「我和你媽掉到水裡，你會先救誰？」

- （媳婦 4，奇 1 偶 3。）

10.（　）不論老公選誰，都會落入圈套。選媽就是不愛媳婦，不選媽就是不孝。

11.（　）媳婦再次問，已含激將情緒在內。

12.（　）媳婦知道關鍵點在老公，緊咬不放。

13.（　）媳婦再問，已有攤牌跡象。

五、兒子答：「我不用下水，我媽會游泳，她會救妳的。」

● （兒子6，奇3偶3。）

14.（　）兒子不上當，不正面答覆是否，閃避媳婦的問題。

15.（　）阿嬤正要學，還不會游泳，兒子卻說：「媽會游泳，她會救妳的。」兒子用這話給媳婦一個希望（創造願景）。

16.（　）兒子閃避媳婦提問的焦點，推給阿嬤。

17.（　）兒子把問題推給阿嬤，藉此脫身。

18.（　）兒子明知這種回答不能解決問題，但也只有賣傻來避風頭。

19.（　）兒子明知「我媽會游泳，她會救妳的」是虛假的。

六、媳婦不放棄：「不行，你一定要下水！」

● （媳婦2，奇1偶1。）

20.（　）媳婦兩次都沒得到滿意的答覆，就開始攤牌，逼兒子下水，沒有退路。

21.（　）媳婦知道不強勢不行，就採取主動，強迫老公要下水。

七、兒子答：「那妳死定了！我不會游泳，我媽肯定先救我！」

● （兒子9，奇7偶2。）

22. （ ） 兒子明知媽不會游泳，故意說媽會游泳會先救他。

23. （ ） 四兩撥千金，兒子自始至終沒有說出，媳婦和媽掉進水裡會先救誰，以避免後遺症，秋後算帳，沒完沒了。

24. （ ） 兒子知道已無法再推託，也開始攤牌。

25. （ ） 兒子藉不會游泳，而以「不是不救妳，而是我不會游泳」來脫身。

26. （ ） 兒子說「那妳死定了」，暗諷媳婦不可理喻，活該死定了。

27. （ ） 兒子不願正面衝突，只好裝瘋賣傻，語無倫次，不知所云了。

28. （ ） 藉媽之力（媽會游泳，媽會先救我）來壓抑媳婦氣勢。

29. （ ） 兒子藉不會游泳也是受害者為理由，強調沒辦法救媳婦。

30. （ ） 媳婦之計是想藉兒子回答來傲其婆婆，兒子卻用媳婦之計來壓抑她的傲氣。

● 後記

1. 這折磨男人千年的難題，終於被偉大的母親破解啦！（阿

孃學會游泳）

2. 男人的高招是，自始至終他都沒有鬆口說出到底要先救誰，如此一來，既可兩邊都不得罪，又可避免兩邊秋後算帳的後遺症。

3. 男人另有一個自己可破解的方法：

媳婦說：「老公你愛我嗎？」

兒子答：「愛啊！」

媳婦說：「那我跟你媽同時掉到水裡，你先救誰？」

兒子說：「妳愛我嗎？」

媳婦答：「愛啊！」

兒子說：「愛我就不要問這個問題！」

媳婦答：「那我不愛你！」

兒子說：「既然不愛我，那我幹嘛要救妳！」

## 行為模式解析：30 個計謀

1. ③ 借刀殺人：借用人或物，達成目的

2. ⑬ 打草驚蛇：旁敲側擊，偵測敵情

3. ① 瞞天過海：正常過程，帶入陰謀

4. ③ 借刀殺人：借用人或物，達成目的

5. ⑫ 順手牽羊：一石二鳥

6. ⑬ 打草驚蛇：旁敲側擊，偵測敵情

7. ① 瞞天過海：正常過程，帶入陰謀

8. ⑯ 欲擒故縱：以退為進（退是手段，進為目的）

9. ㉞ 苦肉計：受害以博取同情

10. ⑫ 順手牽羊：一石二鳥

11. ⑯ 欲擒故縱：激將法

12. ⑱ 擒賊擒王：找出關鍵，打其要害

13. ⑲ 釜底抽薪：根本下手，除其力量

14. ② 圍魏救趙：避其鋒芒，攻其弱點

15. ⑦ 無中生有：化無為有及創造願景

16. ⑳ 混水摸魚：模糊焦點

17. ㉑ 金蟬脫殼：脫身術

18. ㉗ 假痴不癲：裝瘋賣傻，掩蓋真情

19. ㉜ 空城計：以虛詐實

20. ⑲ 釜底抽薪：根本下手，除其力量

21. ㉚ 反客為主：化被動為主控

22. ⑦ 無中生有：製造假象，以假亂真

23. ⑮ 調虎離山：避實擊虛

24. ⑲ 釜底抽薪：根本下手，除其力量

25. ㉑ 金蟬脫殼：脫身術

26. ㉖ 指桑罵槐：隱喻暗諷，借古諷今

27. ㉗ 假痴不癲：裝瘋賣傻

28. ㉙ 樹上開花：借別人聲勢，壯大自己

29. ㉞ 苦肉計：受害以博取同情

30. ㊴ 將計就計：以計攻計，見招拆招

# 26 「男女情場交鋒」

選擇題：30 個計謀

## 一、事由

男女情場交鋒大概會有「五交」的階段，交往→交情→交心→交身→交代，如果雙方有意，則每個過程只是時間長短而已，遲早一定會進展到「交代」。到「交代」階段時，若久無交代，則雙方關係會逐漸淡化，最後就是斷交。若有交代，即使交代不夠好或含混交代，而對方「雖不滿意但可以接受」，還算是有交代，但可能會有後遺症。所以最好的是精神、物質都有交代，雙方皆大歡喜。這「五交」階段中，以交情→交心階段最為困難，因為一來「交淺言不深」，二來表現待觀察，三來情敵環伺中，以致個個有信心，人人無把握。此時不用些計謀，恐會馬失前蹄，鎩羽而歸。

某些男人在追求女人時，總會花言巧語，有求必應，運用金錢或禮物來吸引女人，希望女人為此傾心，某些女人也藉此得到物質上的滿足。男人也會先討好女人周邊的好友，但女人為了評估男人是否真心真意，總會出難題以考驗男人的誠意，也會偶施小惠來抓緊男人的心。

## 二、男女雙方所用的計謀

1.（ ）我方不直接追求，而是先由認識對方的親友開始。
2.（ ）故作很有實力的樣子，讓對方覺得可以倚靠終生。

3. （ ） 對方有錯，不要直接指責，用譬喻不傷對方自尊心。

4. （ ） 利用美色吸引對方為我做牛做馬。

5. （ ） 安靜觀察對方的表現，再來決定是否交往。

6. （ ） 對待情敵要友善，才不會引起對方反感。

7. （ ） 若為贏取對方歡心，必要時可犧牲財物。

8. （ ） 利用對方急於追求的心態，我方可以獲得物質上的享受。

9. （ ） 對方若是富二代，得人外還可以得財。

10. （ ） 畫大餅來吸引對方交往。

11. （ ） 故意放出消息，來吸引對方的注意。

12. （ ） 設法將情敵隔開，不讓其接近對方。

13. （ ） 我方其實很在乎對方，但要表現出一副不在乎的樣子。

14. （ ） 花點小錢，換取對方的歡心。

15. （ ） 直接追求對方有困難時，若透過對方的親友或特殊關係給予對方壓力，也會有些效果。

16. （ ） 藉由討好對方的長輩給予對方壓力，來影響對方的決定。

17. （ ） 若有新對象，對舊關係要設法脫身，才不會影響新戀情。

18. （ ） 先設法認識對方的好友或閨密，再經由好友或閨密結交對方。

19. （　）藉由對方的好友美言幾句，較易贏得對方的好感。

20. （　）若耗盡辦法仍未追求到手，要當機立斷，勿浪費太多感情及資源。

21. （　）對方若詢問舊情，一概堅決否認。

22. （　）對方之親人好友都要設法收服，讓對方四周都是講你好話的人。

23. （　）對於情敵要設法分化離間，讓對方對情敵反感。

24. （　）時機成熟時，要馬上攤牌結婚，一再拖延，感情會散，白費一切功夫。

25. （　）藉家族聲勢，裝成很有實力的樣子，讓對方覺得你很了不起。

26. （　）最佳的追求方式是誠心誠意，讓對方感動才是上上策。

27. （　）盡力達成對方的種種考驗，用使命必達的傻勁來博得對方歡心。

28. （　）對方使用計謀時，不要揭穿，不必漏氣，用對方之計打對方才是上策。

29. （　）一旦抓住對方的心，我方立即主客易位，掌握主控權。

30. （　）最有效的追求手段是尋求誘因，找出需求，隨機應變。

## 三、結果

男女透過彼此角力，了解彼此誠意，以找到真正適合彼此的終生伴侶。若是男人為了得到漂亮的女朋友，女人為了得到物質享受，男女雙方並非用真心交往，只是一時權謀，各有所圖，恐難共譜長久的戀曲。

### 行為模式解析：30 個計謀

1. ⑥ 聲東擊西：佯裝攻東，卻是擊西
2. ① 瞞天過海：正常過程，帶入陰謀
3. ㉖ 指桑罵槐：指東罵西
4. ㉛ 美人計：運用美色、名、利誘惑
5. ④ 以逸代勞：以靜制動，選擇機會
6. ⑩ 笑裡藏刀：外表友善，掩蓋企圖
7. ⑪ 李代桃僵：棄小存大
8. ⑤ 趁火打劫：趁著危機，得到利益
9. ⑫ 順手牽羊：順便達成其他目的
10. ⑦ 無中生有：創造願景
11. ⑬ 打草驚蛇：旁敲側擊，偵測敵情
12. ⑮ 調虎離山：引開對手，離開地盤
13. ⑯ 欲擒故縱：以退為進
14. ⑰ 拋磚引玉：施予小惠，誘出大利
15. ② 圍魏救趙：迂迴戰術，攻敵弱處

16. ⑱ 擒賊擒王：找出關鍵，抓住要害

17. ㉑ 金蟬脫殼：脫身術

18. ㉔ 假道伐虢：跳板原理

19. ③ 借刀殺人：借用人或物，達成目的

20. ㊱ 走為上計：避開不利，保留實力

21. ㉗ 假痴不癲：裝瘋賣傻，掩蓋真情

22. ㉒ 關門捉賊：誘使孤立，斷絕外援

23. ㉝ 反間計：利用矛盾，分化離間

24. ㉘ 上屋抽梯：切斷去路，迫其妥協

25. ㉙ 樹上開花：借別人聲勢，壯大自己

26. ㊲ 以誠為本：精誠所至，金石為開

27. ㉞ 苦肉計：受損示弱，以博取同情信任

28. ㊴ 將計就計：以計攻計，見招拆招

29. ㉚ 反客為主：化被動為主控

30. ㊳ 動靜互制：以動制靜，以靜制動

## 27　「北韓金正恩的國際縱橫捭闔術」

問題：31 個計謀

● 事由

一、北韓經濟落後，長年陷於饑荒貧困，為鞏固統治的正當
　　性，乃以對抗美帝為宣傳，全力發展核武，這是小國在

地緣政治與經濟擠壓下的生存策略，於武力不對稱時，常能發揮恐怖平衡的效用。

然而，北韓畢竟只是貧窮小國，縱使應用國家多數資源發展核武，仍無法達到有效報復美國的程度，因此在擁有基本核武嚇阻能力後，便須以國際的縱橫捭闔確保國家的生存與發展，如此才是真正成功的國際謀略高手[註1]。

首先，金正恩無視國際反對，進行多次核試與洲際導彈的試射，還刻意誇大宣稱其核武導彈已可打到美國本土，朝鮮半島情勢緊張，戰爭似乎一觸即發。而外界料敵從寬，誤信北韓的宣傳。實際上，北韓仍未擁有能夠攻擊美國的核武，美國政府專家估量北韓仍未克服核彈頭微型化及精確度與參數，且尚無法突破洲際飛彈重返大氣層的高難度技術問題。

- （金正恩9，奇4偶5。）

1. （　）金正恩利用發展核武與長程飛彈的正常過程中，進行各種謀略。

2. （　）金正恩藉核試與導彈試射及宣稱核武導彈已可打到美國本土等，讓美國產生極大壓力，不得不出面談判。

3. （　）借用宣傳，誇大核武及長程飛彈的能力，讓美國不敢輕易下手。

4. （　）對於金正恩誇大的能力及導彈可打到美國等，美政府專家高度質疑其真實性。

---

[註1]：〈社論〉點評川金會的輸贏〉，自由時報，2018年6月14日。

5.（ ）放出核武試射消息的是金正恩，要停止核武試射的
也是他，金正恩以兩面手法達到目的。

6.（ ）金正恩的多次核試與導彈試射，都是在探測美、韓
的反應。

7.（ ）金正恩放出核試及導彈試射，加上核武導彈可打到
美國本土等消息，實際目的就是讓美國提出對北韓
有利的條件。

8.（ ）其實核試是否成功、導彈是否精準等這些才是焦
點，但都被金正恩的宣傳模糊了。

9.（ ）金正恩誇大核試與導彈試射的效果，使用欺敵的手
段，讓美、韓諸多顧忌而趨向妥協。

二、接著金正恩突然宣布舉行兩韓領袖高峰會，而且與川普的
高峰會也在籌備中，接著更宣布將停止核試與發射洲際彈
道飛彈，並關閉原子武器測試場。金正恩一連串對南韓、
美國與西方世界的示好動作，不但解除了對北韓經濟致命
的禁運，且化解了朝鮮半島爆發戰爭的危機，更有效翻轉
外界對其專制落後殘暴的獨裁者之負面印象，轉為視金正
恩是和平的使者，此事件成為國際政治舞台上少見的小國
操控國際遊戲規則的案例。

● （金正恩 16，奇 10 偶 6。）

10.（ ）金正恩藉由舉行高峰會的正常過程，來進行各種謀

略。

11. （　）金正恩藉兩韓領袖及與川普的高峰會，大大提升了國際知名度及談判的效果。

12. （　）金正恩藉由各項示好動作，解除了禁運、化解了戰爭危機及翻轉了獨裁者的負面印象，變身和平使者。

13. （　）金正恩放出各種消息，讓美、日、韓大為緊張，而金坐待對方回應。

14. （　）金正恩放出各種消息，讓美、韓緊張，勢必會放出對北韓有利的條件。

15. （　）金正恩停止核試與導彈試射雖有犧牲，但化解戰爭的危機及翻轉外界對其專制落後的負面印象則收穫更大。

16. （　）金正恩對美、韓的示好動作，除了化解戰爭外，順便博取世界媒體的焦點及解除禁運，並有效翻轉外界對他的負面印象。

17. （　）金正恩對外界示好（以退是手段），以期得到有利的回報（為進是目的）。

18. （　）金正恩停止核試與試射是小，化解戰爭危機及解除禁運是大。

19. （　）金正恩知道反對北韓者以美國為首，美國又以總統川普為關鍵人物。

20. （　）金正恩藉由對美、韓及西方世界的示好動作，而從戰爭的危機中脫身。

21.（　）金正恩聲稱已毀掉核試試射場地，但實際上其設施
　　　　已轉移到他處。

22.（　）到最後全世界才知道，之前金正恩都在裝瘋賣傻，
　　　　最後變成一個完全不同的人，其實都是為了達到其
　　　　目的。

23.（　）金正恩借用核武與洲際導彈來壯大自己，增大了談
　　　　判的籌碼。

24.（　）政治談判中本是大為主小為客，金正恩化被動為主
　　　　控，主導左右了大局。

25.（　）金對外界的示好動作，得到美韓的善意回報後，金
　　　　立刻藉機下台。


三、2017 年 5 月，文在寅就任南韓總統後，極力主張南北
　　韓透過談判促成北韓「非核化」，他建議組聯合代表團
　　參加平昌冬季奧運會，打破僵局走向和平，金正恩藉此
　　機會，主動發動和平攻勢，派胞妹為特使，以親筆信函
　　邀請文在寅總統舉行高峰會，並借文在寅之力，由文派
　　國安會主席到華府傳達金願與川普總統舉行高峰會的佳
　　音，並得到川普的同意。


● （金正恩 6，奇 2 偶 4。）

26.（　）南北韓本是死敵，金正恩利用文在寅急於謀求和平
　　　　及在歷史留名，特意對文示好，並利用文在寅說服

美國川普。南北韓都想和平了，美國只好贊成了。

27.（　　）金正恩借文在寅之力，向川普轉達金的善意。

28.（　　）除上述之外，另可透過文在寅傳達金正恩明理及和平的形象。

29.（　　）金正恩把文在寅當跳板，達到傳話及改變形象的目的。

30.（　　）金正恩主動發動和平攻勢，邀文在寅舉行兩韓高峰會，及願參加川普的高峰會。

31.（　　）金正恩對文在寅所提的計，不但順水推舟，而且再加上自己的計。

## 行為模式解析：31 個計謀

1. ① 瞞天過海：正常過程，帶入陰謀
2. ② 圍魏救趙：迂迴戰術，攻敵弱處
3. ③ 借刀殺人：借用人或物達成目的
4. ⑦ 無中生有：製造假象，以假亂真
5. ⑩ 笑裡藏刀：兩面手法
6. ⑬ 打草驚蛇：旁敲側擊，偵測敵情
7. ⑯ 欲擒故縱：以退為進
8. ⑳ 混水摸魚：模糊焦點
9. ㉜ 空城計：以虛詐實
10. ① 瞞天過海：正常過程，帶入陰謀

11. ③ 借刀殺人：借用人或物，達成目的

12. ③ 借刀殺人：借用人或物，達成目的

13. ④ 以逸待勞：敵人惶恐，我方鎮靜

14. ⑤ 趁火打劫：趁著危機，得到利益

15. ⑪ 李代桃僵：犧牲局部，顧全大局

16. ⑫ 順手牽羊：順便達成其他目的

17. ⑯ 欲擒故縱：以退為進

18. ⑰ 拋磚引玉：以小引大

19. ⑱ 擒賊擒王：找出關鍵，打其要害

20. ㉑ 金蟬脫殼：脫身術

21. ㉕ 偷樑換柱：調包策略

22. ㉗ 假痴不癲：裝瘋賣傻，掩蓋真情

23. ㉙ 樹上開花：借用他人聲勢，壯大自己

24. ㉚ 反客為主：化被動為主控

25. ㊱ 走為上計：避開不利，保留實力

26. ② 圍魏救趙：轉移戰場，另起爐灶

27. ③ 借刀殺人：借用人或物，達成目的

28. ⑫ 順手牽羊：順便達成其他目的

29. ㉔ 假道伐虢：跳板原理

30. ㉚ 反客為主：化被動為主控

31. ㊴ 將計就計：以計攻計，見招拆招

## 28 「鴻海集團郭台銘訪問白宮的謀略布局」

問題：32 個計謀

● 事由

一、2017 年 4 月 27 日，鴻海集團董事長郭台銘進入白宮，停留了近三小時，在面對《華盛頓郵報》記者詢問是否與美國總統川普見面，郭台銘不願證實，只表示：「我記憶不好，已忘了！」

● （郭董 4，奇 3 偶 1。）

1. （　）郭董故意不講真話，製造假象，也製造媒體的效果。

2. （　）郭董不願證實，又說「已忘了」，模糊了和川普見面的焦點，讓別人無從批評。

3. （　）因為事情尚未定論，若說真話恐有阻擾，反而不利，故郭以「記憶不好，已忘了」來脫身。

4. （　）郭董故意裝瘋賣傻說：「我記憶不好，已忘了！」來逃避追問。

二、當記者再詢問，在白宮都討論了什麼？郭台銘回答，在白宮談了「美國製造」，並說：「我們簽了一個約，到時會公布。」根據白宮發布的周三訪客名單，郭台銘不在名單之列，白宮官員說，事先不知郭台銘來訪，直到

郭人到了，才知他來訪[註2]。

- **（郭董4，奇3偶1。）**

5. （　）川普競選時承諾增加在「美國製造」提升就業率，郭
董抓住了這張王牌，使川普不得不和郭董見面討論。

6. （　）鴻海集團藉投資美國，得川普支持，聲勢大漲。

7. （　）郭董說要大力投資美國，製造工作機會，令川普無
法拒絕。

8. （　）川普獲選總統之計是宣示「美國製造」以增加工作
機會，郭董利用此計大力投資美國，讓鴻海更壯大。

三、外資券商分析師指出，這次「川郭會」相關意涵如下：

　　川普競選時所提出的政見之一，就是要把製造業帶回美
國，而鴻海又是全球最大代工廠，本周末適逢川普就職百日，
作為新政樣板廣告，郭台銘的時機點掌握得很好。

- **（郭董4，奇2偶2。）**

9. （　）鴻海在中國、印度、巴西等均有投資，而今轉移戰
場到美國，令其他三國不得不重視鴻海，更給予鴻
海優惠。

10. （　）郭董趁川普民調低迷，急須實現競選諾言時，率先

---

[註2]：江靜玲，〈密訪白宮 郭台銘：我們簽了個約〉，工商時報，2017年
4月29日。

呼應，得到利益。

11.（　）鴻海此次投資美國，令集團聲勢大振，創造了願景。

12.（　）郭董率先投資美國，除鴻海獲名利外，也適逢川普
　　　　就職百日，樣板意義十足，川普的感受，自不待言。


四、郭台銘到美國設廠機率非常高，因為可以服務蘋果等美國
　　客戶、並貼近終端消費市場，而且肯定可以從川普手中拿
　　到很好的優惠，包括土地、稅賦、水電、人工等，模式
　　跟先前在中國、印度、巴西一樣。鴻海在美國設工廠所
　　衍生出來的成本，肯定會被美國或蘋果吸收，對鴻海來
　　說將是一大利多。


● （郭董4，奇1偶3。）

13.（　）鴻海藉著在中國、印度、巴西設廠的經驗，將其模
　　　　式複製於美國，得心應手、名利雙得。

14.（　）郭董配合川普政策到美國設廠，可以坐享很好的優
　　　　惠，包括土地、稅賦、水電、人工等。

15.（　）郭董到美國投資，除了美國或蘋果將吸收新增成本
　　　　外，又可以服務蘋果等美國客戶，並貼近終端消費
　　　　市場。

16.（　）鴻海將在中國、印度、巴西設廠的模式帶入美國，
　　　　依樣畫葫蘆，成本降低、設廠速度又快。而且依照
　　　　三個國家的模式，鴻海在美國設廠所衍生的成本，

肯定會被美國或蘋果吸收。

五、郭不用擔心中國會有負面反應，而且剛好相反，因為中國會怕鴻海跑掉，所以會提供更優惠的措施，更何況，其他科技大廠也會觀望中國政府的態度。除上述之外，郭台銘在目前的整體謀略布局上，他可以有幾張牌和美國及中國玩一玩[註3]。

● （郭董4，奇2偶2。）

17.（　）鴻海投資美國支持川普，礙於川普的面子，中國不會有負面反應。

18.（　）郭董投資美國，除名利雙收外，中國會怕鴻海跑掉，還會提供更優惠的措施給鴻海。

19.（　）中國不會阻擾或打擊鴻海，因為怕打草驚蛇，影響其他科技大廠的中國投資進退。

20.（　）中國怕鴻海減廠又不能反對投資，所以只好提供更優惠的措施給鴻海。

六、蘋果是否回美國製造，基本上就看你川普能端出多少菜（投資優惠）讓蘋果點頭；同樣地，夏普要不要來美國投資，我鴻海就可以決定，但也是看你川普給不給玩這局。東芝半導體的案子現在全世界都在搶，如果你川普

---

[註3]：張志榮，〈楊應超：郭董訪白宮「一舉三得」〉，中國時報，2017年4月29日。

願意幫忙，我搶下東芝以後也可以來美國建廠生產，為「美國製造」敲鑼打鼓做最好的示範[註4]。

● （郭董5，奇4偶1。）

21.（　）郭董藉著夏普、東芝這兩張牌，還可再和川普談判「美國製造」，以得更多利益。

22.（　）郭董坐著等待川普給蘋果什麼利益，夏普也可得到同等利益。

23.（　）郭董藉夏普、東芝這兩張牌，創造願景，讓川普提出更優惠的條件。

24.（　）郭董旁觀川普和蘋果之談判，將來可依樣要求。

25.（　）郭董藉夏普、東芝的聲勢，再創造鴻海的價值。

七、因為中國也一直非常關注鴻海是否可能將部分製造廠移出，因此也想了解及掌握鴻海未來可能的動向，若郭處理得當，中國會更支持鴻海集團在當地的發展。綜合以上看來，郭台銘周旋於美、中兩強之間游刃有餘，一舉數得，堪稱謀略高手！

● （郭董7，奇1偶6。）

26.（　）郭董投資美國，避開了中國一再要求擴大投資，分散了投資風險。

[註4]：陳泳丞，〈包裹推銷 老郭遊走中美日〉，工商時報，2017年4月29日。

27.（　）郭董周旋於美、中兩強之間，其兩面手法，堪稱謀略高手！

28.（　）郭董響應川普政策，得美國優惠條件，名利大收外，又得到中國更支持鴻海集團在當地的發展。

29.（　）因郭董投資美國，中國怕鴻海跑掉，故會再給予鴻海優惠條件。

30.（　）郭董掌控主動權，主動找川普，主導了局勢，主動周旋於美、中兩強之間，既得到了名利，又讓中國不得不讓利。

31.（　）郭董率先響應川普「美國製造」政策，增加就業率，得到了名利；進而轉移中國戰場，分散了投資風險；也讓中國不但不能反對，而且怕鴻海跑掉，另外再加優惠條件；從此以後鴻海的模式將在世界各地無往不利！

32.（　）郭董擔心鴻海在中國投資太多，風險太大，這次藉由向美國投資且中國又不便反對的時機，斷然在中國停利、停損，分散了投資，降低了風險。

---

## 行為模式解析：**32** 個計謀

1. ⑦ 無中生有：製造假象，以假亂真
2. ⑳ 混水摸魚：模糊焦點
3. ㉑ 金蟬脫殼：脫身術
4. ㉗ 假痴不癲：裝瘋賣傻，掩蓋真情

5. ⑱ 擒賊擒王：找出關鍵，打其要害

6. ㉙ 樹上開花：借別人聲勢，壯大自己

7. ㉛ 美人計：運用美色、名、利誘惑

8. ㊴ 將計就計：以計攻計，見招拆招

9. ② 圍魏救趙：轉移戰場，另起爐灶

10. ⑤ 趁火打劫：趁著危機，得到利益

11. ⑦ 無中生有：創造願景

12. ⑫ 順手牽羊：一石二鳥

13. ③ 借刀殺人：借用人或物，達成目的

14. ④ 以逸待勞：不勞而獲，坐享其成

15. ⑫ 順手牽羊：一石二鳥

16. ⑭ 借屍還魂：依託策略

17. ③ 借刀殺人：借用人或物，達成目的

18. ⑫ 順手牽羊：一石二鳥

19. ⑬ 打草驚蛇：連鎖反應

20. ⑯ 欲擒故縱：以退為進

21. ③ 借刀殺人：借用人或物，達成目的

22. ④ 以逸待勞：以靜制動

23. ⑦ 無中生有：創造願景

24. ⑨ 隔岸觀火：漁翁得利

25. ㉙ 樹上開花：創造價值

26. ② 圍魏救趙：轉移戰場，另起爐灶

27. ⑩ 笑裡藏刀：兩面手法

28. ⑫ 順手牽羊：一石二鳥

29. ⑯ 欲擒故縱：以退為進

30. ㉚ 反客為主：找出弱點，主導大局

31. ㉟ 連環計：計計相連，環環相扣

32. ㊱ 走為上計：避開不利，保留實力

## 29　「川普與習近平的高峰會」

問題：34 個計謀

● 事由

一、美國總統川普與中國國家主席習近平的首次高峰會，於 2017 年 4 月 7 日舉行，在經過川習兩人下午的長談與雙方核心決策官員的小組工作會議後，習說：「我們有一千條理由把中美關係搞好，沒有一條理由把中美關係搞壞」，而川普卻說：「我們已經聊了一段時間，但到目前為止，我什麼都沒得到，但我知道長期而言，我們會有很好、很好的關係。」

● （川普 6，奇 4 偶 2。）

1. （　） 在正式談判前，雙方開始放話，各有陰謀。

2. （　） 川普藉放話抱怨他什麼也沒得到，暗示習要放出有利條件。

3. （　） 川普藉放話讓習惶恐，而靜待習反應後，再擬對策。

4.（　）川普又說：「長期而言，我們會有很好、很好的關係」，是創造願景給習。

5.（　）川普一面抱怨沒得到什麼，另一面又創造願景給習。

6.（　）川普這一段放話就是在投石問路，引敵入套。

二、此外，川普更在川習會前下達攻擊敘利亞的命令，並於宴會後親口告知習近平，讓習裡子、面子盡失。美國在中美元首會面當天轟炸中國盟友，除了要告知習近平，在北韓議題上，如果中國不願配合，美國將自行其是外，也有意警告習，中國不可在南海及台灣問題上獨斷獨行，損害美國利益[註5]。

另一方面，此舉也在警告北韓金正恩不要誤判形勢，以為自恃有中國當靠山，就可囂張，亂射導彈，卻可以免於懲罰。

同時，也有意警告俄國，及告知全球，美國才是老大，即使敘利亞阿塞德有俄國總統普丁撐腰，美國仍照打不誤。

● （川普15，奇9偶6。）

7.（　）雙方在高峰會談判時，川普突然出手攻擊習的盟友敘利亞，讓習裡子、面子皆失，氣勢頓挫。

8.（　）川普藉著轟炸敘利亞的戰爭危機，讓習氣勢挫敗，無法強硬起來。

[註5]：林正二，〈自由廣場〉川習會 美國優先〉，自由時報，2017年4月9日。

9. (　) 川普在中東向敘利亞發射飛彈，來打擊西太平洋的
北韓及其主子中國。

10. (　) 美國犧牲五十九顆戰斧飛彈的小錢而震懾中、俄、
北韓、敘利亞等四國，得到提振國威的大效果，成
果輝煌。

11. (　) 川普一石五鳥，警告中、俄、北韓、敘利亞，同時
告知全球，美國才是老大，說打就打。

12. (　) 川普殺雞儆猴，打敘利亞來警告中、俄、北韓。

13. (　) 此次敘被轟炸，敘之盟國中、俄皆無強力反應，川
普要讓北韓知道，若不節制，美國會將中、俄兩隻
虎調開，直接攻打北韓。

14. (　) 此次高峰會焦點是美、中會談貿易及一中問題，可
是川普突然對敘動武，模糊了焦點，讓習無法聚焦
提出強硬要求。

15. (　) 川普想嚴厲教訓有中、俄撐腰的敘利亞，但苦無機
會。敘動用化武後，川普說：「以化武屠殺無辜百
姓是屠夫的行為，國際應予以嚴懲。」讓川普從發
動戰爭的罪魁禍首中脫身。

16. (　) 中國盟友敘利亞因動用化武屠殺百姓被打，當習近
平被告知時，習表示當孩童遭到殘害時，他了解這
樣的反應有其必要。習不能稱讚美國也不願譴責敘
利亞，陷入兩難，只有妥協。

17. (　) 川普藉轟炸敘利亞之勢，讓美國氣勢大漲，再次證

明美國是全世界的老大。

18.（　）談判雙方主客本是平等，可是川普轟炸敘利亞，逼得習不能做任何反應，氣勢頓弱，會議主控權操在川普手上。

19.（　）美國轟炸敘利亞，頓時讓中、俄、敘利亞、北韓之間產生矛盾，讓敘及北韓懷疑中、俄是否有能力或意願保護自己？中、俄兩國威信大失。

20.（　）川普利用敘利亞以化武攻擊平民引起公憤，得到動武有理之名；再以動武行動警告中、俄，美國才是老大，說打就打；同時也讓北韓知道，敘利亞即使有中、俄撐腰，美國照打不誤，將來北韓也是一樣。

21.（　）習近平之計在於利用此次高峰會，在貿易及一中問題上發揮，川普卻以轟炸敘利亞之計模糊了焦點，也淡化了習之計。

三、川普下令轟炸敘利亞，事實上，習近平挨上的，不是一棒，而是雙叉的利剪，不僅是動武的震懾，更有石油上漲帶來的連續壓力。

川普選擇在這個時間點動武，除了就北韓等安全問題對習近平「秀肌肉」之外，且因目前中國的原油進口量創歷史新高，已超越了美國。

作為石油對外需求與依賴這麼大的國家，美國對中東動武，必會使石油價格顯著波動，對於中國這種經濟務必維

穩、社會才能維穩的極權政權而言，影響頗大，帶來許多連續壓力。但對擁有豐富油藏的美國而言，川普上任後恢復從加拿大到美國的基石油管及達科他州通道等兩項油管興建計畫，今後的石油進口必然更會加速下降。且中東石油價格上漲，反而刺激了美國大量開採國內油藏[註6]。

- **（川普 3，奇 1 偶 2。）**

22. （　）中東動武，油價必漲，中國原油進口量是世界第一，經濟必受影響；反觀美國擁有豐富油藏，影響不大，而且反而刺激美國開發國內油藏。

23. （　）川普對敘動武的震懾（秀肌肉）與石油上漲帶給中國的連續壓力。

24. （　）美國知道和中國不必用軍事對抗，美國只要能掌控中國的命脈——經濟，就能不戰而屈人之兵。

四、中國外交部長王毅表示，中方重申了一中問題的原則立場，希望美方在中美公報和一個中國政策基礎上妥善處理。而在川習會之前，美國國務院罕見地連續三次公開強調《台灣關係法》與對台六大保證的重要性。

　　而此次川習會後，美中雙方及中國傳媒均未立即提到兩岸問題，合理推測川習會對一中問題的看法應是南轅北轍，沒有交集。

[註6]：鄒景雯，〈川習峰會〉奉送中國 不是棒子是利剪〉，自由時報，2017年4月8日。

- （川普 3，偶 3。）

25.（　）中國一向堅持「一個中國政策」是不可談的，美國
也不堅持，但宣稱另有「美國的一個中國政策」。

26.（　）美國用兩面手法，對中國談的是「美國的一個中國
政策」，對台灣談的是「台灣關係法」與「對台六
大保證」。

27.（　）中國強調的是「中國的一個中國政策」，即世界上
只有一個中國，台灣是中國的；美國強調的是「美
國的一個中國政策」，就是「台灣關係法」與「對
台六大保證」。美國刻意模糊焦點，讓美、中各說
各的。

五、從敘利亞、北韓到台灣，川普隱然表現出具有一致性的
行動邏輯，他想得到的目標不必假手他人，他勇於攤牌
得到他想要的。

川普也想告訴全世界，大國的遊戲規則，不是由俄國普
丁決定，也不是由中國習近平決定的，這也是川普的商人本
色：找出先發制人的玩法，然後讓對手措手不及，從而獲得
最大利益。

- （川普 3，奇 1 偶 2。）

28.（　）川普想得到的目標不必假手他人，他勇於攤牌得到
他想要的。

29.（　）川普深知先發制人的道理，讓敵人措手不及，必發
　　　　生混亂，他即可藉機得利，這是川普的玩法。

30.（　）川普的商人本色：以退為進、尋機制人，掌握天時、
　　　　地利、人和，在適當時機斷然停利或停損。

六、從川普的髮夾彎策略中也可看出端倪。川普一改競選前
　　所言，上任第一天就要把中國打入匯率操縱國的承諾，
　　改口：「中國不是匯率操縱國。」川普對習說：「美國
　　不會接受對中國繼續維持龐大逆差。」又改口：「中國
　　如果解決北韓問題，那就值得有貿易逆差。」川普競選
　　前和俄國關係良好，但選後轟炸敘利亞和俄國翻臉。所
　　以美國媒體說：「川普無法預測，他隨時會翻臉。」

● （川普4，偶4。）

31.（　）觀察敵之弱處，馬上切入，轉移戰場。

32.（　）讓敵人搞不清楚你的目的何在。

33.（　）讓敵人從表面上看不出來你的兩面手法。

34.（　）找到時機，馬上行動，迫敵妥協。

● 後記

　　川普與習近平的高峰會，會議結果為：高峰會前預測，
美中這次會面的目的在領導人之間彼此摸底、評估對手的分
量，並培養交情、建立溝通管道，對於成果並沒有很高的期

待，觀察會議的結果，好像也是如此 [註7]。

## 行為模式解析：34 個計謀

1. ① 瞞天過海：正常過程，帶入陰謀
2. ③ 借刀殺人：借用人或物，達成目的
3. ④ 以逸待勞：敵人惶恐，我方鎮靜
4. ⑦ 無中生有：創造願景
5. ⑩ 笑裡藏刀：兩面手法
6. ⑬ 打草驚蛇：投石問路，引敵入套
7. ② 圍魏救趙：轉移戰場，另起爐灶
8. ⑤ 趁火打劫：趁著危機，得到利益
9. ⑥ 聲東擊西：佯裝攻東，卻是擊西
10. ⑪ 李代桃僵：棄小存大
11. ⑫ 順手牽羊：順便達成其他目的
12. ⑬ 打草驚蛇：懲甲警乙
13. ⑮ 調虎離山：引開對手，離開地盤
14. ⑳ 混水摸魚：模糊焦點
15. ㉑ 金蟬脫殼：脫身術
16. ㉘ 上屋抽梯：切斷去路，迫其妥協
17. ㉙ 樹上開花：創造價值
18. ㉚ 反客為主：找出弱點，主導大局

---

[註7]：曹郁芬，〈川習峰會〉對台軍售 美不向中方讓步〉，自由時報，
2017年4月8日。

19. ㉝ 反間計：利用矛盾，分化離間

20. ㉟ 連環計：計計相連，環環相扣

21. ㊴ 將計就計：以計攻計，見招拆招

22. ⑤ 趁火打劫：趁著危機，得到利益

23. ⑫ 順手牽羊：一石二鳥

24. ⑱ 擒賊擒王：找出關鍵，打擊要害

25. ② 圍魏救趙：避其鋒芒，攻其弱點

26. ⑩ 笑裡藏刀：兩面手法

27. ⑳ 混水摸魚：模糊焦點

28. ⑲ 釜底抽薪：根本下手，除其力理，攤牌

29. ⑳ 混水摸魚：利用混亂，達到目的

30. ㊱ 走為上計：停利、停損

31. ② 圍魏救趙：迂迴戰術，攻敵弱處

32. ⑥ 聲東擊西：佯裝攻東，卻是擊西

33. ⑩ 笑裡藏刀：兩面手法

34. ㉘ 上屋抽梯：切斷去路，迫其妥協

# 30 「半熟的鴨子還是會飛走」

問題：34 個計謀

● 事由

一、有一天，一位其貌不揚的中年男士，帶著一位打扮妖嬌

的小姐，來到一家 LV 包包專賣店，小姐選了一款價格為 30 萬元的包包。

- （小姐 5，奇 5。）

1. （　　）小姐藉青春肉體，達到買包包的目的。
2. （　　）小姐不花錢而可以得到包包。
3. （　　）小姐犧牲一晚，換得 30 萬元的包包。
4. （　　）小姐藉別人的錢，擁有 30 萬包包來提高身價。
5. （　　）小姐用美色誘惑男士買包包給她。

二、付款時，男士掏出支票本，十分瀟灑地簽了一張支票，店員有些為難。

- （男士 6，奇 4 偶 2。）

6. （　　）男士送包包是正常過程，而實際上另有目的。
7. （　　）男士藉包包及空頭支票來達到他的目的。
8. （　　）男士以買包包試探小姐，以確定可否達到目的。
9. （　　）男士花錢買包包是為退，達到目的（一夜情）是為進。
10. （　　）男士以開支票買包包引誘小姐以達目的。
11. （　　）男士以空頭支票來達目的。

三、男士看穿了店員的心思，很冷靜地對店員說：「我感覺到，

妳擔心這一張支票會不會兌現，對嗎？」

● （男士2，奇1偶1。）

12.（　）男士在探測店員的反應。

13.（　）男士故意提出店員疑點是為退，讓人以為男士會兌
　　　　現才敢提出是為進。

四、「今天是周六，銀行不開。」

● （男士2，奇2。）

14.（　）銀行假日不開是正常，而男士卻另有陰謀。

15.（　）男士藉假日來進行陰謀。

五、「我建議妳把支票和包包留下，等到下周一支票兌現之
　　　後，」

● （男士3，偶3。）

16.（　）男士友善且站在店員立場的建議，其實另有目的。

17.（　）男士為店員著想的建議是手段為退，而讓店員不起
　　　　疑心是目的為進。

18.（　）男士建議把支票和包包留下，是故意把「支票會不
　　　　會兌現」這個焦點模糊了。

六、「再請妳把包包送到這位小姐的府上。」

● （男士4，奇1偶3。）

19. （　　）這句話是對店員講的，實際上是講給小姐聽的。

20. （　　）男士對小姐創造願景（包包送到府上），藉以達其
目的。

21. （　　）這句話讓小姐高興，也讓店員放心。

22. （　　）男士明知包包不可能送到小姐府上，這些話只是讓
小姐放心。

七、「妳看這樣行不行？」

● （男士2，奇1偶1。）

23. （　　）男士在探測店員及小姐的反應。

24. （　　）男士提出善意且合理的處理方式是為退，讓店員及
小姐放心是為進。

八、店員放下心來，欣然接受了這個建議，並且大方承諾送
包的費用由該店承擔。

● （店員2，奇2。）

25. （　　）店員犧牲送包包的小費用，而得到賣包包的大利。

26. （　　）店員給予小惠，讓客戶高興而得到大利。

九、星期一，店員拿著支票去銀行存入，第三天被通知支票
　　果真是張空頭支票。憤怒的店員打電話給那位男士，男
　　士對她說：「先不用生氣，也不必那麼緊張！其實妳和
　　我都沒有損失，上星期六晚上，我已經把事情搞定了！
　　多謝妳的合作。」

● （男士8，奇4偶4。）

27.（　　）男士沒花錢，不勞而獲達到目的。

28.（　　）男士一直和店員談判，其實都是在表現給小姐看，
　　　　　　讓其放心。

29.（　　）支票跳票，男士還是有些信用上的損失。

30.（　　）男士藉由開支票買包包為脫身術，才能達到其目的
　　　　　　（一夜情）。

31.（　　）男士利用店員及包包為跳板，達到了對小姐的目的
　　　　　　後，就不買包包了。

32.（　　）男士以支票買包包，再利用包包得小姐歡心及利用
　　　　　　店員取得小姐放心，達目的後讓支票空頭。小姐、
　　　　　　店員一場空，男士連環用計達到目的。

33.（　　）男士達目的後要趕快溜走，因為小姐可能叫黑道來
　　　　　　討債。

34.（　　）小姐之計是美色誘惑得包包，店員之計是將包包賣
　　　　　　出，而男士就利用兩者之計來達目的。

● 後記

1.「親眼所見」的事物未必是真實的！

2. 貪慕虛榮是要付出代價的！半熟的鴨子還是會飛走！

3. 當你以為是正常過程而放鬆了警惕，就是被騙的時機！

4. 當你以為占了便宜時，就是要倒大楣囉！

5. 注意自己的投資是否建立在一個不確定的風險上？

---

### 行為模式解析：**34** 個計謀

1. ③ 借刀殺人：借用人或物，達成目的

2. ⑦ 無中生有：化無為有，化小為大

3. ⑪ 李代桃僵：棄小存大

4. ㉙ 樹上開花：創造價值

5. ㉛ 美人計：運用美色、名、利誘惑

6. ① 瞞天過海：正常過程，帶入陰謀

7. ③ 借刀殺人：借用人或物，達成目的

8. ⑬ 打草驚蛇：投石問路，引敵入套

9. ⑯ 欲擒故縱：以退為進

10. ㉛ 美人計：投其所好，誘之以利

11. ㉜ 空城計：佯裝虛實，誘導對手

12. ⑬ 打草驚蛇：旁敲側擊，偵測敵情

13. ⑯ 欲擒故縱：以退為進

14. ① 瞞天過海：正常過程，帶入陰謀

15. ③ 借刀殺人：借用人或物，達成目的

16. ⑩ 笑裡藏刀：外表友善，掩蓋企圖

17. ⑯ 欲擒故縱：以退為進

18. ⑳ 混水摸魚：模糊焦點

19. ⑥ 聲東擊西：佯裝攻東，卻是擊西

20. ⑦ 無中生有：創造願景

21. ⑫ 順手牽羊：一石二鳥

22. ㉜ 空城計：以虛詐實

23. ⑬ 打草驚蛇：旁敲側擊，偵測敵情

24. ⑯ 欲擒故縱：以退為進

25. ⑪ 李代桃僵：棄小存大

26. ⑰ 拋磚引玉：施予小惠，誘出大利

27. ④ 以逸待勞：不勞而獲，坐享其成

28. ⑥ 聲東擊西：佯裝攻東，卻是擊西

29. ⑪ 李代桃僵：犧牲局部，顧全大局

30. ㉑ 金蟬脫殼：脫身術

31. ㉔ 假道伐虢：跳板原理

32. ㉟ 連環計：計計相連，環環相扣

33. ㊱ 走為上計：避開不利，保留實力

34. ㊳ 將計就計：以計攻計，見招拆招

## 31 「警察科學辦案」

選擇題：39 個計謀

### 一、事由

　　台灣警界現已摒棄刑求逼供的辦案方式，而採用偵訊時嫌犯可由律師陪同，及「毒樹毒果理論」，亦即非法取得之證據，不予採信，進而全面推行「科學辦案」。所謂「科學辦案」，就是著重於「偵蒐技巧」及「證據完備」，而應用《智謀 39 計》，將會更落實「科學辦案」。

### 二、警方所運用的計謀

　　《智謀 39 計》全部皆可使用於警察辦案，茲列舉「實例」如下：

1. （　）搶匪脅迫人質時，警方先不攻堅，而由搶匪親人出面，以親情壓力逼匪放人。

2. （　）罪犯常用手法，像「忘記了」或「我只是聽老闆指示」等，乃裝傻看警方有何證據，才能擺脫「首謀」的責任。

3. （　）刑偵、審問時，設法在嫌犯鬆懈時，突然提出擊中要害的問題，使嫌犯在猝不及防中露出馬腳，束手就擒。

4. （　）利用線民就可以掌握嫌犯舉動，達成敵明我暗的優勢。

5. （　）平時在地方上，警方與黑社會之間相安無事，但一旦找出犯罪證據，立刻主動出擊，掌握大局。

6. （　）檢警或稅務人員在辦案過程中，會從查扣之當事人資料中找出其他違法行為，而形成「案外案」。

7. （　）警方常常散布假消息，明明已經監控要犯行蹤，還要故意公開說警方要到其他地方，來鬆懈要犯戒心，以利逮捕行動。

8. （　）警方常於路邊實施之臨時檢查，看似維護治安之一般行為，而實際上在檢查有無通緝犯或其他犯罪行為。

9. （　）罪犯如果當「汙點證人」幫助破案，則可脫罪或減輕刑責。

10. （　）若有幫派火拚，警方靜觀其變，等待證據充分時，才出面行動。

11. （　）警方派在黑社會的臥底者，都必須有一個非得出來混的理由，不是造假的身世，就是曾被「修理」得很慘的事跡，才會博得黑幫老大的信任和接納。

12. （　）當綁匪挾持人質，要求贖金時，警方先予同意，以保全人質，然後再伺機逮捕綁匪。

13. （　）警察若要一輛一輛捉超速駕駛，不但事倍功半，而且勞民傷財。只要在重要路段安置測速照相裝備，大部分超速的駕駛都會收到交通罰單。

14. （　）警方提供一筆獎金加快破案速度，相較於歹徒危害

社會所造成的巨大損失而言，是相當值得的。

15. （　）警方以虛有之證人或證據，讓罪犯以為已被揭發而認罪。

16. （　）警方在沒有確切證據前，可以藉由媒體散布一些或真或假的消息，去試探當事人的心理狀況，或是左右相關輿論走向，增加嫌疑人自行曝光的可能性。

17. （　）竊車集團通常會拼裝所竊取車輛，變造車籍資料並且美化車輛，再以偏低的價位出售，達到快速銷贓的目的。

18. （　）警方抓到犯罪集團之小手下時，先予放回，再循線追蹤，往往可以抓到主謀者，破了大案。

19. （　）扒手常利用人多混亂時下手，成功機會較大。

20. （　）派出所雖人手有限，但有嚇阻作用，盜賊不知虛實，故鮮少在派出所附近犯案。

21. （　）警方不大可能肅清所有幫派，但可以將過去「某某大哥」捉去關的事蹟說給現在的角頭聽，讓大家心中有所警惕，也約束一下小弟不要亂搞出事。

22. （　）警方放出通告及走訪嫌犯之親友，讓行蹤飄忽不定的嫌犯，不敢去找親友幫忙，或是怕親友出賣，越是孤立，越容易暴露行蹤。

23. （　）當搶匪持有強大火力，或挾持人質時，若警方強行攻堅，會導致重大傷亡，此時會轉進重來，伺機再攻擊。

24.（　）警方非必要時不會攻堅捉拿要犯，因為對警方或民
　　　　眾的風險太高；寧可布下暗樁盯梢，等到要犯離開
　　　　住處時再一舉成擒。

25.（　）一群嫌犯中，證據不足者可虛與委蛇，或當成線
　　　　民，而證據已確定者立刻逮捕歸案。

26.（　）警方問案過程，一個扮黑臉，嚴詞逼供；一個扮白
　　　　臉，管茶管煙，目的就是要當事人吐露真言，儘速
　　　　結案。

27.（　）警方趁幫派火拚時，趁勢介入捉人，藉機削減幫派
　　　　勢力。

28.（　）以動制靜，當嫌犯準備犯案，而警方已掌握證據
　　　　時，會立即行動，以免嫌犯坐大，為害更大。以靜
　　　　制動，當警方無充分證據時絕不妄動，等待證據確
　　　　鑿後，再行展開拘捕。

29.（　）警方捉拿要犯，先警告與其有淵源的角頭不可以提
　　　　供援助，以切斷其逃亡所需的金錢或資源。

30.（　）兩黑幫之間，通常存在著又合作又對抗的矛盾狀
　　　　況，警方會先透過甲黑幫之合作來瓦解乙黑幫，再
　　　　從乙黑幫之資料中或乙黑幫之密告，找出不利甲黑
　　　　幫之證據，來對付甲黑幫。

31.（　）老大犯案逃逸，而由小弟來頂罪。

32.（　）警方將案件呈交檢查官後將嫌犯收押禁見，使其無
　　　　法進行串供、湮滅證據並讓嫌犯驚慌，等證據收齊

後，迫使嫌犯俯首認罪。

33. （　）警方辦案初時皆以禮相待，一來不清楚嫌犯背景如何，二來先探探斤兩，再決定「用文的」還是「用武的」；所以大多先以「協助辦案」或「了解案情」來約談當事人。

34. （　）汙點證人通常也是共犯結構中的一員，對於各種事情有一定程度的了解。但所謂「大難來時各自飛」，警方利用汙點證人可獲減刑作為誘餌，先引起窩裡反，再一一擊破。

35. （　）警方成立「迅雷小組」，大力宣傳其火力與訓練及「攻堅」能力，讓匪徒們以為其他警力都一樣精銳，而不敢輕舉妄動。

36. （　）警方辦案時，運用女警臥底或由女警裝扮出面，常會有很大的效果。

37. （　）當警方只了解部分犯罪事實時，故意不予公開，讓罪犯自以為奸計得逞而繼續擴大其罪行時，警方就容易掌控大部分證據而破案成功。

38. （　）先逮捕犯小案的黑幫人，再要求他配合作為警方線民，提供警方線索，然後再依據該線索掌控黑幫犯罪的證據，再依證據逮捕黑幫要角。

39. （　）忍讓幾分，趁機依附其名聲而招搖者更多。民眾將以警方有無能力捉拿該要犯，作為治安是否敗壞的根據，於是警方不計代價，也要將之繩之以法。

## 行為模式解析：39 個計謀

1. ② 圍魏救趙：「逼匪放人」──迂迴戰術，攻敵弱處

2. ㉗ 假痴不癲：「罪犯手段」──裝瘋賣傻，掩蓋真情

3. ⑥ 聲東擊西：「偵訊技巧」──旁敲側擊，分散注意

4. ③ 借刀殺人：「線民」──借用人或物，達成目的

5. ㉚ 反客為主：「尋找證據」──找出弱點，主導大局

6. ⑫ 順手牽羊：「案外案」──順便達成其他目的

7. ⑧ 暗渡陳倉：「捉拿要犯」──公開要到甲地而實際到乙地

8. ① 瞞天過海：「臨檢」──正常過程，帶入陰謀

9. ㉑ 金蟬脫殼：「罪犯手段」──脫身術

10. ⑨ 隔岸觀火：「幫派火拚」──漁翁得利

11. ㉞ 苦肉計：「臥底」──自殘或受害，以博取同情信任

12. ⑪ 李代桃僵：「人質贖金」──犧牲局部，顧全大局

13. ④ 以逸待勞：「測速照相」──不勞而獲，坐享其成

14. ⑰ 拋磚引玉：「破案獎金」──施予小惠，誘出大利

15. ⑦ 無中生有：「虛構人證」──憑空創造，捕風捉影

16. ⑬ 打草驚蛇：「假消息」──投石問路，引敵入套

17. ⑭ 借屍還魂：「賊仔車」──外觀是舊的，內部換新

18. ⑯ 欲擒故縱：「放長線釣大魚」──留敵後路，一舉成擒

19. ⑳ 混水摸魚：「扒手」——利用混亂，達到目的

20. ㉜ 空城計：「派出所」——以虛詐實

21. ㉖ 指桑罵槐：「警惕約束」——以此警彼

22. ㉒ 關門捉賊：「孤立嫌犯」——誘使孤立，斷絕外援

23. ㊱ 走為上計：「警匪對峙」——轉進重來

24. ⑮ 調虎離山：「捉拿要犯」——引開對手，離開地盤

25. ㉓ 遠交近攻：「證據為主」——聯合次要，打擊主要

26. ⑩ 笑裡藏刀：「黑白臉」——兩面手法

27. ⑤ 趁火打劫：「幫派械鬥」——亂中下手

28. ㊳ 動靜互制：「證據為先」——因時制宜，隨機應變

29. ⑲ 釜底抽薪：「切斷金援」——根本下手，除其力量

30. ㉔ 假道伐虢：「雙破黑幫」——借道對手，掩飾目的

31. ㉕ 偷樑換柱：「罪犯手段」——調包策略

32. ㉘ 上屋抽梯：「羈押禁見」——切斷去路，迫其妥協

33. ㊲ 以誠為本：「先禮後兵」——先禮後兵，先誠後計

34. ㉝ 反間計：「汙點證人」——利用矛盾，分化離間

35. ㉙ 樹上開花：「造勢」——虛張聲勢，迷惑對手

36. ㉛ 美人計：「美女誘惑」——運用美色、名、利誘惑

37. ㊴ 將計就計：「綁匪談判」——以計攻計，見招拆招

38. ㉟ 連環計：「智破黑幫」——計計相連，環環相扣

39. ⑱ 擒賊擒王：「捉拿要犯」——擒其首領，使其瓦解

## 32 「隨機應變：做賊也要搞懂政治」

問題：42 個計謀

● 事由

一、老賊和小賊翻進局長辦公室行竊，正在這個時候，門口傳來鑰匙聲，局長回來了。小賊說：「糟了，快跑！」老賊一把拉住他：「跑什麼跑，坐下！看我的。」

● （老賊 2，偶 2。）

1.（　）老賊打算喧賓奪主。

2.（　）老賊不慌亂，來個以靜制動，見機行事。

二、局長進門後，看到沙發上坐著兩個陌生人，大驚失色：「你們……你們是誰？」老賊神色淡定地說：「我們是廉政署的人，等你半天了；我們接到檢舉，你收受巨額賄賂，贓款就在辦公室裡，看是你主動交出來，還是我們搜？」

● （老賊 18，奇 8 偶 10。）

3.（　）老賊鎮靜，公然欺敵。

4.（　）老賊把身分轉換成廉政署官員，以隱藏小偷的身分。

5.（　）老賊藉廉政署官員的身分，來查局長貪汙。

6.（　）老賊藉局長貪汙而心虛慌亂的危機時，達到目的。

7.（　）老小賊假裝是廉政署官員。

8.（　）老賊說：「是你主動交出來，還是我們搜？」

9.（　）老賊說是廉政署官員，讓局長一方面不敢對外聲張，另一方面迫使局長交錢出來。

10.（　）老賊自稱廉政署官員，是在試探局長有無貪汙。

11.（　）「還是我們搜」是「以退」；「你主動交出來」是「為進」。

12.（　）慌亂之中，讓局長搞不清楚老賊的真正身分是什麼。

13.（　）老賊自稱是廉政署官員，局長因心虛而不敢去求外援。

14.（　）老賊利用局長為跳板，來拿到局長手中的贓款。

15.（　）老賊演戲要逼真，才能達到目的。

16.（　）老賊指明贓款就在辦公室裡，逼迫局長妥協交出。

17.（　）老賊藉廉政署官員身分，而廉政署是專責查貪的，來迫局長就範。

18.（　）老賊找出局長貪汙怕查的弱點，而控制了局面。

19.（　）老賊的廉政署官員身分本是假的。

20.（　）老賊利用局長和廉政署官員之間的矛盾來達到目的。


三、局長撲通一聲，跪在地上，聲淚俱下：「我交出來，我都交出來……」然後就打開了藏在牆裡的保險櫃。

- **（局長5，奇4偶1。）**

21.（　）局長聲淚俱下，讓保險櫃中贓款曝光，而隱藏了其他大額貪汙款。

22.（　）局長想藉交代，達到坦白從寬，降低刑責的目的。

23.（　）保險櫃中的贓款，只是局長貪汙款中的一小部分。

24.（　）局長交出贓款（以退），以保全其他大部分貪汙款（為進）。

25.（　）局長想藉交出贓款而脫身。

四、老賊滿意地笑了：「看在你認罪、態度良好的分上，允許你回家一趟，多帶點冬衣吧！我們在這兒等你。」

- **（老賊15，奇10偶5。）**

26.（　）老賊表面上允許局長回家帶點冬衣，這是正常過程，而實際上是讓局長有機會逃脫。

27.（　）老賊藉讓局長回家，自己也可帶錢趕快溜了。

28.（　）老賊說讓局長回家一趟、帶點冬衣、在這兒等你等等，都是在製造假象，讓局長信以為真。

29.（　）允許回家，表面看來是法外施恩，實際上是給老賊自己溜掉的機會。

30.（　）老賊讓局長回家，順便可讓自己藉機帶錢逃跑。

31.（　）老賊讓局長回家，是讓局長離開其地盤，免得事態有變化。

32. （　） 老賊給予允許回家、帶冬衣等小惠，而得到自己可以帶錢逃離的大利。

33. （　） 老賊說「我們在這裡等你」，更讓局長相信是廉政署的人。

34. （　） 老賊藉著讓局長回家一趟，而讓自己好脫身。

35. （　） 在說這段話時，一定要很逼真，才會讓局長相信。

36. （　） 老賊藉廉政署的聲勢壯大自己，故意要讓局長回家帶冬衣，讓局長信以為真。

37. （　） 老賊講的這些話，都是在虛張聲勢。

38. （　） 老賊先說局長認罪態度良好，所以准其回家，帶點冬衣，而讓自己脫身，帶錢逃掉。

39. （　） 老賊錢拿了，趕快溜掉！

40. （　） 老賊看準局長之計在想逃走，便故意允許局長回家一趟，自己也好溜走！


五、局長走出大院後，當天就失蹤了。


● （局長2，偶2。）

41. （　） 局長一看，機會難得，趕快掌握，溜了！

42. （　） 局長藉機趕快溜了，不再回來！


● 後記

　　倆賊帶著現金逃出局長辦公室後，找了一間安靜的餐廳，

點了幾道菜，開了一瓶酒，打開倒了一杯，深深喝了一口後，對天長嘆一口氣，意味深長地說：「當今社會，連做賊都得懂政治，不然只能喝西北風啊！」

## 行為模式解析：**42** 個計謀

1. ㉚ 反客為主：化被動為主控
2. ④ 以逸待勞：以靜制動，選擇機會
3. ① 瞞天過海：正常過程，帶入陰謀
4. ② 圍魏救趙：轉移戰場，另起爐灶
5. ③ 借刀殺人：借用人或物，達成目的
6. ⑤ 趁火打劫：趁著危機，得到利益
7. ⑦ 無中生有：製造假象，以假亂真
8. ⑩ 笑裡藏刀：兩面手法
9. ⑫ 順手牽羊：一石二鳥
10. ⑬ 打草驚蛇：投石問路，引敵入套
11. ⑯ 欲擒故縱：以退為進
12. ⑳ 混水摸魚：模糊焦點
13. ㉒ 關門捉賊：誘使孤立，斷絕外援
14. ㉔ 假道伐虢：跳板原理
15. ㉗ 假痴不癲：裝瘋賣傻
16. ㉘ 上屋抽梯：切斷去路，迫其妥協
17. ㉙ 樹上開花：借別人聲勢，壯大自己

18. ㉚ 反客為主：找出弱點，主導大局

19. ㉜ 空城計：虛張聲勢

20. ㉝ 反間計：利用矛盾，分化離間

21. ① 瞞天過海：正常過程，帶入陰謀

22. ③ 借刀殺人：借用人或物，達成目的

23. ⑪ 李代桃僵：棄小存大

24. ⑯ 欲擒故縱：以退為進

25. ㉑ 金蟬脫殼：脫身術

26. ① 瞞天過海：正常過程，帶進陰謀

27. ③ 借刀殺人：借用人或物，達成目的

28. ⑦ 無中生有：製造假象，以假亂真

29. ⑩ 笑裡藏刀：兩面手法

30. ⑫ 順手牽羊：順便達成其他目的

31. ⑮ 調虎離山：引開對手，離開地盤

32. ⑰ 拋磚引玉：施予小惠，誘出大利

33. ⑳ 混水摸魚：模糊焦點

34. ㉑ 金蟬脫殼：脫身術

35. ㉗ 假痴不癲：裝瘋賣傻，掩蓋真情

36. ㉙ 樹上開花：借別人聲勢，壯大自己

37. ㉜ 空城計：虛張聲勢

38. ㉟ 連環計：計計相連，環環相扣

39. ㊱ 走為上計：避開不利，保留實力

40. ㊴ 將計就計

41. ⑫ 順手牽羊：掌握機會，見機運用

42. ㊱ 走為上計：避開不利，保留實力

## 33　「台灣歷史上金額最高的銀行詐貸案」

問題：31 個計謀

● 事由

　　老牌貿易商潤寅集團負責人楊文虎、王音之夫妻，涉嫌長年偽造不實交易文件，以應收帳款融資，向九家銀行騙走高達 386 億元，創下台灣歷史上銀行詐貸最高金額，被檢方具體求刑三十年。

　　隨著調查揭露犯罪手法，也讓外界發現台灣企金融資制度漏洞不少，並建議參考日本做法，建立銀行間企業融資貸放實質登記制，以及落實企業徵信，才能避免錯誤再度發生。

### 一、製作不實買賣合約書

　　潤寅向銀行貸款的類型為「應收帳款融資」，通常是賣方銷貨給買方（例如本案買方為上市公司福懋）後，銀行確認雙方的實質交易單子後，先付錢給賣方，日後買方再將貨款付給銀行，等於是賣方為了資金融通，以未來可收到的帳款，先向銀行融資。

其實潤寅密謀詐貸早在十年前即開始，自 2010 年 8 月起，楊文虎夫妻就指示員工林奕如偽造不實的買賣合約書、統一發票及出貨單等文件，慢慢製造假業績；並自 2013 年 4 月起，利用偽造的海運提單（屬有價證券），開立不實的買賣合約書、統一發票、商業發票（Commercial Invoice）、海運提單等文件，陸續向星展、元大、台灣企銀、王道、一銀、合庫、華南、玉山及兆豐九家銀行，申辦國內外應收帳款融資及外銷放款。

● （潤寅 7，奇 4 偶 3。）

1.（　）潤寅利用公開的買賣合約、統一發票、出貨單製造業績，然而都是假的。

2.（　）潤寅利用業績及利用海運提單、買賣合約書、統一發票向九家銀行融資貸款。

3.（　）潤寅這些業績的合約書、統一發票、海運提單都是偽造的。

4.（　）潤寅利用同樣的文件，一石多鳥向九家銀行貸款。

5.（　）潤寅以這些文件以假亂真，騙過銀行的審核。

6.（　）潤寅以虛的文件，詐得實的錢。

7.（　）潤寅先以偽造不實的買賣合約書、統一發票及出貨單，慢慢製造假業績，騙得銀行的信任；再用偽造的海運提單、開立不實的合約書、統一發票、海運提單等文件，陸續向九家銀行申辦國內外應收帳款融資及外銷放款。

## 二、與上市櫃公司人員配合造假

　　看似平常的應收帳款融資，能輕易向銀行融通貸款，主要是銀行與銀行之間並無法聯合徵信，使潤寅得以用同一套造假資料，用不同公司名義，不斷向不同銀行融通；尤其潤寅假造的交易對象又是知名上市公司，更容易取信銀行。而能夠假造得逞，在於楊文虎夫妻長期以現金及高級水果禮盒，賄賂國內多家上市公司經理或資深員工，配合向銀行不實照會。

　　其中，福懋前副總黃明堂便被指透過接待銀行人員訪廠、收受債權轉讓存證信函、回覆確認交易內容等方式，佯裝任職的各家公司或其子公司，與潤寅集團有交易的假象，使銀行核准動撥貸款。不僅如此，潤寅也疑佯裝以廠商名義還款，以及買通外國人士協助還款，致銀行持續受騙。

- （潤寅 15，奇 9 偶 6。）

　8.（　）因銀行之間並無法聯合徵信，所以看似正常的應收帳款融資，使潤寅得逞。

　9.（　）潤寅借用同一套造假資料，用不同公司名義，不斷向不同銀行融通。

10.（　）潤寅利用同一套造假資料，輕鬆地用不同公司名義向不同銀行貸款。

11.（　）潤寅這些資料都是偽造的。

12.（　）潤寅對銀行人員友善、慷慨，卻有其他企圖。

13.（　）潤寅長期以現金及禮盒賄賂國內多家上市公司經理

或資深員工，配合向銀行做不實照會。

14. （　）潤寅利用同一套造假資料，順手向不同銀行貸款。

15. （　）潤寅對銀行人員及配合的上市公司職員施以小惠，以達目的。

16. （　）潤寅賄賂國內多家上市公司經理或資深員工，配合向銀行做不實照會。

17. （　）福懋前副總黃明堂便被指透過接待銀行人員訪廠、收受債權轉讓存證信函、回覆確認交易內容等方式，與潤寅集團有交易的假象，使銀行核准動撥貸款。

18. （　）潤寅上述行為就是借用這些為跳板，間接博取銀行的信任。

19. （　）潤寅上述行為也是一種調包策略（以假造的文件調包真實文件）。

20. （　）潤寅藉上市公司的知名度讓銀行相信。

21. （　）潤寅賄賂國內多家上市公司經理或資深員工，配合向銀行不實照會。

22. （　）銀行與銀行之間並無聯合徵信，才讓潤寅有機會以虛詐實。

## 三、借新還舊，營造還款正常假象

　　一般來說，應收帳款融資多是二、三個月的短期借款，且金額通常不高，但潤寅卻可以不斷累積借款到百億元額度，就是因為前期還款均屬正常，得以取得銀行的信任。

　　據調查，王音之取信銀行的手法是，為了調高貸款額度，即使銀行提高融資利率到 3％ 以上，她也是一口答應。一位銀行主管透露：「王音之常秀出她和台塑旗下台化、福懋的往來資料，或者帶客戶到國外參訪的照片、和重要人士的手機 LINE 對話，就是要銀行相信她有辦法做大生意，進而同意增加額度。」

　　然而，2019 年 4 月開始，楊文虎開始出現財務缺口，6 月起出現未能按時清償貸款的現象，直到銀行聯繫不到債務人，本案才爆發。

　　銀行企金主管指出，相較於大型企業聯貸案，類似潤寅以應收帳款詐取融資的模式，確實給予交易雙方較多上下其手的空間，尤其是牽涉到應收帳款品質評估，「變數」當然更大，但追根究柢，台灣金融業缺乏應收帳款的實質登記機制是一大問題。

　　潤寅案衝擊九家銀行業者，銀行公會2019年10月也函報各銀行應收帳款融資（承購）業務強化措施，包括強化照會作業，確認買方知悉；向聯徵中心查詢該筆發票有無重複融資等，但在登記制沒有落實之前，銀行徵信核款單位只能仰賴經驗、提高警覺，降低被詐貸的機率[註8]。

---

[註8]：梁任偉，〈拆解》史上最大詐貸案 潤寅神鬼夫妻如何騙走九家銀行〉，今周刊，2020年1月21日。

● （潤寅9，奇5偶4。）

23. （　）潤寅能不斷累積借款到百億元額度，就是因為表面上前期還款均屬正常，得以取得銀行的信任。

24. （　）潤寅藉前期還款均屬正常，取得銀行的信任。

25. （　）潤寅藉和台塑旗下台化、福懋的往來資料，帶客戶到國外參訪的照片以及和重要人士的 LINE 對話，讓銀行相信潤寅有辦法做大生意，進而同意增加貸款額度。

26. （　）潤寅為了調高貸款額度，即使銀行提高融資利率到3％以上，也是一口答應。

27. （　）潤寅利用台灣金融業缺乏應收帳款的實質登記機制，得以有機會重複融資。

28. （　）台灣金融業缺乏應收帳款的實質登記機制，才讓潤寅有機可乘。

29. （　）潤寅藉和台塑旗下台化、福懋的往來資料，帶客戶到國外參訪的照片以及和重要人士的手機 LINE 對話，讓銀行相信潤寅有辦法做大生意，進而同意增加貸款額度。

30. （　）利用台灣金融業缺乏應收帳款的實資登記機制，潤寅才能以虛詐實。

31. （　）潤寅6月起未能按時清償貸款，負責人只好溜了。

## 行為模式解析：31 個計謀

1. ① 瞞天過海：正常過程，帶入陰謀

2. ③ 借刀殺人：借用人或物，達成目的

3. ⑦ 無中生有：製造假象，以假亂真

4. ⑫ 順手牽羊：一石多鳥

5. ⑳ 混水摸魚：以假亂真，藉機行事

6. ㉜ 空城計：以虛詐實

7. ㉟ 連環計：計計相連，環環相扣

8. ① 瞞天過海：正常過程，帶入陰謀

9. ③ 借刀殺人：借用人或物，達成目的

10. ④ 以逸待勞：不勞而獲，坐享其成

11. ⑦ 無中生有：化無為有

12. ⑩ 笑裡藏刀：外表友善，掩蓋企圖

13. ⑪ 李代桃僵：棄小存大

14. ⑫ 順手牽羊：順便達成其他目的

15. ⑰ 拋磚引玉：施以小惠，誘出大利

16. ⑦ 無中生有：製造假象，以假亂真

17. ⑳ 混水摸魚：以假亂真，藉機行事

18. ㉔ 假道伐虢：跳板原理

19. ㉕ 偷樑換柱：調包策略

20. ㉙ 樹上開花：借別人聲勢，壯大自己

21. ㉛ 美人計：運用美色、名、利誘惑

22. ㉜ 空城計：以虛詐實

23. ① 瞞天過海

24. ③ 借刀殺人：借用人或物，達成目的

25. ③ 借刀殺人：借用人或物，達成目的

26. ⑪ 李代桃僵：棄小存大

27. ⑫ 順手牽羊：順便達成其他目的

28. ⑳ 混水摸魚：利用混亂，達到目的

29. ㉙ 樹上開花：借別人聲勢，壯大自己

30. ㉜ 空城計：以虛詐實

31. ㊱ 走為上計：避開不利，保留實力

## 34 「警匪鬥智：陳進興等結夥綁票殺人事件」

選擇題：53 個計謀

### 一、事由

本案發生於 1997 年 4 月 14 日，一直到 11 月 19 日結束，共歷時兩百二十天，為台灣數十年來罕見的重大社會刑事案件，也演變成震驚國際的新聞。涉案人為陳進興、林春生、高天民及陳妻、陳妻弟及吳、林等七人，共犯下以下案件：綁票並殺死白曉燕，強暴游姓高職女生，綁票北投陳姓商人勒贖 400 萬元得逞，殺死整形外科方姓醫師、方妻、護士共

三人，在民生東路挾持一對姐妹，挾持南非卓姓武官及家人共五人，並槍傷其中二人。

作案期間，林春生、高天民先後為警方圍捕，眼見無法逃逸，相繼舉槍自盡，剩下陳進興潛入卓姓武官的天母官邸，挾持人質五人。在警匪對峙現場，陳帶著三把手槍和五百多發子彈，和警方發生槍戰。警方有人主張調動部隊衝入救人，但刑警大隊侯友宜大隊長主張了解狀況再說，以免人質傷亡。侯不顧安危，不帶武器隻身進入，與陳周旋談判後，親自背出受傷之卓姓武官及其大女兒，再讓陳妻進入交換男嬰出來，後由前立委謝長廷進入帶出卓妻。侯、謝說服陳棄械投降並釋放最後一個人質，結束這個震驚社會的事件。

## 二、警方應用之計謀

1. （　）警方成立「戰情中心」，深入分析陳進興等人犯罪習性、逃亡工具及一舉一動等資訊，提供給第一線警員攻守策略。

2. （　）警方接到報案後，立即對泰山、五股、林口一帶的空屋展開大搜索，全縣警方擴大臨檢，針對賓館全面清查。

3. （　）全縣檢方擴大臨檢，在正常臨時檢查下，隱藏「查案」企圖。

4. （　）白家已準備好贖金，犧牲金錢來交換人質。

5. （　）陳等人數次聯絡白家，更換交付贖金地點，警方為

　防驚動歹徒，也把跟隨白家的車子距離拉大，維持偵測匪情。

6. （　）警方清查所有盜拷行動電話的通話紀錄，並調來大批煙霧彈、信號彈及五輛跑車型機車，準備攻堅，掩護交款及逮人。

7. （　）利用「煙霧彈、信號彈」產生混亂，以達到「攻堅」的目的。

8. （　）在監控及搜索時，警方發現一些他人之不法案件，順便移送法辦。

9. （　）警方清查空屋、貨櫃屋、旅館、賓館，並繼續偵測及追查陳等人使用的行動電話在案件未發生前的通話紀錄。

10. （　）陳等人再約地點交款，警方發現原先監控的可疑分子出現。俟陳等人放棄取款返回時，警方沒有立刻逮捕，而是一路跟監，並發動攻擊，與陳進興及林春生發生槍戰，二人逃逸。警方另逮捕吳、林及陳妻三嫌犯。

11. （　）警方推斷白女應該還活著，若不儘早發布查緝歹徒，人質反而會有危險，決定主動向外界公布案情，請全民一起來救白女以及追緝歹徒。

12. （　）警方公布案情，讓全民知悉後，切斷了陳等人之人際、地緣、金錢等援助，公布相片也讓歹徒被密告機會加大。

13.（　）發動陳等人的親屬不斷透過新聞媒體向其喊話，儘早釋放人質。

14.（　）林春生、高天民藏匿在國宅工地，被警方圍困，逼得林春生舉槍自盡，高則逃逸。

15.（　）高天民到某手指油壓店尋歡，經人密告後遭警方圍捕，高天民眼見無法逃逸，舉槍自盡。

16.（　）當警方與陳在官邸對峙時，刑事組員及維安隊員趁混亂中爬過圍牆，進入廚房，伺機而動。

17.（　）官邸內突然傳出槍聲及人質尖叫聲，有人主張調動部隊衝入救人，侯則主張了解狀況再說，並迅速跑步到樓下大叫：「阿進、阿進，發生什麼事？」陳答：「槍枝走火啦！趕緊叫護士進來救人。」侯立即隨機應變說：「所有人都怕死了，誰敢進去？」陳說：「那你進來，不准帶槍，否則大家翻臉。」侯才得以進入。

18.（　）明為救被槍傷的人，實際上進入了解狀況，再伺機而動。

19.（　）侯不顧危險，打破窗戶爬進官邸，對著陳進興喊：「我要上來了，我沒帶武器。」然後高舉雙手上樓，陳對侯搜身三次並說：「你很有膽量。」再經侯誠心說服後，陳同意由侯親自背卓及卓女出外就醫。

20.（　）明為帶卓及卓女就醫，而實際是「搶救人質」。

21.（　）現場外擠滿無線及有線電視台，各台不顧人質安

危，爭相報導，搶收視率。

22. （　）各電視台以「人民有知的權利」為名，實際上是搶收視率、搶廣告，卻差點誤了大事。

23. （　）現場應以警方為主，但電子媒體卻輪著打電話採訪陳，其中有記者問陳：「什麼時候要自殺？」等尖銳問題，陳一度動怒，衝動大罵。

24. （　）侯見官邸電話被媒體占線五個多鐘頭，嚴重影響警方預定談判的計畫，再到樓下對陳喊話：「你上電視，大打知名度，如果再接受訪問，正事不辦，那我也不管這件事了。」陳說：「好啦！好啦！那我把電話拿起來好了。」

25. （　）侯用「抱怨」的說法來試探，引陳繼續談判。

26. （　）陳同意卓女到車上拿父親手機，她趁機和躲在廚房的維安人員溝通，並畫出陳所在的現場圖。

27. （　）陳向侯要求陳妻進入，侯也順便提出要求說：「進去一個，就換一個人質出來。」

28. （　）侯友宜召開記者會，承諾調查陳提出的疑點及陳妻被刑求案，以誘出「救人質」的大利。

29. （　）警方派駐現場的刑事組員，只是少數警察而已，但破案後民眾會以為所有警力都一樣精銳，對於企圖犯案的歹徒有威嚇作用，而不敢輕舉妄動。

30. （　）在幾個犯案現場都留有陳等人利用失竊身分證冒名購來的機車，皆為光陽三冠王車型。侯大隊長就研

發出「以車追人」的查捕方向，先製作陳、高兩嫌
逃亡裝備、機車車型、配備等九十多張幻燈片，並
請台北市、縣各分局清查轄區內出售該型機車的店
和購買該車的車主身分，再和九百多家機車店及身
分證失竊的民眾進行交叉比對，終於列出六部可能
跟陳高兩嫌有關的機車。然後再由派出所、刑事組
等七個單位組成「機車大隊」，在大街小巷尋找光
陽三冠王型機車。

31. (　) 侯再查出陳等人之習性，在停放時，一般人會將機
車頭朝店內，車尾朝馬路。而嫌犯卻習慣將車頭對
馬路，車尾向店內，如此要逃逸時可減少掉頭時
間。此點被警方識破，就依此習性，很快找到嫌犯
落腳處，高天民因而被圍自殺斃命。

32. (　) 侯以誠心勸服陳棄械投降，不要自殺，如此可對國
家社會做一個交待，而且家屬以後的處境會較好，
並勸陳要做一個敢作敢當的男子漢。最後陳被侯、
謝勸服投降。

## 三、陳進興等人應用之計謀

33. (　) 陳等人綁票白女，並以白女的手指頭照片及 500 萬
美金的勒索信，向白家威脅取財。

34. (　) 陳等人的行動電話全都是盜拷，極難追蹤。

35. (　) 陳等人和白家約好交款地點後，數次突然變更地

點，最後仍取消交款。

36.（　）陳等人在話機裝了變音器，讓警方無法分辨。

37.（　）陳等人故意連續四天未再來電，測試警方掌握多少
　　　　訊息，等待警方下一步動作。

38.（　）陳等人再約地點取款，臨場發覺警方布局縝密，脫
　　　　身溜走。

39.（　）陳等三人到處犯案，再犯強暴、勒贖殺人等案件，
　　　　製造混亂狀況，讓警方疲於奔命，無法全力追緝。

40.（　）由游姓女子出面正常租屋，在北投及天祥路租得套
　　　　房，提供給陳等藏匿。

41.（　）陳、林在方整形外科整容，企圖易容讓警方不易追
　　　　緝。

42.（　）陳、林在手術前，以好言矇騙醫生，但手術完後卻
　　　　將方醫生、方妻、護士等三人殺死。

43.（　）陳綁票外國人作為籌碼，其用意是讓國際媒體採
　　　　訪，俾能見到妻子。

44.（　）陳聽到屋外槍聲大作，把卓女拉過來擋在前面當人
　　　　肉盾牌，卓說服陳由他代替女兒。

45.（　）侯打手機到官邸，安撫陳情緒，陳問侯：「我這樣
　　　　做，會造成南非與台灣斷交嗎？」

46.（　）陳妻見陳後，向陳哭訴被刑求經過，陳叫侯幫忙救
　　　　其妻，並允諾再放人質。

47.（　）陳同意釋放男嬰，同時也要求在電視上看到警方召

開記者會發表聲明，保證調查白案疑點及陳妻等被
刑求案。

48.（　）陳主動打電話給警方，告知他已挾持卓家五口，提
出要求國際媒體採訪及接受電視台採訪，而且還要
見謝、陳妻等等，都是化被動為主控，找出警方弱
點，想主導「談判」大局。

49.（　）陳接受媒體訪問，大打知名度，一方面是虛榮心及
愛表現，另一用意也是認為公開出名後，警方要刑
求時，就會有所顧忌。

50.（　）陳等在各個犯案現場留下的機車，都是利用失竊的
身分證冒名購來的。

51.（　）陳等選擇光陽三冠王機車，車速快不易熄火，易混
入機車群，且戴上全罩式的安全帽後和一般騎士沒
有不同，警方路檢較難查到他們。

52.（　）一般機車停靠方式是車頭向店內，車尾向馬路，而
陳等則相反，因為如此可快速逃逸。

53.（　）侯以誠心勸服陳棄械投降，不要自殺，如此可對國
家社會做一個交代，而且家屬以後的處境會較好，
並勸陳要做一個敢作敢當的男子漢。陳想想也對，
就決定投降。

## 行為模式解析：53 個計謀

1. ㊳ 動靜互制：因時制宜，隨機應變
2. ③ 借刀殺人：借用人或物，達成目的
3. ① 瞞天過海：正常過程，帶入陰謀
4. ⑪ 李代桃僵：犧牲局部，顧全大局
5. ⑬ 打草驚蛇：旁敲側擊，偵測敵情
6. ③ 借刀殺人：借用人或物，達成目的
7. ⑳ 混水摸魚：利用混亂，達到目的
8. ⑫ 順手牽羊：順便達成其他目的
9. ⑬ 打草驚蛇：旁敲側擊，偵測敵情
10. ⑯ 欲擒故縱：留敵後路，一舉成擒
11. ㉚ 反客為主：化被動為主控
12. ㉘ 上屋抽梯：斷其援應，陷其兩難
13. ② 圍魏救趙：迂迴戰術，攻敵弱處
14. ㉒ 關門捉賊：布局困敵，斷其逃路
15. ㉝ 反間計：用間取勝
16. ⑳ 混水摸魚：利用混亂，達到目的
17. ⑯ 欲擒故縱：以退為進
18. ⑧ 暗渡陳倉：正常行動，隱藏企圖
19. ㊲ 以誠為本：精誠所至，金石為開
20. ① 瞞天過海：正常行動，隱藏陰謀
21. ⑤ 趁火打劫：趁著危機，得到利益

22. ① 瞞天過海：正常過程，帶入陰謀

23. ㉚ 反客為主：喧賓奪主

24. ⑯ 欲擒故縱：以退為進，激將法

25. ⑬ 打草驚蛇：投石問路，引敵入套

26. ① 瞞天過海：正常過程，帶入陰謀

27. ⑫ 順手牽羊：順便達成其他目的

28. ⑰ 拋磚引玉：施予小惠，請出大利

29. ㉙ 樹上開花：虛張聲勢，迷惑對手

30. ⑬ 打草驚蛇：旁敲側擊，偵測敵情

31. ① 瞞天過海：正常過程，帶入陰謀

32. ㊲ 以誠為本：精誠所至，金石為開

33. ⑤ 趁火打劫：趁著危機，得到利益

34. ㉕ 偷樑換柱：調包策略

35. ⑥ 聲東擊西：旁敲側擊，分散注意

36. ㉕ 偷樑換柱：調包策略

37. ④ 以逸待勞：以靜制動，選擇機會

38. ㉑ 金蟬脫殼：轉移注意，擺脫危險

39. ⑳ 混水摸魚：利用混亂，達到目的

40. ① 瞞天過海：正常過程，帶入陰謀

41. ㉑ 金蟬脫殼：脫身術

42. ⑩ 笑裡藏刀：外表謙卑，內藏殺機

43. ② 圍魏救趙：轉移戰場，另起爐灶

44. ③ 借刀殺人：借用人或物，達成目的

45. ⑩ 笑裡藏刀：兩面手法

46. ㉞ 苦肉計：自殘或受害，以博取同情信任

47. ⑯ 欲擒故縱：放棄某些，獲得某些

48. ㉚ 反客為主：找出弱點，主導大局

49. ① 瞞天過海：正常過程，帶入陰謀

50. ㉕ 偷樑換柱：調包策略

51. ⑳ 混水摸魚：利用混亂，達到目的

52. ① 瞞天過海：正常過程，帶入陰謀

53. ⑪ 李代桃僵：犧牲局部，顧全大局

# 35 「樂陞收購案」

問題：44 個計謀

## ● 事由

　　2016 年 5 月發生的「樂陞收購案」有兩大特點：第一特點，它是台灣首宗公開收購（約 50 億元）惡意違約案。第二特點，它竟然破解了「囚徒困境」理論（詳述於後）。過程如下。

## ● 「樂陞收購案」的過程

一、樂陞操盤人士（以下簡稱樂操）拉抬股價，將手中樂陞

股票出脫，獲利得現金；並找些老師、大師透過媒體大放利多，吸引大眾進場。

● （樂操7，奇7。）

1. （　）找些大師透過媒體宣傳是正常過程，而實際上是吸引大眾進場買股。
2. （　）藉某些老師、大師及媒體來傳播消息。
3. （　）聲稱公司大賺錢，而實際上並沒有。
4. （　）藉媒體試探大眾反應，逐步改變宣傳策略。
5. （　）大眾買股使股票大漲，操盤人賺的錢比廣告費多太多了。
6. （　）大眾爭相買股，讓操盤人解套又賺大錢。
7. （　）藉老師、大師及媒體的聲勢使公司壯大。

二、虛灌業績與盈餘，財務報表上出現大爆發、大成長。

● （樂操4，奇3偶1。）

8. （　）公開財務報表，而實際是虛灌業績與盈餘。
9. （　）藉財務報表讓大眾信以為真，而進場買樂陞公司股票。
10. （　）本來是小業績與盈餘，虛灌成大業績與盈餘。
11. （　）公司大賺錢的榮景是虛灌出來的。

三、聘請知名人士當獨立董事，例如尹啟銘、陳文茜、李永萍，有「門神作用」，可打響公司知名度。

- （樂操 4，奇 4。）

12. （　）藉尹啟銘、陳文茜、李永萍等三個知名人士當門神。

13. （　）藉三個名人的名聲，讓默默無名的公司打響知名度。

14. （　）三人當獨立董事的酬勞高，但比起公司因此而賺的錢，算是小錢。

15. （　）藉尹（前經濟部長）、陳（媒體名人）、李（前台北市副市長）的聲勢。

四、公司發行 20 億元可轉換公司債（CB），CB 表面上是給大眾認購，而實際上大部分是由大股東以人頭取回。

- （樂操 4，奇 3 偶 1。）

16. （　）公司公開發行 CB 給大眾認購是正常過程，而實際上是由大股東以人頭買回。

17. （　）大股東本無 CB，運用人頭手法可得大部分 CB。

18. （　）比起 CB 能賺的大錢，給人頭的酬勞算是小錢。

19. （　）從 CB 購買名冊看來是給大眾認購的，而實際上由大股東拿下多數。

五、高價公開收購樂陞股票，使股價大漲，讓擁有 CB 者轉換成股票，使大股東有機會出脫股票，獲利得現金。

● （樂操 5，奇 2 偶 3。）

20.（　）名義上為高價公開收購，實際上是引誘大眾買股。

21.（　）公開收購價每股 128 元，遠高於市價 100 元，讓大眾有想像獲利空間。

22.（　）以高價 128 元收購，讓股票及 CB 持有者不但不想賣，還想加碼買進。

23.（　）高價 128 元收購並沒有實現。

24.（　）大股東出脫股票，獲利得現金。

六、公開收購每股 128 元，市價只有 100 元，假收購真出貨，誘使投資人大量買進樂陞股票，讓大股東出脫股票，獲利得現金。

　　以日本人樫埜由昭為負責人的「百尺竿頭公司」資本額只有 5,000 萬元，宣布以每股 128 元公開收購 3.8 萬張股票，總金額 48.6 億元，而當時的市價每股在 100 元上下，投資人一買一賣，就有 20% 到 30% 的套利，每張（1000 股）賺 2 萬，100 張賺 200 萬，令投資人瘋狂且快速買進樂陞股票。

● （樂操 8，奇 5 偶 3。）

25.（　）名義上為高價公開收購，實際上是吸引大眾買股。

26.（　）只要放出高價收購消息，大眾就會為高利潤蜂擁而

至。

27. （　）收購價 128 元，而市價只有 100 元，讓大眾有很大
願景。

28. （　）許金龍原先構想可能是只匯回一部分錢進行收購，
其他錢留在海外。

29. （　）藉每股有 20％到 30％ 的套利，致使樂陞股票大漲。

30. （　）這一切都是虛的，來詐騙買股者的錢。

31. （　）大量賣出樂陞股票，獲利後匯到海外。

32. （　）買股者之計是想獲得 20％到 30％ 的套利，操盤人
則藉買股者之計獲利。

七、將上述出脫之 CB 及股票所獲現金，以投資為名匯到海
外。

● （樂操 3，奇 2 偶 1。）

33. （　）名為投資，而實際上是將財產移至海外，避免追
查。

34. （　）錢匯至海外，操盤人得以脫身。

35. （　）出脫 CB 及股票換得現金，並匯至海外。

八、樂陞許金龍花 1.3 億買下老牌怡客咖啡連鎖店，顯示公
司多角經營、業務擴大的跡象，是為加分。但據說 1.3
億是以樂陞股票 100 元的價值交換怡客股權，如今事變，

令怡客老東家賠了夫人又折兵，兩邊落空，令人不勝唏噓！

## ● （樂操9，奇7偶2。）

36.（　）買下怡客咖啡連鎖店是正常的事，可是卻是以虛灌盈餘的股來換股。

37.（　）藉買下老牌怡客咖啡，顯示業務擴大並打響知名度。

38.（　）操盤人稱樂陞大有榮景，以每股100元計價，利誘怡客老東家換股。

39.（　）操盤人以利益讓怡客東家放棄經營權。

40.（　）操盤人藉老牌怡客的知名度，來打響新開的樂陞公司知名度。

41.（　）操盤人虛膨樂陞來欺矇怡客老東家。

42.（　）操盤人先虛膨樂陞，拉到100元市價後，和怡客咖啡老東家議價100元樂陞股票交換怡客股票，再公開收購128元，讓老東家以為每股還有28元之漲價利潤，而欣然同意交換。

43.（　）運用連環計，不但順利買下有知名度之怡客，又沒有出半毛錢現金。

44.（　）老東家之計是想賺28元的差價，操盤人則藉老東家之計而誘之。

● 後記

　　樂陞負責人（樂陞操盤人）許金龍當初在規劃時，應該不會犧牲自己來成全大局。關鍵就在百尺竿頭的收購款沒有兌現，也許是錢到海外之後，被黑吃黑或者某種原因，使原計畫被終止，導致許金龍身陷囹圄、難以脫身，恐怕也是他始料未及吧！

● 囚徒困境理論

　　「囚徒困境」是 1950 年擬定出相關困境的理論。兩個共謀犯罪的人被關入監獄，不能互相溝通。如果兩個人都不揭發對方，則由於證據不確定，每個人都坐牢一年；若一人揭發，而另一人沉默，則揭發者因為立功（汙點證人）而立即獲釋，沉默者因不合作而入獄五年；若互相揭發，則因證據確鑿，二者都判刑兩年。由於囚徒無法信任對方，因此傾向於互相揭發，而不是同守沉默。這說明為什麼合作對雙方都有利時，保持合作也是困難的。囚徒困境是博弈論的非零和博弈中具代表性的例子，反映個人最佳選擇並非團體最佳選擇。

　　人生就是一場場賽局，人人都為維護、增進自己的利益而擬策略；但是，你擬策略，其他人也同樣會藉由策略謀求自己的好處。遇上「人」和「利益」，我們有時要合作互惠，有時要靠競爭勝出。幾十年來許多經濟學家、人類行為學者甚至腦神經專家，提出許多如何破解囚徒困境的理論與著作，但始終無法尋求真正的解答，但是，在 2016 年台灣股史上最精采的炒

作出貨案——樂陞，我們看到居然有人能夠破解囚徒困境，而且手法還接近完美，不得不讚嘆金融市場實際操作者的智慧。

這群金融市場實際操作者，弄了一齣假收購真出貨的高招，即「百尺竿頭收購樂陞案」。宣布收購時的市價在 100 元上下，收購的價格在 128 元，隨便買一買，到時候丟給更進一步的「百尺竿頭公司」，起碼都有 20％到 30％的套利，站在投資人的立場，與其去賭 150 元的台積電，就算賭對了，想要在台積電身上賺個 20％到 30％，少說也得花上半年的時間。然而只要在市場買進樂陞，然後去券商登記成「應賣人」，一張賺 2 萬，十張賺 20 萬，一百張賺 200 萬，就可以賺到房子頭期款，沙丁魚搖身一變變成應賣人，只差沒有放鞭炮，說不定還訕笑那些不懂得套利，只會看財務報表的呆子。

這些應賣人為了 20％到 30％的套利，一邊瘋狂且快速地買進樂陞普通股，一邊還乖乖地「持有不賣」。很熟悉吧！剛剛有提到，如果找到一大票散戶瘋狂買進，一方面還讓他們完全不賣出手上持股，這就是最有效率、最輕鬆愉快，且又會獲利的「夢幻出貨情境」。

找不到出貨方法叫做幻想，找到出貨方法叫做夢想，絕不放手，直到夢想到手。從 5 月 31 日到東窗事發的 8 月 30 日，前後有三個月的時間，這時間久到可以環遊世界五六趟，久到可以讓陷入囚徒困境的人打破囚室，換一大批散戶抓交替進入新的囚室，久到可以賣掉一切想賣的東西，這群操作者終於完美破解了「囚徒困境理論」。

## 行為模式解析：44 個計謀

1. ① 瞞天過海：正常過程，帶入陰謀

2. ③ 借刀殺人：借用人或物，達成目的

3. ⑦ 無中生有：製造假象，以假亂真

4. ⑬ 打草驚蛇：投石問路，引敵入套

5. ⑰ 拋磚引玉：施予小惠，誘出大利

6. ㉑ 金蟬脫殼：脫身術

7. ㉙ 樹上開花：借別人聲勢，壯大自己

8. ① 瞞天過海：正常過程，帶入陰謀

9. ③ 借刀殺人：借用人或物，達成目的

10. ⑦ 無中生有：化無為有，化小為大

11. ㉜ 空城計：虛擬榮景

12. ③ 借刀殺人：借用人或物，達成目的

13. ⑦ 無中生有：創造願景

14. ⑪ 李代桃僵：犧牲局部，顧全大局

15. ㉙ 樹上開花：借別人聲勢，壯大自己

16. ① 瞞天過海：正常過程，帶入陰謀

17. ⑦ 無中生有：化無為有，化小為大

18. ⑪ 李代桃僵：犧牲局部，顧全大局

19. ⑭ 借屍還魂：外觀是舊，內部換新

20. ① 瞞天過海：正常過程，帶入陰謀

21. ⑦ 無中生有：創造願景

22. ⑫ 順手牽羊：一石二鳥

23. ㉜ 空城計：虛擬榮景

24. ㊱ 走為上計：停利

25. ① 瞞天過海：正常過程，帶入陰謀

26. ④ 以逸待勞：不勞而獲，坐享其成

27. ⑦ 無中生有：創造願景

28. ⑪ 李代桃僵：棄小存大

29. ㉙ 樹上開花：創造價值

30. ㉜ 空城計：佯裝虛實，誘導對手

31. ㊱ 走為上計：停利

32. ㊴ 將計就計：以計攻計，見招拆招

33. ① 瞞天過海：正常過程，帶入陰謀

34. ㉑ 金蟬脫殼：脫身術

35. ㊱ 走為上計：停利

36. ① 瞞天過海：正常過程，帶入陰謀

37. ③ 借刀殺人：借用人或物，達到目的

38. ⑦ 無中生有：創造願景

39. ⑮ 調虎離山：引開對手，離開地盤

40. ㉙ 樹上開花：借別人聲勢，壯大自己

41. ㉜ 空城計：佯裝虛實，誘導對手

42. ㉟ 連環計：誘因接著誘因

43. ⑫ 順手牽羊：一石二鳥

44. ㊴ 將計就計：以計攻計，見招拆招

## 36　「『夢幻幾何』土地購併案」

選擇題：39 個計謀

### 一、事由

　　本案是一個土地購併案例，而「夢幻幾何」是當時土地上的建築物名稱。本案特點在於前後歷時三年，共應用計謀達一百計以上。過程中運用計謀以小搏大、以少勝多，再慢慢由小漸大、由少變多，困境解圍，最後是創造價值，厚植實力，購併成功。

　　「夢幻幾何」購併案成功原因如下：

　　1. 出奇制勝，隨機應變。

　　2. 運籌帷幄，團隊合作。

　　3. 整合成功，創造價值。

　　4. 共蒙其利，皆大歡喜。

　　本案例，我方以「出奇制勝」共動用三十九個計謀，然而對方絕不會「坐以待招」，必然設法反擊，故我方必須「隨機應變」，見機行事再「出奇制勝」。

　　以下三十九招中，其運用方式包括單獨、重複、試探、埋伏、突襲、混合、連環等等。

### 二、我方所運用的計謀

1.（　）把欲購併土地之全部地主之狀況、個性、關係、誘
　　　　因等調查清楚；再把我方之利潤分析，資金、給予

　　之條件、進行之先後順序列出，應時制宜，隨機應
　　變。

2.（　）先行訪問，以誠溝通，了解各地主狀況。

3.（　）欲購併之土地，先處理相鄰者，遠距地主保持良好
　　　　關係。

4.（　）找出誘因後，給予各地主小利益，我方才能賺取合
　　　　併後之大利。

5.（　）化被動為主控，要設法主導大局，才能賺大錢。

6.（　）必須做些動作轉移地主們之注意，才不會聯手對抗
　　　　我方。

7.（　）利用一些手段形成門檻或障礙，讓外人不想進來，
　　　　孤立內部地主，我方才有機會。

8.（　）外表必須低調及保持友好態度，談判較易成功。

9.（　）設法做一件事，同時達成幾個效果。

10.（　）詳細研究各種法令、解釋令，藉法令解決或借用他
　　　　人力量解決困難。

11.（　）須規劃願景，製造誘因，地主才會同意合併或售
　　　　地。

12.（　）要善用政府法令如「都市更新」或「容積移轉」等，
　　　　來創造出土地價值。

13.（　）必須犧牲一些利益，整體規劃才易完成，才能得到
　　　　最大利益。

14.（　）若為持分土地，先以利誘買下一個地主之持分。

15. （ ）先不動聲色悄悄購買，買到總面積二分之一以上時，利用《土地法》第 34 條之一處理。

16. （ ）利用 34 條之一時，地主只能選擇買進或賣出，不能不動。

17. （ ）我方從一開始是外人，買持分土地後變成地主之一，再變成二分之一以上的大地主。

18. （ ）在過程中，有地主發生財務困難，或想更換環境時，我方可藉機買下。

19. （ ）若地主不想賣，也可以買下其他地方之店面或住宅與地主交換。

20. （ ）若地主不願賣，可先將地租下，以免別人介入。

21. （ ）將土地租下，不讓地主在現場攪局。

22. （ ）土地未全部買下前，將已買下的房屋改裝營業，可有現金收入。

23. （ ）營業也表示不急於購買其他土地，以免其他地主拿翹或刁難。

24. （ ）若已購土地為空地，則建二層樓營業，表示我方土地將長久不動，其他地主才肯出租或出售。

25. （ ）若地主間有兄弟、親友因利益起衝突，基本上我方不要介入，先觀察清楚。

26. （ ）也可趁局勢混亂的機會，買下其中一部分持分地。

27. （ ）買下全部地後，所建之二層樓功成身退，便可拆除以便出售土地。

28. （　） 反對最激烈的地主，私下以其他條件處理之。

29. （　） 分化反對者，將一部分反對者變成我方之支持者。

30. （　） 當面臨畸零地時，價格會比行情高很多，也要當機立斷買下。

31. （　） 土地若被占用，切斷占用之水電，迫其妥協，再給予適當補償，較易解決。

32. （　） 有些情況，當甲乙土地合在一起後，其容積會增加，若甲地主不賣，可先買下乙土地，再回頭跟甲談判。

33. （　） 找出成功或失敗之關鍵人或關鍵點後，再從根本下手。

34. （　） 將買得之甲土地貸款來買乙土地，買下後甲乙合併，再貸款買丙土地，以此類推。

35. （　） 若甲有關係可買乙，則聯合甲買乙，完成後再買下甲。

36. （　） 在適當時機，讓土地登記簿上出現建設公司名義，則其他建設公司進入意願將降低，是謂「插旗」。

37. （　） 從零開始，全部買下後土地價格會大漲，藉此賺了大錢。

38. （　） 全部買下後，整合成功，創造了價值也創造了利潤。

39. （　） 全部土地買下後，應停利賣出，利益落袋為安，再另謀發展。

## 行為模式解析：39 個計謀

1. ㊳ 動靜互制：尋求誘因，找出需求

2. ㊲ 以誠為本：先禮後兵，先誠後計

3. ㉓ 遠交近攻：遠敵妥協，近敵解決

4. ⑰ 拋磚引玉：施予小惠，誘出大利

5. ㉚ 反客為主：化被動為主控

6. ⑳ 混水摸魚：模糊焦點

7. ㉒ 關門捉賊：口袋戰術

8. ⑩ 笑裡藏刀：外表友善，掩蓋企圖

9. ⑫ 順手牽羊：順便達成其他目的

10. ③ 借刀殺人：借用人或物，達成目的

11. ⑦ 無中生有：創造願景

12. ㉙ 樹上開花：藉別人聲勢，壯大自己，創造價值

13. ⑪ 李代桃僵：棄小存大

14. ⑰ 拋磚引玉：施予小惠，誘出大利

15. ③ 借刀殺人：借用人或物，達成目的

16. ㉒ 關門捉賊：口袋戰術

17. ㉚ 反客為主：化被動為主控

18. ⑤ 趁火打劫：趁著危機，得到利益

19. ② 圍魏救趙：轉移戰場，另起爐灶

20. ㉒ 關門捉賊：口袋戰術

21. ⑮ 調虎離山：引開對手，離開地盤

22. ⑭ 借屍還魂：外觀是舊，內部換新

23. ㉗ 假痴不癲：裝瘋賣傻，掩蓋真情

24. ① 瞞天過海：正常過程，帶入陰謀

25. ⑨ 隔岸觀火：袖手旁觀

26. ⑳ 混水摸魚：利用混亂，達到目的

27. ⑪ 李代桃僵：犧牲局部，顧全大局

28. ⑱ 擒賊擒王：擒其首領，使其瓦解

29. ㉝ 反間計：利用矛盾，分化離間

30. ⑪ 李代桃僵：犧牲局部，顧全大局

31. ㉘ 上屋抽梯：切斷去路，迫其妥協

32. ② 圍魏救趙：避其鋒芒，攻其弱點

33. ⑲ 釜底抽薪：根本下手，除其力量

34. ㉟ 連環計：計計相連，環環相扣

35. ㉔ 假道伐虢：跳板原理

36. ⑬ 打草驚蛇：旁敲側擊，偵測敵情

37. ⑦ 無中生有：化無為有，化小為大

38. ㉙ 樹上開花：創造價值

39. ㊱ 走為上計：停利、停損

## 37 「公司經營權爭奪戰」

問題：32 個計謀

● 事由

此案件為以小搏大，以弱擊強的標準案例。

茲有甲乙兩人擬爭奪 A 上市櫃公司經營權，而競選 A 公司董事長。

甲乙雙方的實力比較：

| | 甲方 | 乙方 |
|---|---|---|
| 年齡 | 52 歲 | 55 歲 |
| 職業 | 某上市公司董事長 | 目前無業 |
| 可影響公司 | 50 家 | 2 家 |
| 在 A 公司職務 | 董事 | 董事 |
| 擁 A 公司股份 | 親人 35%友人 25% | 親人 5% |
| 個人擁有股份 | 10% | 0% |
| 財力 | 老闆級 | 上班族 |
| 人脈 | 多 | 少 |
| 戰力 | 極大 | 極小 |
| 競爭力 | 98% | 2% |
| 心態 | 錦上添花 | 背水一戰 |
| 企圖心 | 可有可無 | 必勝決心 |

A 公司和乙方原公司比較：

| | A 公司 | 乙方原公司 |
|---|---|---|
| 資本額 | 30 億 | 2 億 |
| 總資產 | 200 億 | 20 億 |
| 集團公司 | 30 家 | 2 家 |
| 員工 | 900 人 | 25 人 |
| 上市櫃公司 | 有 | 無 |

● 情況說明

　　乙方已知雙方實力懸殊，必須以小搏大，以弱擊強，才能創造機會、改變命運，如要勝算，只有運用計謀才有機會。

一、策略：先依大方向，擬出策略，運用 7 個計謀。（乙方 7，奇 5 偶 2。）

1. （　）乙方無人、無錢、無股票，只能被動守勢，但若要取勝，則必須採主動攻擊。

2. （　）乙方三無，若要成功，就要設法化無為有，化小為大。

3. （　）必須以誠懇態度及說詞說之，再輔以利害關係說服。

4. （　）乙方資源少，一定要借用別人的資源及力量。

5. （　）己力單薄，借別人聲勢壯大自己後，其他人才願追隨。

6. （　）藉家族榮譽、家族利益打動父親，取得委託書，再藉父親之力影響兄，然後藉兄之力影響其他董監事，取得委託書。

7. （　）乙方無實際持股，只能靠手上尚無（虛）的委託書來打勝戰。

二、過程：（乙方 16，奇 13 偶 3。）

8. （　）師出要有名，以家族榮譽、家族利益為願景，才能

說服父親。

9. （ ） 父親同意後，提供 A 公司股份 5％的委託書給乙方。

10. （ ） 請父親出面，強力說服兄，因兄是甲方好友，又是甲方集團公司中某一公司的總經理，依常理自然不便出面協助乙方。

11. （ ） 乙找過兄，但兄覺得處境為難予以婉拒，乙請父親出面，讓兄無法拒絕。

12. （ ） 兄同意後並全力支持，再請兄出面說服其他董監事協助。

13. （ ） 藉父之力為跳板影響兄，再藉兄之力影響其他董監事。

14. （ ） 以公司將來願景、賺錢、獎金等，說服公司高階主管支持。

15. （ ） 藉公司前途及公司賺錢將增加獎金來打動高階主管。

16. （ ） 以公司將來願景、賺錢股利多、董監事酬勞多等，來說服董監事支持。

17. （ ） 藉公司前途、公司賺錢增加股利及董監事酬勞，來打動董監事。

18. （ ） 聯合其他董監事來打擊主要對手甲方。

19. （ ） 以公司將來願景、賺錢股利多，來說服持股百萬股以上的股東支持。

20.（　）乙方透過關係找到持股百萬股以上的股東，贈送禮
　　　　品取得委託書。

21.（　）乙方以董事要了解公司運作為名義，在公司中設立
　　　　一辦公室，才能就近和董事及高階主管溝通。

22.（　）利用辦公室除了方便溝通外，另外也有正名之實
　　　　（乙方的正當性）。

23.（　）乙方利用甲方之間的矛盾，從甲方 35％中取得 5％
　　　　的委託書。

### 三、委託書：（乙方5，奇4偶1。）

24.（　）乙方早於六個月前，獲得股市大戶馬先生的情義相
　　　　挺，因而取得市面上最大的專門徵求股票委託書的
　　　　公司承諾，只專為乙方徵求委託書。

25.（　）因此斷絕了甲方取得外援的機會。

26.（　）乙方取得最大徵求委託書公司的承諾，讓甲方無法
　　　　取得委託書。

27.（　）乙方只有 5％委託書，但藉徵求其他委託書得到
　　　　53％。

28.（　）徵求委託書只花 90 萬小錢，卻能影響大局。

### 四、談判：（乙方2，奇1偶1。）

29.（　）甲方預估乙方將不超過 50％，故不交出委託書，
　　　　冀望出席人數不足 50％而流會；而乙方利用甲方

不參加開會，但乙方已擁有 53％可召開大會，且能囊括全部董監事席位。

30.（　）然而乙方考慮若囊括全部席位，將會造成雙方絕裂，兩敗俱傷反而不利（為進）。故放話給甲方，若不交出委託書，甲方將一席也沒有，非常難看且無法交代（以退）。

### 五、善後處理：（乙方 2，奇 1 偶 1。）

31.（　）選舉後，乙方請甲方擔任公司總裁，名望在董事長之上，一方面雙方化干戈為玉帛；另一方面也可藉甲方之名望、人脈幫助公司；再一方面也可避免甲方報復，引起後遺症。

32.（　）給予總裁高薪、賓士汽車、司機、祕書、大辦公室，雙方和平相處，沒有後遺症，見證了「天下沒有永久的朋友，也沒有永久的敵人」。

## 行為模式解析：32 個計謀

1. ㉚ 反客為主：化被動為主控
2. ⑦ 無中生有：化無為有，化小為大
3. ㊲ 以誠為本：精誠所至，金石為開
4. ③ 借刀殺人：借力使力
5. ㉙ 樹上開花：借別人聲勢，壯大自己

6. ㉟ 連環計：計計相連，環環相扣

7. ㉜ 空城計：以虛詐實

8. ⑦ 無中生有：創造願景

9. ③ 借刀殺人：借用人或物，達成目的

10. ③ 借刀殺人：借用人或物，達成目的

11. ② 圍魏救趙：迂迴戰術，攻敵弱處

12. ③ 借刀殺人：借用人或物，達成目的

13. ㉔ 假道伐虢：跳板原理

14. ⑦ 無中生有：創造願景

15. ③ 借刀殺人：借用人或物，達成目的

16. ⑦ 無中生有：創造願景

17. ③ 借刀殺人：借用人或物，達成目的

18. ㉓ 遠交近攻：聯合次要，打擊主要

19. ⑦ 無中生有：創造願景

20. ③ 借刀殺人：借力使力

21. ① 瞞天過海：正常過程，帶入陰謀

22. ⑫ 順手牽羊：一石二鳥

23. ㉝ 反間計：利用矛盾，分化離間

24. ㉙ 樹上開花：借別人聲勢，壯大自己

25. ㉒ 關門捉賊：誘使孤立，斷絕外援

26. ⑲ 釜底抽薪：先斷其源，以截其流

27. ㉙ 樹上開花：借別人聲勢，壯大自己

28. ⑪ 李代桃僵：犧牲局部，顧全大局

29. ㊴ 將計就計：以計攻計，見招拆招

30. ⑯ 欲擒故縱：以退為進，激將法

31. ⑫ 順手牽羊：一石三鳥

32. ⑮ 調虎離山：四兩撥千金

## 38 「國共戰爭中，決定中國命運的三大戰役」

### 遼瀋戰役（東北）、淮海戰役（華東）、平津戰役（華北）

選擇題：42 個計謀

● 事由

　　抗戰勝利後，國民黨當時擁有正規軍約兩百萬人，加上其他軍事力量共四百三十萬人，共產黨只有六十一萬人，加上地方部隊和其他軍事力量共一百二十七萬人，雙方兵力的對比是 3.4：1。

　　至於武器裝備，雙方更是懸殊。戰爭後期，國民黨軍隊得到美國大量軍事援助，武器裝備有了大幅度改善，約有四分之一成為美械或半美械部隊，又在受降中接受了侵華日軍一百多萬人的武器，擁有共軍所沒有的坦克、重炮、作戰飛機和海軍艦艇等。

　　國軍還控制著幾乎所有的大城市和主要交通線，也控制著幾乎全部的現代工業。美國又動用空軍和海軍，幫助遠在西南地區的國軍四、五十萬人，迅速搶運到原來被日本占領的華北和華東去。當時作為盟軍中國戰區參謀長的魏德邁，把它稱為「世界歷史上規模最大的空中調動」。

　　而共軍控制的主要是農村和一些中小城市，從各種形勢看來，優勢全在國民黨一方，打敗共產黨應是易如反掌，指日可待了。

　　然而最終結果，共產黨軍隊卻如奇蹟般地打敗了國民黨軍隊，共軍充分發揮了如《智謀39計》書中所言的計謀「精髓」——「出奇制勝，隨機應變」，以及計謀的「神奇功能」——「以小搏大，以寡敵眾，以弱擊強，困境解危，險中取勝」，終於扭轉了乾坤，改變了局勢。

　　討論戰爭的勝敗，要從主觀及客觀因素談起，客觀因素包括：百姓的厭戰、人心的向背、人民的支持、雙方各級將領、戰士以及民眾的共同努力及團結。但是最後決定勝負的還是主觀因素，即雙方的戰略、戰術和統帥的作戰指導，簡言之，就是「謀略」。

　　國共戰爭中，直接決定中國命運的三大戰役，就是遼瀋戰役（東北）、淮海戰役（華東）、平津戰役（華北）三大戰役，而之後國共之間再也沒有大戰役發生，然後共軍渡過長江，國軍退守台灣，大局已定。

　　這三大戰役從1948年9月開始，到1949年1月結束。

在短短一百四十二天中，國共雙方精銳盡出，接連交鋒決戰到底。

結果，軍士數量占優勢、武器裝備精良、對日抗戰經驗較多的國民黨軍隊，在短短數個月內分崩離析，徹底敗退。國軍傷亡一百五十四餘萬人，共軍傷亡二十四餘萬人，傷亡人數幾乎為 6：1。

## 一、遼瀋戰役（東北地區，1948 年 9 月 12 日～ 11 月 2 日，共五十二天）

東北共軍兵力一百零五萬人（大部分為地方部隊及收編部隊），東北國軍五十五萬人（部署於長春十萬人、瀋陽十五萬人、錦州三十萬人)。共軍傷亡七萬人，國軍被殲四十七萬人。共軍首攻錦州，次攻長春，再攻瀋陽。此役是國共戰爭的轉捩點，從此以後共軍在品質和數量上漸占優勢。

1. （　）日本投降後，日本關東軍訓練之東北偽滿軍約五十萬人，要向國軍投誠，但參謀總長陳誠因戰後擬裁軍而拒收，共軍反而積極收編，給了共軍借力使力的機會。

2. （　）共軍策動朝鮮人參加東北共軍，其中正規軍十二萬人及地方部隊十三萬共二十五萬人，這些朝鮮軍驍勇善戰，共軍能在東北三年內有壓倒性力量，朝鮮軍實功不可沒。

3. (　) 共軍藉此機會順勢收編，一石二鳥，收東北人心，又能增加大批訓練過的兵力。

4. (　) 共軍和國軍對抗中，一直處於被動。弱勢是「客」，強勢為「主」，藉此次收編，反守為攻，「客」變為「主」，並對日、偽軍展開全面反攻及受降。

5. (　) 共軍不和國軍主動衝突，撤退出已占領之長春、錦州，藉以保存實力。

6. (　) 此後共軍分散，下鄉到各地發動群眾，組織游擊隊，趁國軍戰線拉長兵力分散，共軍埋伏各個擊破。

7. (　) 共軍切斷瀋陽、長春、錦州成孤島局面，國軍只能局限於三大城中。

8. (　) 共軍包圍三城各個殲滅，誘使國軍出城增援，是為「圍點打援」戰術。

9. (　) 共軍從錦州先下手，因錦州是國軍向瀋陽和長春空運糧彈和物資的基地，是大軍從陸路出入華北和東北的必經之地，而且攻錦州可以封閉國軍撤回關內大門。

10. (　) 共軍先圍困錦州，等瀋陽、長春國軍回軍來救時再拿下長春，「先取兩頭，再取中間」，然後再攻瀋陽。

11. (　) 共軍先佯攻長春，公開向長春進軍，而實際上大部隊向錦州急行前進。

12. (　) 瀋陽戰役中，共軍橫腰攔截，大膽插入國軍廖耀湘兵團各部隊之間，打亂了國軍的指揮系統和戰鬥部

署，以致被共軍各個擊破。

13.（　）塔山阻擊戰中，面對國軍三個軍及優勢空軍炮火攻
　　　　擊，共軍犧牲傷亡三千多人的少數，堅守塔山死守
　　　　陣地，保障主力攻下錦州。

14.（　）共軍將錦西部隊向南佯動，並虛張聲勢在沿鐵路線
　　　　到山海關一帶地區，故作準備大軍房舍及糧草，造
　　　　成國軍判斷錯誤，然後再攻錦州，促成國軍廖耀湘
　　　　兵團十萬多人全殲。

## 二、淮海戰役（華東地區，1948 年 11 月 6 日～ 1949 年 1 月 10 日，共六十六天）

國軍兵力八十萬人，共軍六十萬人，國軍被殲五十六萬
人，共軍傷亡十三萬人。國軍部署以江蘇徐州地區為中心。

〈A〉首殲黃百韜兵團，國軍兵力十二萬人，原駐守江蘇新
　　　安，被共軍合圍於江蘇碾莊而覆滅。

15.（　）共軍爭取改變被動為主動，集中優勢兵力各個殲
　　　　滅。

16.（　）共軍部署，為著箝制徐州各部援敵，讓國軍以為共
　　　　軍有意奪取徐州，實際上共軍是要殲滅黃兵團，國
　　　　軍若能事先察覺共軍的行動和主攻方向，黃軍團就
　　　　能及時西撤徐州和主力靠攏，則不易被共軍分割圍
　　　　殲。

17. （　）各處共軍一起動作，使各處國軍同時受攻，都認為已處於危險境地，互相不能支援。兩三天後才能查明共軍主攻方向，但共軍均已近處國軍面前，彼此已無法互相支援，使黃兵團各部喪失收縮集結的必要時間而錯失良機。

18. （　）國軍的七十七軍和五十九軍兩萬三千人，在何基灃和張克俠策動下投共，敞開一個大缺口，共軍迅速切斷了黃兵團和徐州的聯繫。

19. （　）共軍趁著混亂圍困黃兵團，而國軍的部署大為混亂，特別是大部隊，一亂之後，更無法馬上重新部署好。

20. （　）宿縣在徐州和蚌埠中間，是津浦鐵路徐蚌段的樞紐，是國軍徐州重兵的後方補給基地，積存了大量武器、彈藥和軍用裝備，但兵力薄弱，共軍趁虛而入。

21. （　）共軍善於圍點打援，該點好打則攻殲之，不好打則打援敵。宿縣一失，徐州成孤島，形成口袋中的獵物。

〈B〉再殲黃維兵團，國軍兵力十四萬人原駐守河南碻山、駐馬店，被共軍合圍於安徽雙堆集而覆滅。

22. （　）過去共軍一貫採取避實擊虛、側擊、不意襲擊、變化多端的運動戰方式。

23.（　）此次共軍改變戰術，迎頭堵擊，構築陣地，有大打
硬仗之勢，以主宰戰場。

24.（　）共軍故意以一部在河南西邊積極活動，造成假象，
國軍派黃維兵團猛攻，結果援了一個空，機械化部
隊損耗很大，人馬疲憊不堪，亟需休息整頓。

25.（　）黃維兵團孤立向宿縣挺進，大軍側敵前進，非常危
險，共軍於正面設有大縱深陣地，還有大部隊在運
動，設下口袋等候黃維兵團鑽入。

26.（　）黃維的重裝備兵團從河南駐馬店，遠途趕赴江蘇雙
堆集，遠道疲憊，共軍則埋伏等待襲擊。

〈C〉全殲杜聿明兵團，國軍兵力十七萬六千人，原駐守江
蘇徐州，被共軍合圍於江蘇陳官莊而覆滅。

27.（　）徐州居於長江與黃河下游的中間位置，地處江蘇、安
徽、河南、山東四省要衝，貫穿中國南北和東西的津
浦、隴海兩條鐵路在此會合，交通便利，是南京與
上海在北面的屏障，又是國軍歷次向華東和華中共
軍進攻的軍事基地和指揮中心，是兵家必爭之地。

28.（　）共軍殲滅黃維兵團後，包圍杜聿明之餘部。但毛澤
東命令，兩星期內不做最後殲滅之部署，是因擔心
全殲後，若國軍迅速決策由海運將平津軍隊南下，
會再增加國軍的兵力，對共軍反而不利。

29.（　）共軍緊縮包圍圈，致使國軍空投之糧食、彈藥大部

分為共軍所獲，救援反而變成資敵。

30. （　）共軍全力阻止杜聿明兵團向南和國軍會合，故意在西、北、東三方面唱空城計。

31. （　）表面上共軍故作要拿下徐州的樣子，實際目的是要全部殲滅國軍在南線的主力。

32. （　）共軍引開杜聿明，讓其離開地盤徐州。共軍不分晝夜疾進，從原來的尾追或平行追擊，到超越杜聿明兵團的先頭，將杜兵團合圍於陳官莊一帶而殲之。

## 三、平津戰役（華北地區，1948 年 11 月 29 日～1949 年 1 月 31 日，共六十四天）

傅作義指揮國軍部隊六十多萬人（北平二十五萬人，天津十三萬人），以北平、天津、張家口、塘沽、唐山為重點。華北共軍十三萬人，東北共軍八十萬人進入華北，共軍殲滅和改編國軍五十二萬人。

33. （　）毛澤東一方面令新華社及東北各廣播台在二周內，多發瀋陽、新民、營口、錦州各地共軍主力部隊慶功、祝捷、練兵、開會的消息，以迷惑敵人。

34. （　）另一方面命令東北野戰軍入關，以最快速度行軍，突然包圍唐山、塘沽、天津。

35. （　）在錦州、瀋陽、營口之共軍東北野戰軍主力，不走正常路線（北寧線），而取道熱河，夜行曉宿，隱

蔽地穿越長城，向關內河北東區前進。國軍空運雖
然極力偵察東北軍入關情況，但始終沒有發現顯著
跡象。

36. （　）國軍之國防部第三廳廳長郭汝瑰早為共軍工作，機
密消息盡洩。

37. （　）共軍發現國軍有一大弱點，就是對鐵路交通線的嚴
重依賴，一旦鐵路線被切斷，重裝備的主力部隊便
難以迅速調動，更嚴重的是糧彈給養只能靠空運接
濟，很快就會陷入糧盡彈絕的絕境。

38. （　）毛澤東設計戰略，一是圍而不打（對張家口、新保
安），二是隔而不圍（對平、津、通州），以待部
署完成之後，各個殲敵。是因東北野戰軍主力尚未
到達，過早採取大動作，反會打草驚蛇，無法達到
抑留並全殲華北國軍的目的。

39. （　）毛澤東又通知南線的華東野戰軍，不做最後殲滅已
被包圍的杜聿明兵團部隊，以免刺激蔣介石下決
心，將華北國軍南撤。

40. （　）毛澤東採用先西後東策略，即令華北軍包圍張家口
傅作義嫡系部隊，藉此吸引北平之敵增援，將北平
傅部主力盡量向西拉開，同時拖住傅作義難下撤退
或是堅守的決心。

41. （　）之後，共軍則採取分割北平、天津、塘沽、張家
口、新保安成孤立據點，再將一線國軍各個擊破的

方針，以求在不久時間內予以全殲，不讓國軍退回
長江以南。

42.（　）國軍在平津的最高指揮官傅作義的女兒傅冬，大學
時加入共產黨，利用各種關係，獲取了大量情報，
讓共軍及時了解國軍平津最高指揮官傅作義的動
態，即如孫子所言：「知己知彼，百戰百勝。」迫
使傅作義率北平守軍不戰而降。

● 後記

　　基於歷史記載皆傾向以「成者為王」，即戰勝者成功的
因果論述，故本文就以在三大戰役中，戰勝者共軍方面所運
用的計謀予以解析討論。在此也特別感謝金沖及先生所著的
《國共決戰：毛澤東、蔣介石在三大戰役的博弈》，以及其
他書籍提供非常詳細的戰爭經過、評論及雙方統帥的決策判
斷等作為參考。

　　金沖及先生曾經是北京大學、復旦大學的教授、博士生
導師，並曾擔任中共中央文獻研究副主任，多次參與中共重
要文獻的起草工作，所以在評估戰役時難免會比較偏向有利
於共軍的描述，然而，在眾多陳述當年國共戰爭的書籍中，
金教授可以說是比較客觀的作者。

## 行為模式解析：42 個計謀

1. ③ 借刀殺人：借力使力

2. ③ 借刀殺人：借用人或物，達成目的

3. ⑫ 順手牽羊：順水人情，一石二鳥

4. ⑳ 反客為主：化被動為主控

5. ㊱ 走為上計：避開不利，保留實力

6. ④ 以逸待勞：以靜制動，選擇機會

7. ㉘ 上屋抽梯：誘入圈套，斷其退路

8. ㉒ 關門捉賊：口袋戰術，圍點打援

9. ⑲ 釜底抽薪：根本下手，除其力量

10. ㉟ 連環計：計計相連，環環相扣

11. ⑥ 聲東擊西：佯裝攻東，卻是擊西

12. ⑳ 混水摸魚：利用混亂，達到目的

13. ⑪ 李代桃僵：犧牲局部，顧全大局

14. ㉙ 樹上開花：虛張聲勢，迷惑對手

15. ㉚ 反客為主：轉守為攻，主動出擊

16. ⑥ 聲東擊西：佯裝攻東，卻是擊西

17. ⑳ 混水摸魚：利用混亂，達到目的

18. ㉝ 反間計：用間取勝

19. ⑳ 混水摸魚：利用混亂，達到目的

20. ⑲ 釜底抽薪：根本下手，除其力量

21. ㉒ 關門捉賊：口袋戰術，圍點打援

22. ⑮ 調虎離山：避實擊虛

23. ㉚ 反客為主：化被動為主控

24. ⑥ 聲東擊西：佯裝攻東，卻是擊西

25. ㉒ 關門捉賊：口袋戰術

26. ④ 以逸待勞：養精蓄銳，以整待亂

27. ⑲ 釜底抽薪：根本下手，除其力量

28. ⑯ 欲擒故縱：先縱再擒

29. ③ 借刀殺人：借用人或物，達成目的

30. ㉜ 空城計：虛張聲勢

31. ⑥ 聲東擊西：佯裝攻東，卻是擊西

32. ⑮ 調虎離山：引開對手，離開地盤

33. ① 瞞天過海：正常過程，帶入陰謀

34. ⑥ 聲東擊西：佯裝攻東，卻是擊西

35. ⑧ 暗渡陳倉：以明隱暗，偷襲取勝

36. ㉝ 反間計：用間取勝

37. ⑲ 釜底抽薪：根本下手，除其力量

38. ⑯ 欲擒故縱：留敵後路，一舉成擒

39. ⑯ 欲擒故縱：留敵後路，一舉成擒

40. ㉒ 關門捉賊：口袋戰術，圍點打援

41. ㉘ 上屋抽梯：根本下手，除其力量

42. ㉝ 反間計：用間取勝

## 39 「韓流（韓國瑜）席捲全台，翻轉政治生態」

### 選擇題：82 個計謀

● 事由

2018 年的高雄市長選舉，韓國瑜挾強大「韓流」氣旋，發揮母雞帶小雞效應，激勵藍營支持者士氣，為國民黨贏得縣市長勝選。而韓國瑜的正向選風，顛覆國民黨傳統政治人物打選戰手法，不抹黑、不口出惡言、不挑起仇恨、不抓對手小辮子，僅以致富高雄、改變高雄為主軸，再加上他用幾個簡單清楚的口號，讓選民聽得懂、記得住又有震撼力，就此打一場乾淨、正向的選舉，翻轉台灣的選舉政治生態，為民主政治上了寶貴的一課。

韓國瑜的魅力來自草根形象，通吃淺藍、淺綠、農民、司機選票，回顧韓國瑜爆紅至勝選的驚奇一百天，首要被高雄選民接受的條件，就是他渾身上下散發出「很不國民黨」的草根性形象，甚至「比民進黨還像民進黨」。

歸納韓國瑜的選戰手法是：以親民、口號、願景、知名度來贏得選民支持。韓流效應，可以歸納關鍵如下：

一、成功製造「北漂」議題。一支《幫我回家》競選影片，打動了「北漂」青年的心，引起共鳴，造成綠營一片混亂，甚至包括淺綠及中間立場者，紛紛響應返鄉投票支

持韓。

1. （　）表面上在談論「北漂」的議題，實際上讓這議題引發民心對綠營執政者的不滿，進而支持韓。

2. （　）借用「北漂」議題，打動「北漂」青年的心，返鄉投票支持韓。

3. （　）只要錄製一支影片《幫我回家》，就可以輕而易舉地讓許多「北漂」青年返鄉投票支持。

4. （　）韓用「北漂」議題，讓「北漂」青年對執政者反感，然後創造願景，聲稱他有能力改善。

5. （　）利用此議題，不但打動「北漂」青年的心，紛紛返鄉投給韓，又拉抬了藍營全國選區選情。

6. （　）製作影片花了很少的錢，卻影響了大局。

7. （　）綠營在高雄市執政十餘年，只有讓綠營混亂，韓才有機會。選戰的焦點在政治，韓故意把焦點放在經濟，讓綠營一片混亂，不知如何應對。

8. （　）韓的「北漂」在暗示因執政者的失敗，讓高雄人要漂泊到台北找工作。

9. （　）「北漂」議題引起共鳴，形成力量，韓藉這股力量拉抬選情。

10. （　）「北漂」青年中，有一些原本是綠營支持者，但因為對「北漂」的共鳴，轉而支持藍營的韓。

二、韓的經濟政見「貨賣得出去，人進得來，高雄發大財」，
這句致富高雄箴言，成為網路瘋傳金句，這幾句口號呼籲
改變翻轉高雄，獲得共鳴。他又大打九二共識的「兩岸
牌」希望搞好兩岸關係，幫高雄商家尋找對岸市場商機。

11. （　） 選市長是政治，綠營長期執政使高雄經濟陷入困
境，經濟是綠營弱點，而韓捨政治攻經濟，以改變
翻轉高雄獲得共鳴。

12. （　） 韓借用九二共識的「兩岸牌」帶來商機。

13. （　） 一個簡單口號「貨賣得出去，人進得來，高雄發大
財」打動了多少高雄人的心，韓就坐著等選票進來。

14. （　） 趁著綠營長期執政而經濟不佳的危機，讓韓得利。

15. （　） 韓政見「貨賣得出去，人進得來，高雄發大財」，
就是創造願景。

16. （　） 選戰僵持時，韓大打九二共識的「兩岸牌」來測試
反應，果然獲得群眾共鳴。

17. （　） 韓抓住高雄百姓要的是經濟，這也是綠營的要害，
韓就從關鍵下手。

18. （　） 韓把百姓聽不懂的政治語言，化為簡單的一句：「貨
賣得出去，人進得來，高雄發大財。」

19. （　） 以「貨賣得出去、人進得來、高雄發大財」等口號
誘惑高雄選民。

三、「賣菜郎」韓國瑜的口號用直白的表達方式，切中南部
　　人及年輕人的「氣口」（台語），將複雜經濟政見化繁
　　為簡，如「讓台北去弄政治，讓高雄來拚經濟」，讓全
　　國人民朗朗上口，博得年輕人及中間選民的好感。

20.（　）選舉本屬政治，韓口號「讓台北去弄政治，讓高雄
　　　　　來拚經濟」，以經濟打政治，韓用迂迴戰術，打執
　　　　　政黨的弱點（經濟）。

21.（　）韓藉直白的表達方式，切中南部人及年輕人的「氣
　　　　　口」（台語）。

22.（　）用簡單口號、直白話語讓隱藏現象浮出檯面，引起
　　　　　共鳴。

23.（　）直白話語、簡單口號，不但使選民易懂、朗朗上口、
　　　　　廣為宣傳，而且也博得年輕人及中間選民好感。

24.（　）選舉的焦點應是政治方面的議題，韓用「讓台北去
　　　　　弄政治，讓高雄來拚經濟」的口號來模糊焦點，避
　　　　　開了韓不擅長的政治。

四、堅持清廉執政，打一場乾淨選戰，顛覆傳統選舉模式，
　　韓堅持用乾淨的選舉風格，從未口出惡言或做人身攻擊，
　　也不打八卦戰、口水戰，在他身上對手找不到可攻訐的
　　缺失，韓的口號：「寧願乾淨地輸，也不要骯髒地贏」，
　　令選民心有戚戚焉。

25.（　）創造願景：「寧願乾淨地輸，也不要骯髒地贏」，
令選民心有同感。

26.（　）韓的口號一面在突顯自己的格調，另一面也在暗示
對手用骯髒手段。

27.（　）當對手把選戰焦點集中在打八卦戰、口水戰時，韓
不予理會，喊出口號「寧願乾淨地輸，也不要骯髒
地贏」來模糊焦點。

28.（　）韓用口號，從骯髒選戰中脫身，激起選民共鳴，進
而獲得選票。

29.（　）韓用口號隱喻對手在打骯髒選戰。

五、韓國瑜起初在高雄遇過挫折，不僅人民不認識他、議員
不想與他合照，還因為知名度不足，鮮少有媒體曝光度。
但韓國瑜未因此氣餒，每天照計畫單槍匹馬，拜訪社會
基層，藉談話、溝通、搏感情、拉選票，以獲得民心支
持。同時逆向操作到台北開記者會，找年輕人打「網路
空戰」，放手讓毫無經驗的年輕人操作網路，由韓的女
兒韓冰領軍的小編團隊，成功塑造「政治網紅韓國瑜」，
小兵立大功，聲量超過台北的柯文哲。韓這種「不按牌
理出牌」的韓式戰法，讓對手不知如何應對。

30.（　）每天例行拜訪是正常過程，但藉著談話、溝通、搏
感情等，可獲得民心、拉到選票。

31.（　）選戰在高雄，韓卻到台北開記者會，並在台北找年
　　　　輕人打「網路空戰」，這種不按牌理出牌的選戰方
　　　　法，讓對手不知如何應對。

32.（　）韓借用網路打空戰，由女兒韓冰領軍的小編團隊，
　　　　成功塑造「政治網紅韓國瑜」。

33.（　）正規選戰應該在高雄打，韓卻跑到台北，召開記者
　　　　會打開知名度，再利用網軍製造聲勢等；而這些行
　　　　為則會在高雄贏得選票。

34.（　）韓本來無知名度，但成立網軍、成功塑造「政治網
　　　　紅韓國瑜」後聲名大噪。

35.（　）韓到台北開記者會及打網路空戰是手段；鼓動風
　　　　潮，拉抬聲勢，有利韓高雄選情是目的。

36.（　）韓藉韓冰領軍的小編團隊，藉網軍打空戰，壯大了
　　　　聲勢，聲量超過台北的柯文哲。

37.（　）選戰初期韓處劣勢，大家認為陳其邁躺著選就可
　　　　上，可是韓發動發展經濟口號後，再打「網路空戰」
　　　　及媒體曝光度，從此掌控了主動。


六、販賣一個夢，為何高雄人埋單？日本媒體《產經新聞》
　　分析，韓國瑜真正勝選關鍵在於「販賣夢想」。韓口號：
　　「高雄又老又窮」、「北漂」等句句打中高雄人心聲，
　　而妙方如：「愛情摩天輪」、「吸引迪士尼投資」、「太
　　平島挖石油」等，扎實提出願景，把提出智慧農業的陳

其邁打趴在地。

38.（　）執政黨是政治強勢，故韓閃避而強攻綠營的弱點「經濟」。

39.（　）借用一些口號及夢想如「愛情摩天輪」、「迪士尼投資」、「太平島挖石油」來打動選民。

40.（　）也就是販賣夢想，譬如「愛情摩天輪」、「迪士尼投資」、「太平島挖石油」等來拉聚選票。

41.（　）選市長焦點應是政治，可是韓把焦點放在販賣夢想（創造願景），讓綠營的焦點失據，攻擊變得軟弱無力。

42.（　）韓指高雄「又老又窮」，實際在說綠營無執政能力，應該換人來做。

43.（　）像「愛情摩天輪」、「迪士尼投資」、「太平島挖石油」，這些都是虛擬榮景。

44.（　）韓稱高雄「又老又窮」，呼籲改變翻轉高雄，獲得共鳴，原本支持綠營的人紛紛叛離。

45.（　）韓知道指責高雄「又老又窮」一定會被罵、被攻擊，可是藉此也喚起大眾，知道這就是綠營長期執政的後果，轉而相信韓。

46.（　）當韓提出「高雄又老又窮」時，綠營以為機會來了，大肆攻擊稱：「看不起高雄，唱衰、侮辱高雄、不了解高雄的人不能當市長」，韓就利用綠營的攻擊

之計來揭露真相：「高雄真的又老又窮。」

七、面對選戰危機四伏，像是國民黨主席吳敦義失言，影射
　　總統府祕書長陳菊「母豬」風波，一度嚴重衝擊選情。
　　結果韓國瑜當機立斷，決定痛批吳敦義發言不適當，指
　　「寧願乾淨地輸，也不要骯髒地贏」，在國民黨論資排
　　輩的生態裡，實屬罕見，也讓人看到他「不抹黑對手」
　　的承諾，不因自己的頂頭上司失言而標準不一，此舉成
　　功將危機轉為良機。

47.（　）吳敦義的失言一度嚴重衝擊選情，韓立刻痛批吳發
　　　　　言不當來止血，又再稱「寧願乾淨地輸，也不要骯
　　　　　髒地贏」，巧妙扳回一局，將危機轉成良機。

48.（　）韓藉痛批吳發言不當，表示他對「不抹黑對手」的
　　　　　承諾，也表示他為人正派。

49.（　）韓痛批吳並聲明「寧願乾淨地輸，也不要骯髒地
　　　　　贏」，這些都是手段，將危機轉成良機是目的。

50.（　）韓痛批吳及聲明，將大事化為小事。

51.（　）吳失言時，韓並未因吳是頂頭上司而出言挺吳，反
　　　　　而像第三者旁觀批吳及聲明，宣示自己的立場。

52.（　）韓痛斥吳及聲明，大義凜然，綠營就如「啞巴吃黃
　　　　　蓮」，只有把苦吃進肚裡，無法還手。

53.（　）吳是黨主席，因失言而使國民黨受損，韓為顧全大

局，立刻痛批吳。

54. （　） 韓痛批吳及聲明，證明韓是正派人士，也達到「不抹黑對手」的承諾，終究將危機轉為良機。

55. （　） 韓痛批吳及聲明，讓國民黨高層人士不敢再亂講話，以免影響選情。

56. （　） 吳之失言，讓綠營大喜，本來以為是一個極佳攻擊機會，想不到韓痛斥吳及聲明一出，韓用四兩撥千金，讓綠營力道全失。

57. （　） 韓痛批吳及聲明是手段（以退），將危機轉為良機是目的（為進）。

58. （　） 韓痛批吳及聲明，大義凜然，令對手無法應對。

59. （　） 韓痛批吳及聲明，模糊對手攻擊焦點，讓對手使不上力。

60. （　） 本來吳的失言會導致極大風波，對國民黨不利，然而韓痛批吳及聲明，卻使韓從危機中脫身了。

61. （　） 韓聲明「寧願乾淨地輸，也不要骯髒地贏」，意指韓不會用「奧步」，也在暗諷對手會用「奧步」。

62. （　） 吳失言時，局勢對韓很不利，但在韓用痛批吳及聲明的手段後，韓又主控了大局。

63. （　） 痛批自己的頂頭上司吳，韓可能會遭到大反彈，但卻博取了選民的信任與讚賞。

64. （　） 綠營想藉吳失言來大力攻擊韓，韓卻利用綠營的計反打，讓綠營無計可施。

八、韓國瑜不口出惡言，但在辯論時語出驚人聲明：「如貪
汙將拒絕假釋，在牢裡關到死」，巧妙突顯出對手陳其
邁家族曾有貪汙背景，又能展現大破大立的決心，此招
也堪稱一舉兩得。

65.（　）韓用他的聲明表達他絕對不會貪汙，增加選民的信
任感。

66.（　）他的聲明是「手段」，暗指對手的家族曾因貪汙治
罪是「目的」。

67.（　）他的聲明讓選民對韓的清廉有願景，因相信而會投
票給韓。

68.（　）一方面表明自己絕對不會貪汙，否則關到死，一方
面也暗指對手不敢做此聲明。

69.（　）韓的聲明突顯出對手家族有貪汙背景，又展現了韓
大破大立的決心。

70.（　）這聲明是破釜沉舟，「若貪汙關到死」，而對手不
敢做此聲明，無力反擊。

71.（　）此聲明一出，對方無力反擊，韓從選戰困境中脫
身。

72.（　）此聲明一出，對手進退兩難，不得不眼看支持者流
失。

73.（　）韓會不會貪汙？若有貪汙法院會不會判到死？這些
都是未知數，故韓其實是在虛張聲勢。

74.（　）韓的聲明，都是未知數，但此哀兵之計博得選民同
　　　　　情而支持。

75.（　）韓的聲明表現了他的極大誠意，讓選民感動。


九、韓到台中、雲林站台造勢，不但拉抬了其他縣市的國民
　　黨候選人聲勢，也使自己在媒體的知名度更為擴大，加
　　分不少，甚至讓各地支持者，自動向在高雄的親友們拉
　　票。


76.（　）韓到台中、雲林站台造勢，不但拉抬了國民黨候選
　　　　　人聲勢，也讓自己在媒體的知名度擴大。

77.（　）韓到各地站台，情況熱烈，造成連鎖反應，促發國
　　　　　民黨支持者回籠。

78.（　）手段：到各地站台；目的：拉抬國民黨候選人聲勢。

79.（　）韓請求台中、雲林的國民黨候選人支持者，拜託他
　　　　　們在高雄的親友支持韓。

80.（　）藉台中、雲林國民黨候選人的支持者，鼓動他們在
　　　　　高雄的親友來支持韓。

81.（　）藉其他縣市支持者的聲勢，來增加自己的聲勢。

82.（　）韓到台中、雲林站台造勢→拉抬了國民黨候選人聲
　　　　　勢→國民黨支持者回歸→國民黨候選人支持者，鼓
　　　　　動在高雄的親友支持韓→在媒體多方面曝光，知名
　　　　　度大增→導致韓在高雄的聲勢更大增。

## 行為模式解析：82 個計謀

1. ① 瞞天過海：正常過程，帶入陰謀

2. ③ 借刀殺人：借用人或物，達成目的

3. ④ 以逸待勞：不勞而獲，坐享其成

4. ⑦ 無中生有：創造願景

5. ⑫ 順手牽羊：一石二鳥

6. ⑰ 拋磚引玉：以小引大

7. ⑳ 混水摸魚：利用混亂，模糊焦點，達到目的

8. ㉖ 指桑罵槐：指東罵西

9. ㉙ 樹上開花：借別人聲勢，壯大自己

10. ㉝ 反間計：利用矛盾，分化離間

11. ② 圍魏救趙：迂迴戰術，攻敵弱處

12. ③ 借刀殺人：借用人或物，達成目的

13. ④ 以逸待勞：不勞而獲，坐享其成

14. ⑤ 趁火打劫：趁著危機，得到利益

15. ⑦ 無中生有：創造願景

16. ⑬ 打草驚蛇：旁敲側擊，偵測敵情

17. ⑱ 擒賊擒王：找出關鍵，打其要害

18. ⑳ 混水摸魚：化繁為簡

19. ㉛ 美人計：以名、利誘惑

20. ② 圍魏救趙：迂迴戰術，攻敵弱處

21. ③ 借刀殺人：借用人或物，達成目的

22. ⑦ 無中生有：化無為有，化小為大

23. ⑫ 順手牽羊：一石二鳥

24. ⑳ 混水摸魚：模糊焦點

25. ⑦ 無中生有：創造願景

26. ⑩ 笑裡藏刀：兩面手法

27. ⑳ 混水摸魚：模糊焦點

28. ㉑ 金蟬脫殼：脫身術

29. ㉖ 指桑罵槐：隱喻暗諷

30. ① 瞞天過海：正常過程，帶入陰謀

31. ② 圍魏救趙：轉移戰場，另起爐灶

32. ③ 借刀殺人：借用人或物，達成目的

33. ⑥ 聲東擊西：佯裝攻東，卻是擊西

34. ⑦ 無中生有：化無為有，化小為大

35. ⑯ 欲擒故縱：以退為進

36. ㉙ 樹上開花：借別人聲勢，壯大自己

37. ㉚ 反客為主：化被動為主控

38. ② 圍魏救趙：避其鋒芒，攻其弱點

39. ③ 借刀殺人：借用人或物，達成目的

40. ⑦ 無中生有：創造願景

41. ⑳ 混水摸魚：模糊焦點

42. ㉖ 指桑罵槐：指東罵西

43. ㉜ 空城計：佯裝虛實，誘導對手

44. ㉝ 反間計：利用矛盾，分化離間

45. ㉞ 苦肉計：受害以博取同情、信任

46. ㊴ 將計就計：以計攻計，見招拆招

47. ② 圍魏救趙：轉移戰場，另起爐灶

48. ③ 借刀殺人：借用人或物，達成目的

49. ⑥ 聲東擊西：佯裝攻東，卻是擊西

50. ⑦ 無中生有：化大為小

51. ⑨ 隔岸觀火：漁翁得利

52. ⑩ 笑裡藏刀：兩面手法

53. ⑪ 李代桃僵：犧牲局部，顧全大局

54. ⑫ 順手牽羊：一石二鳥

55. ⑬ 打草驚蛇：殺雞儆猴

56. ⑮ 調虎離山：四兩撥千金

57. ⑯ 欲擒故縱：以退為進

58. ⑲ 釜底抽薪：根本下手，除其力量

59. ⑳ 混水摸魚：模糊焦點

60. ㉑ 金蟬脫殼：脫身術

61. ㉖ 指桑罵槐：以此警彼

62. ㉚ 反客為主：化被動為主控

63. ㉞ 苦肉計：受害以博取同情信任

64. ㊴ 將計就計：以計攻計，見招拆招

65. ③ 借刀殺人：借用人或物，達到目的

66. ⑥ 聲東擊西：佯裝攻東，卻是擊西

67. ⑦ 無中生有：創造願景

68. ⑩ 笑裡藏刀：兩面手法

69. ⑫ 順手牽羊：一石二鳥

70. ⑲ 釜底抽薪：根本下手，除其力量

71. ㉑ 金蟬脫殼：脫身術

72. ㉘ 上屋抽梯：誘而斷之

73. ㉜ 空城計：虛張聲勢

74. ㉞ 苦肉計：受害以博取同情

75. ㊲ 以誠為本：精誠所至，金石為開

76. ⑫ 順手牽羊：一石二鳥

77. ⑬ 打草驚蛇：連鎖反應

78. ⑯ 欲擒故縱：以退為進

79. ㉓ 遠交近攻：聯合次要，打擊主要

80. ㉔ 假道伐虢：跳板原理

81. ㉙ 樹上開花：借用別人的聲勢，來增加自己的聲勢

82. ㉟ 連環計：計計相連，環環相扣

# 40 「騙術大全」

問題：167 個計謀

● 前言

**大凡騙術不出三大原則：**

「以信任感近之」：建立信任感讓受害者失去戒心。

「以利誘之」：以利益誘惑受害者上當。

「以壓力迫之」：給予壓力讓受害者恐慌而就範。

然而，如果能謹記在心，隨時提醒，冷靜面對，見招拆招，則可避免一時不察而蒙受損失。

● 事由

**一物數賣法是最常用、而且最不容易被識破的騙術之一。**

名網紅貴婦奈奈與丈夫黃，於民國 100 年創辦杏立博全醫美診所，頗有名聲，但於 107 年 11 月 30 日無預警倒閉，兩人失聯，潛逃出國。傳言惡性倒閉債務約有 20 億元之多，不僅購買醫美療程的客人與慘遭吸金的投資人血本無歸，外傳不少建商、民代、主播及廠商還有黑道都是被害人。

其吸金方程式如下：

1. 貴婦奈奈以部落客身分走紅，奪下第一屆百萬部落客獎。

2. 貴婦奈奈陸續出版多本書籍，成為第一代網紅作家，積極演講、開簽書會。

3. 丈夫黃開設「杏立博全」醫美診所及博全生技公司，貴婦

奈奈以網路號召開拓客源。

4. 找行銷公司狂下廣告,「杏立博全」在醫美界及貴婦界打響知名度後,開始大賣客戶療程,收取鉅額醫美療程費,並找部落客以免費體驗打廣告。

5. 黃挾診所及貴婦奈奈的知名度,以高投資報酬率向投資人邀約投資來吸金,長期布設一連串縝密的「養套殺」計畫,用「一物數賣法」將生技公司股權重複出售,粗估超賣八倍以上,並將診所多次讓渡給不同的投資人,另又以高利息向數十人借款,以牟取暴利。

6. 黃提出「分潤制度」讓人心動,使吸金更順利,也大玩「以債養債」遊戲,拿 A 的錢分潤給 B、C,挖東補西,讓債權人不易察覺黃資金短缺。

7. 黃於即將東窗事發時,以人身有危險之虞為理由,立刻捲款和老婆及父母潛逃出國一走了之,另謀發展。


**而其詳細手法說明如下:**

一、黃的父親是台大名醫,哥哥是台大醫生,黃外貌溫文儒雅,善於「扮豬吃老虎」,而且大家對醫生世家的信任及評價都很高,所以對黃的募資及借款都不疑有他。

貴婦奈奈在「痞客邦」部落格,共累積八千多萬的人氣,臉書粉絲專頁也高達三十萬人按讚,總統蔡英文 2015 年舉行《英派》新書發表會時,還特別邀請貴婦奈奈為座上賓。而且貴婦奈奈擁有許多藝人朋友,在人氣高、形象佳之下,許多廠

商自動上門邀請代言，這些都大大增加了投資人對黃的信賴
度。

　　黃坐擁數輛名車、豪宅，老婆在節目上狂炫富，製造假
象，讓大家都以為他們非常有錢。而且擁有網紅老婆加持的
黃，為了招攬對象投資，常常出入一些政商名流熱愛的高檔
場所，例如雪茄館、五星大飯店，貴婦奈奈在社交界的名聲
也很響亮，因此大家很容易相信黃，也沒想太多，就紛紛拿
錢投資他的醫美診所。

- ●（黃等人10，奇5偶5。）

1. （　）藉部落格人氣、總統的新書發表會、藝人朋友、社
　　　　交界的響亮名聲等來吸金，這些都是借別人聲勢壯
　　　　大自己。

2. （　）貴婦奈奈在網路、新書發表會、代言等打知名度，
　　　　這些都是正常過程，可是私下帶入陰謀。

3. （　）黃一表人才，外表謙虛有禮，眾人皆不疑有他。

4. （　）美化報表、擴充診所，給投資人一個願景，吸金就
　　　　容易。

5. （　）黃知道民眾的弱點是相信知名度，所以他從網路、
　　　　代言、節目下手，先打開知名度，博取眾人信任後，
　　　　再進行吸金就容易多了。

6. （　）黃的焦點是在吸金，但一定要將焦點模糊才容易吸
　　　　金，像知名度高、在社交界名聲響亮及醫生世家的

形象，利用這些來模糊焦點，就比較容易引起信任來吸金。

7.（　）黃本身沒什麼錢，用虛張聲勢來騙錢。

8.（　）羊群效應就是標竿效應。像貴婦奈奈參加蔡英文總統的新書發表會、或常和藝人在一起，藉著人氣高、形象佳或擔任代言人等，都大大增加了投資人的信賴度。

9.（　）前述的七個吸金方程式就是一套計謀。

10.（　）黃借用知名度及醫生世家，博取眾人的信任，進行吸金。

二、黃利用最常用、而且最不容易被發現的詐騙方法：「一物數賣法」，即利用股票換現金的方式，將公司股權重複出售，超賣達八倍之多，及將診所讓渡賣給多組人馬，並向每人收取數千萬元至億萬元不等，另又以高利息向數十人借款，以獲得鉅資。

　　而黃另成立的杏立生技公司擁有診所的機器、儀器等設備租賃合約、採購合約、醫生聘僱合約，並將藥材賣給診所，公司實際上已完全控制了診所。

● （黃等人 17，奇 11 偶 6。）

11.（　）自古人性皆貪，古言「你貪人利，人吃你本」，屢試不爽。

12. （　）買賣股權是合法，黃利用合法行為，私下卻一物數賣。

13. （　）從外表看來診所沒變，而實際上控制權已移轉到生技公司。

14. （　）將公司股權重複販售給多組人馬，這是「數面手法」。

15. （　）黃藉未上市公司股權買賣不必公開，而一物數賣，各投資人之間不會察覺。

16. （　）黃以高利息吸金，在高利誘惑下，投資人不會注意到一物數賣。

17. （　）印股票騙鈔票，不需花費多少勞力。

18. （　）眾人焦點放在股權買賣，黃設法模糊焦點，讓投資人不會注意到一物數賣。

19. （　）黃成立杏立生技，除控制診所外，也可大賣公司股份，一石二鳥。

20. （　）設立診所→打開知名度→設立生技公司控制診所→超賣公司股權→另以高利誘惑→達到騙錢的目的。

21. （　）黃將公司股權重複出售，超賣達八倍之多。

22. （　）黃一物數賣，傳言股本重複超賣了八倍以上。

23. （　）犧牲公司股權及讓渡診所來騙取更多的錢。

24. （　）黃藉成立杏立生技公司，擁有診所的機器等設備租賃合約、採購合約、醫生聘僱合約，並將藥材賣給診所，公司已實際控制了診所。因診所醫生不好控

制，藉控制公司可賺錢亦可大賣股份，黃從診所脫身到公司。

25. （　）印股票騙鈔票，本小利大。

26. （　）生技公司擁有診所的各種合約，並將藥材賣給診所，已控制診所，這就是口袋戰術。

27. （　）黃藉公司股權及診所重複販售及讓渡賣給多組人員。

三、黃提出「分潤制度」讓人心動，使吸金更順利。例如投資 3,000 萬元，保證三年內每年可賺 1,000 萬元，可三年回本，甚至兩年回本。黃也大玩「以債養債」遊戲，拿 A 的錢分潤給 B、C，挖東補西，讓債權人不易察覺黃資金短缺。

● （黃等人 10，奇 6 偶 4。）

28. （　）以債養債、挖東補西，就是買空賣空。

29. （　）「以債養債」要犧牲利息，卻能得到大筆資金及穩住債權人。

30. （　）黃借用「分潤制度」的優厚條件讓人心動，而達到吸金目的。

31. （　）拿 A 債給 B 債，拿 B 帳給 C 帳，利用跳板原理。

32. （　）黃以三年回本或兩年回本的願景來吸金。

33. （　）以債養債，拿 A 債來脫身 B 債，挖東來脫身西。

34.（　）「分潤制度」是正常過程，但黃提出的優厚條件讓
　　　　　人心動，因此才容易上當。

35.（　）「分潤制度」其優厚條件讓人心動，吸金順利，消
　　　　　息傳出會更吸引其他人也競相投資。

36.（　）黃「以債養債」、「挖東補西」，自己不出錢坐享
　　　　　其成。

37.（　）「分潤制度」以優厚條件誘惑他人。

四、募資或借款時，黃出示很好的財務報表，曾有投資人委
　　派台灣四大會計師事務所之一的會計師查帳三個月，皆
　　未發現弊端，因此才投入鉅款，其手法可能是在會計師
　　查帳之後，分批將現金及存貨搬走。

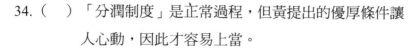

● （黃等人 13，奇 7 偶 6。）

38.（　）黃藉財務報表來達到吸金的目的。

39.（　）黃讓有名望的投資人自派會計師查帳，發現一切正
　　　　　常後，產生信心，順便也讓其他一般投資人產生信
　　　　　心，如此更容易達成吸金的目的。

40.（　）黃假裝提出很好的財務報表吸引大家注意，而他卻
　　　　　於查帳之後才動手腳。

41.（　）提出財務報表是經營的正常過程，黃卻利用財務報
　　　　　表來進行陰謀。

42.（　）黃出示很好的財務報表是創造願景。

43. ( ) 投資人不相信黃的公司財務報表，黃就請投資人派
自己的會計師，以昭公信，因為黃的計謀本來就不
是要以財務報表來騙錢。

44. ( ) 黃讓投資人中有名望者派自己的會計師查帳，發現
一切正常時，產生標竿效應，其他投資人就不再懷
疑，失去戒心而上當。

45. ( ) 讓投資人派自己的會計師查帳是手段（以退），而
博取投資人的信任來達成吸金是目的（為進）。

46. ( ) 當投資人有所懷疑，黃就請投資人自派會計師查
帳，博取投資人信任，達到吸金目的。

47. ( ) 大部分人的焦點是在財務報表的真假，黃讓投資人
派自己的會計師查帳，這是障眼法，讓投資人無話
可說。

48. ( ) 黃在會計師查帳之後，分批將現金及存貨搬走。

49. ( ) 先出示很好的財務報表→找有名望的投資人請其自
派會計師查帳→一切正常，產生信心而投入鉅款→
其他投資人產生標竿效應而放心投資→黃可輕易吸
更多金。

50. ( ) 黃藉投資人派會計師查帳三個月，來博取投資人的
相信，藉會計師查帳而脫身。

五、發動診所業務員，鼓勵客戶購買醫美療程，予以打折優
惠，並且找行銷公司狂下廣告，拉更多新客戶買療程，

但療程的金額只有少數列帳、多數暗槓，至今實際金額多少，無從知曉。

● （黃等人 13，奇 6 偶 7。）

51.（　）鼓勵客戶購買醫美療程，予以打折優惠。

52.（　）客戶買了醫美療程後不易退貨，在愛美的天性之下，客戶對新增加的療程容易妥協。

53.（　）客戶沒使用完的美容針藥還可以調給其他病人用，多賺一些錢。

54.（　）將客戶療程的金額，少數列帳、多數暗槓。

55.（　）業務員衝業績，拉客戶購買療程是正常行為，可是陰謀在於少數列帳、多數暗槓。

56.（　）除了綁住客戶買了療程就不會到別家外，而且在療程進行中，還會一再增加其他項目。

57.（　）黃及業務員不是從業績獎金賺小錢，而是從少數列帳、多數暗槓裡賺大錢。

58.（　）找行銷公司狂下廣告，拉更多新客戶買療程。

59.（　）打折優惠，鼓勵客戶購買醫美療程，客戶既已交了錢，自然不會想跑到別家，乖乖地留下來。

60.（　）先讓客戶購買醫美療程，等客戶穩定下來後，一方面增加療程，一方面藉由客戶拉進新客戶。

61.（　）鼓勵客戶購買醫美療程，予以打折優惠；事實上少數列帳、多數暗槓。

62. （　）藉客戶宣傳及行銷公司狂灑廣告，打響診所知名度。

63. （　）黃藉客戶購買醫美療程，來圖謀私人利益。

六、診所有眾多機器、儀器，都是租賃而來，已有抵押設定，黃利用機器、儀器再向外以高利借款。這些借款皆屬信用借款，沒有再抵押設定，缺乏保障，但黃以醫生世家形象、知名度及高利誘惑借款人，因相信貴婦奈奈及黃的醫生世家形象、知名度等，讓借款人沒有了警覺心而相信黃。

● （黃等人 10，奇 5 偶 5。）

64. （　）診所機器、儀器都是租賃而來，已有抵押設定，是屬正常過程，黃利用形象、知名度再信用借款。

65. （　）大家信任黃才會借錢給他是焦點，黃利用貴婦奈奈及醫生世家、知名度等來模糊焦點，使投資人上當。

66. （　）一方面不花錢去租賃機器、儀器，另一方面又將這些機器、儀器再向外以高利借款。

67. （　）黃藉租賃來的機器、儀器再向外以高利借款。

68. （　）黃買空賣空，診所的機器、儀器，黃並無出錢，但又利用該批機器、儀器取得了信用貸款。

69. （　）純信用借款沒有抵押設定，缺乏保障，一般人不會借；而黃以醫生世家形象、知名度及高利誘惑，讓借款人沒有了警覺心而多借。

70.（　）黃藉租賃為跳板而取得機器、儀器的使用權，再利
用該批設備為跳板而取得信用借款，最後全部倒帳
不還。

71.（　）診所的機器、儀器都是租賃而來，黃沒花錢，但黃
卻利用形象、知名度讓人相信，而再取得信用借款。

72.（　）診所的機器、儀器都是租賃而來，黃並沒花錢而取
得使用權，另再用同一批機器、儀器取得信用借款。

73.（　）黃以高利誘惑，借到無抵押設定的信用貸款。

七、一般弊端手法都是虛灌業績，但錢沒進公司，所以容易穿
幫，但黃等卻反其道而行，將募資來的一部分錢實灌公司
業績，讓人有業績良好及每個月業績都在成長的假象，且
讓報表非常好看，因有實際金錢進入，並非無金錢入帳的
虛灌業績，故會計師不易察覺，投資人更不會懷疑，而且
充分利用了診所及生技公司二者的模糊空間來欺騙投資
人，因診所只能由特定人投資，故診所及公司分別欺騙不
同性質的投資人。

● （黃等人 11，奇 5 偶 6。）

74.（　）因有實際金錢進入，業績增加是正常過程，黃卻另
有陰謀。

75.（　）拿別人的錢來實灌業績，好讓自己吸金更容易，這
是標準的買空賣空。

76.（　）實灌業績需花費一些錢，但卻可以讓吸金容易，騙
更多錢。

77.（　）一般看財務報表，焦點在於有無虛灌業績，黃用實
灌業績來模糊焦點，讓大家上當。

78.（　）金錢進入，實灌業績，讓業績良好及成長是手段，
而使吸金更容易是目的。

79.（　）實灌業績，讓人有業績良好及每個月業績都在成長
的假象。

80.（　）大眾注意焦點在有無虛灌業績，黃卻將金錢匯入，
用實灌業績而脫身，讓大眾更相信他。

81.（　）公司有無獲利，是以財務報表為依據，黃將財務報
表弄好，取信大眾，吸金更易。

82.（　）黃利用投資人的錢，實灌業績來壯大自己。

83.（　）黃將借來的一部分錢用於實灌業績，讓人有業績良
好且在成長的假象。

84.（　）拿錢實灌業績是利益有些受損，但卻博取了投資人
的信任。


八、黃等人繼續製造願景，擴大規模，並在原診所對面再增
設百坪的二店，讓投資人及客戶更相信醫美事業蓬勃發
展，後市可期，因而更想投資。

● （黃等人2，奇2。）

85.（　）藉增設二店，擴大規模來讓投資人更想投資。

86.（　）增設二店，擴大規模讓投資人相信後市可期，必可賺大錢而投資。

九、另黃等人再放出消息，中國某創投公司來洽談，願以10億元購買診所，創投公司來台談判時，黃並邀請重要投資人一齊參與談判，讓投資人更相信醫美診所的價值而踴躍投資。

● （黃等人11，奇6偶5。）

87.（　）誰知道創投公司出價10億是真還是假？

88.（　）中國創投公司要來購買是正常過程，暗中卻帶入陰謀。

89.（　）黃把某創投公司當成跳板，讓投資人提高價碼。

90.（　）藉由中國某創投公司欲以10億元購買診所此種迂迴手法，來讓投資人相信診所的價值。

91.（　）黃用10億元出價來測試投資人之反應。

92.（　）黃說有中國創投公司要以10億來買診所，讓投資人感覺物超所值，就會加碼跟進。

93.（　）此創投公司出價10億，是真是假沒人知道，但黃已達目的。

94.（　）黃藉投資公司出10億來軟性逼迫投資人跟進或退

出。

95. （　）既有公司要以10億來買，可見診所價值超過10億，
　　　投資人就要加碼才能到手。

96. （　）藉創投公司以10億元購買診所，來讓投資人相信
　　　黃講的話。

97. （　）黃藉投資公司出價10億，來創造診所價值。

十、黃對投資人聲稱，他發明一種小型機器，可用鏡片分析
　　皮膚膚質及狀況，並可用APP程式和手機連線，用手機
　　自拍來記錄個人狀況，並透過大數據提供各種評估及改
　　善膚質方法，這計畫若能實現再結合醫美，勢必大為轟
　　動，而且可將黃的醫美公司上市為生技股，獲利是數十
　　倍，這些話皆讓投資人頗為心動。

　　　為取信投資人，黃又帶投資人到某知名專門製作光學鏡
頭模組的上市公司，商談結果，公司人員認為初步有可行性，
但要再經專業技術人員評估，然而此舉已讓投資人信心大增，
大家夢想才入資一元將來可賺數十元，在龐大的利益誘導之
下，投資人紛紛加碼要求投資黃的公司，而忽略了風險。

● （黃等人18，奇11偶7。）

98. （　）這些大金主投資後，會互相通報，吸引更多人來要
　　　求投資。

99. （　）黃藉發明小型機器可驗膚質，將來可將公司上市等

這些正常過程中，帶入他的陰謀（騙取投資人相信
而投資）。

100.（　）因為願景太好，黃利用這些招數先騙幾個大金主
投資，其他小金主自然跟進。

101.（　）黃藉製作光學鏡頭上市公司的聲勢壯大自己，讓
投資人相信。

102.（　）黃藉上市公司專業人員的話取信投資人。

103.（　）利用這些招數，買空賣空，虛招騙實錢，目的就
是騙錢。

104.（　）黃藉小型機器的理論及上市公司人員的話，讓投
資人分散注意力。

105.（　）承諾給早期投資人的期限快到（近敵），要設法
拿新投資人的錢（遠敵）償還，才能繼續再騙。

106.（　）黃以醫美公司要上市為生技股，投資人將獲利數
十倍為願景。

107.（　）黃帶投資人去製造光學鏡頭的上市公司，藉公司
人員說「有可行性」，讓投資人相信（用迂迴手
法讓投資人相信）。

108.（　）這些騙術如果沒有裝瘋賣傻的本領，早就穿幫了。

109.（　）黃並沒有要求大家投資，只是利用小型機器、利
用上市公司講的話，讓客戶相信上市後一定會賺
大錢，黃對這些金主並未要求投資（以退），而
是金主自動爭取要入股投資（為進）。

110.（　）黃利用小型機器、上市公司的話，還有上市後可賺錢十倍等，模糊了投資最重要的焦點：投資風險。

111.（　）黃用醫美公司上市後，投資人可賺數十倍來誘惑投資人。

112.（　）大家競相投資後，黃就拿新投資人的錢去支付高利貸或承諾給早期投資人的利潤，靠以債養債而暫時脫身。

113.（　）黃花費一些錢請人製作小型機器模型及說明，誘導投資人出大錢投資（這些都要花錢，但比起後續的吸金，這些都是小錢）。

114.（　）黃藉小型機器及上市公司講的話「有可行性」，來掩飾吸金的目的。

115.（　）金主想利用黃來賺大錢而忽略了投資風險，沒有步步為營（抵押設定等保障），黃就利用金主心態，反過來吃金主的本。

十一、黃向新股東募資時說，先用借款來買回舊股東股權，等公司股票準備好時，再將借款轉成股票給新股東，事後才知是欺騙。此外，黃對投資人又募資又借款，一旦出事，對投資人而言是雙重損失。

● （黃等人 12，奇 7 偶 5。）

116.（　）對投資人又募資又借款，一旦出事，對投資人而

言是雙重損失。

117.（　）將股款先用借款名義拿到後，錢一入黃口袋，就不會擔心投資人反悔了。

118.（　）先向新股東借款來買回舊股東股權是正常過程，黃卻暗藏陰謀在內。

119.（　）利用新股東急於拿到股票來分配紅利之計，黃就請新股東先拿錢出來買舊股東股權，錢一到手，股票卻永遠交不出來了！

120.（　）黃藉要買回舊股東股權，先向新股東借款。

121.（　）先用借款來測試投資人的警覺心，若警覺心太強則放棄之。

122.（　）大家焦點放在希望快點取得股權，就不會注意到借款的安全性，因為通常要一手交錢一手交股票，但黃擔心夜長夢多，先拿到錢為妙。

123.（　）醫美賺錢，新股東希望可以快點拿到股票，就願把錢先借出來。

124.（　）先用借款來買回舊股東股權為跳板，因為取得股款，黃才有機會騙錢。

125.（　）先用借款並同意給投資人高利息，來誘惑投資人上當。

126.（　）黃託詞，先用借款來買回舊股東股權，讓投資人先把錢交出。

127.（　）用借款來買回舊股東股權、公司股票準備好再給

新股東，這些都是假象，是在事態爆發前以時間換取空間。

十二、出事前三個月，黃購買一店面開設另業門市，營造業務興隆及多角化經營的假象，讓借款人更安心。傳聞黃騙屋主說，合約價格從市價 9,000 萬元提高至 1 億 2,000 萬元，則銀行可貸到 9,000 萬元，他才會買，同時承諾差價 3,000 萬元給屋主，而屋主除了差價 3,000 萬元沒拿到之外（開支票無兌現），還另投資黃數千萬元，損失慘重！

- **（黃等人 9，奇 5 偶 4。）**

128.（　）合約造假、提高價格來向銀行借更多的錢，這是常有的事，黃卻另有陰謀。

129.（　）黃以犧牲 3,000 萬元為假象，騙取屋主的信任。

130.（　）黃藉提高合約價格向銀行超貸，但自己沒出半毛錢自備款而取得店面。

131.（　）屋主之計是想成交及多賺 3,000 萬元，而黃利用屋主之計，不付半毛錢得到房屋及騙到投資款數千萬元。

132.（　）買空賣空，這一切都是騙局。

133.（　）將房屋買賣合約價格提高→超貸取得銀行貸款→黃沒花半毛錢取得房屋→介紹醫美再騙屋主投資

　　　　　數千萬元→開了 3,000 萬支票無兌現→一走了之。

134.（　　）黃拿到店面沒出半毛錢，又造成多角化經營的假
　　　　　象，另再騙屋主投資數千萬元。

135.（　　）黃利用屋主的焦點放在可多賺 3,000 萬元時，用
　　　　　貪婪模糊了焦點，屋主就不易察覺騙局。

136.（　　）買賣店面沒有出半毛錢，買空賣空。


十三、黃夫婦失聯兩天後，貴婦奈奈在臉書貼聲明，強調黃
　　　　到最後一刻仍在籌錢，但不敵高利貸者的高利滾利、
　　　　重利侵占，最後實因人身安全遭受威脅，才不得已放
　　　　棄。亦即將東窗事發時，黃夫婦以生命有危險之虞為
　　　　理由，立刻捲款潛逃出國，一走了之，另謀發展。
　　　　實際上，在黃夫婦逃走前不久，黃曾被黑道押走軟禁
　　　　三天，經貴婦奈奈痛哭哀求，除交出部分金錢外，也
　　　　承諾了一些條件後才被放回。


● （黃等人 11，奇 5 偶 6。）

137.（　　）黃知即將東窗事發，就以人身有危險之虞為理由，
　　　　　一走了之另行發展。

138.（　　）貴婦奈奈藉臉書表明他們有不得不走的理由，想
　　　　　博取社會同情。

139.（　　）本來焦點在黃不應逃走，黃模糊焦點說他不是故
　　　　　意要走，而是因為生命有危險才不得不走。

140.（　）黃在生命有危險時，放棄事業，捲款潛逃。

141.（　）東窗事發後，黃若在台會被債權人追殺圍剿，可是他逃到國外後，海闊天空又掌回主控。

142.（　）黃夫婦以人身安全遭受威脅、生命有危險之虞來博取大眾同情，他們是不得不逃離。

143.（　）黃看苗頭不對，趕快逃離台灣，另謀發展。

144.（　）黃藉交出部分金錢，達到黑道放回的目的。

145.（　）貴婦奈奈除交出部分金錢外，也承諾一些無法兌現的條件。

146.（　）黃犧牲部分金錢給黑道，以交換人身自由。

147.（　）經貴婦奈奈痛哭哀求後，黃才被放回。

十四、貴婦奈奈父親公開聲明表示，杏立博全是黃一手創立，自任執行長，診所負責人為黃父親，財務會計也由他的妹妹掌管，奈奈平日忙於經營網誌、外出演講及參與各種活動，對診所的財務與經營甚少聞問，說她捲款潛逃，有失公允，希望黃儘速出面處理面對！

貴婦奈奈父親告訴記者，自己也是從新聞報導得知女兒跟女婿財務出狀況，她的父親說，自己也是受害者，女兒把他在台南市的房子拿去抵押貸款，錢被女兒拿走，他也不知道如何是好。

● （貴婦奈奈父親 8，奇 3 偶 5。）

148. （　）貴婦奈奈父親的聲明，是要把此事件焦點從她身上移開。

149. （　）一個正常的公開聲明，暗藏多重目的在內。

150. （　）她父親表明自己也是受害者，女兒把他的房子拿去抵押貸款，錢也被拿走。

151. （　）貴婦奈奈名聲大於黃，她父親想藉聲明，讓大眾不要針對她。

152. （　）她父親公開聲明，除想撇開她的責任、替她求公允，也指責黃應出面處理，更表明自己是受害者。

153. （　）她父親想藉這個聲明，讓女兒脫離困境。

154. （　）父親想藉聲明，幫助貴婦奈奈脫身。

155. （　）她父親一方面藉發表聲明想降低女兒壓力，另一方面聲稱自己也是受害者。


十五、據傳言，黃等此次脫逃十分倉促，聽說在數周前黃曾被某黑道挾持軟禁，經貴婦奈奈再三哀求並承諾條件後暫時放回，黃感到生命受威脅才舉家逃逸。臨走前，黃將黑道及金主資料皆置於電腦中，並無帶走或銷毀，似是有意讓調查局及國稅局知道並循線處理，此舉讓黑道及金主因此投鼠忌器，不敢大肆或積極行動，也不敢將實情呈報，因為如果解釋不了資金來源會被扣稅罰款，更得不償失，黃等也因此而降低了壓力，爭

取了時間，而有了籌劃的空間，黃之臨去秋波，回馬一槍，亦是深謀遠慮。

● （黃等人 12，奇 6 偶 6。）

156.（　）資料置於電腦中是正常狀態，但出了事不帶走或銷毀是有其用意！

157.（　）黃等人利用此動作（資料置於電腦中），讓大家手忙腳亂，一團混亂，他們可藉此暫時脫身。

158.（　）當調查局及國稅局循線追蹤處理時，逼得金主或黑道只有趕快自救，黃等人因而換得了一些時間。

159.（　）將資料放置電腦中（以退），使得黑道及金主投鼠忌器，也使得調查局及國稅局不得不循線處理，不能隨便簽結了事（為進）。

160.（　）資料一公開，調查局、國稅局一調查，在黑道之間或金主之間會產生一些矛盾，鬥爭難免。

161.（　）黃等人借用調查局及國稅局之力，來對付黑道及金主。

162.（　）只把詳細資料置於電腦中，就使得金主、黑道傷透腦筋，也讓調查局及國稅局不得不忙得團團轉。

163.（　）一個簡單動作（資料置於電腦中），卻可以達成好幾個目的。

164.（　）黃等人在旁觀察，再來隨機應變，擬出對策。

165.（　）到最後關頭，黃等人只好攤牌，將黑道及金主資

料公開，逼得黑道或金主只有趕快自救，暫時無暇對付黃等人。

166.（　）公司倒閉、一團混亂之中，黃等人還能在混亂中，利用電腦資料來達到目的。

167.（　）黃等人在失聯後兩天發言，聲稱「最後一刻仍在籌錢，但不敵高利貸者的高利滾利，重利侵占，最後實因人身安全遭受威脅，才不得已放棄」等語來訴諸社會同情，而公開資料就是佐證。

● 後記

　　過去貴婦奈奈多次上節目大談理財觀，她曾說自己寧可月花八萬元租屋也不願買房，甚至還提出不買房的五大理由，其中她提到不買房是因為「見苗頭不對，隨時可以走人」，「好建商的房子比較貴」、「風水會一直變」、「千金買屋、萬金買鄰」、「而且如果遇上無法控制的天災人禍，房子沒了，還得被貸款套牢」。

## 行為模式解析：**167** 個計謀

1.㉙ 樹上開花：借別人聲勢，壯大自己
2.① 瞞天過海：正常過程，帶入陰謀
3.⑩ 笑裡藏刀：外表友善，掩蓋企圖
4.⑦ 無中生有：創造願景
5.② 圍魏救趙：迂迴戰術，攻敵弱處

6. ⑳ 混水摸魚：模糊焦點

7. ㉜ 空城計：虛張聲勢

8. ⑱ 擒賊擒王：標竿效應

9. ㉟ 連環計：計計相連，環環相扣

10. ③ 借刀殺人：借用人或物，達成目的

11. ㊴ 將計就計：以計攻計，見招拆招

12. ① 瞞天過海：正常過程，帶入陰謀

13. ㉕ 偷樑換柱：外觀如舊，內部調整

14. ⑩ 笑裡藏刀：兩面手法

15. ③ 借刀殺人：借用人或物，達成目的

16. ㉛ 美人計：以名、利誘惑

17. ④ 以逸待勞：不勞而獲，坐享其成

18. ⑳ 混水摸魚：模糊焦點

19. ⑫ 順手牽羊：一石二鳥

20. ㉟ 連環計：計計相連，環環相扣

21. ㉜ 空城計：佯裝虛實，誘導對手

22. ⑦ 無中生有：化小為大

23. ⑪ 李代桃僵：棄小存大

24. ㉑ 金蟬脫殼：脫身術

25. ⑦ 無中生有：化小為大

26. ㉒ 關門捉賊：口袋戰術

27. ③ 借刀殺人：借用人或物，達成目的

28. ㉜ 空城計：以虛詐實

29. ⑪ 李代桃僵：犧牲局部，顧全大局

30. ③ 借刀殺人：借用人或物，達成目的

31. ㉔ 假道伐虢：跳板原理

32. ⑦ 無中生有：創造願景

33. ㉑ 金蟬脫殼：脫身術

34. ① 瞞天過海：正常過程，帶入陰謀

35. ⑫ 順手牽羊：一石二鳥

36. ④ 以逸待勞：不勞而獲，坐享其成

37. ㉛ 美人計：運用美色、名、利誘惑

38. ③ 借刀殺人：借用人或物，達成目的

39. ⑫ 順手牽羊：順便達成其他目的

40. ⑥ 聲東擊西：佯裝攻東，卻是擊西

41. ① 瞞天過海：正常過程，帶入陰謀

42. ⑦ 無中生有：創造願景

43. ② 圍魏救趙：迂迴戰術，攻敵弱處

44. ⑱ 擒賊擒王：標竿效應

45. ⑯ 欲擒故縱：以退為進

46. ㊴ 將計就計：以計攻計，見招拆招

47. ⑳ 混水摸魚：模糊焦點、障眼法

48. ㉕ 偷樑換柱：調包策略

49. ㉟ 連環計：計計相連，環環相扣

50. ㉑ 金蟬脫殼：脫身術

51. ⑰ 拋磚引玉：施予小惠，誘出大利

52. ㉘ 上屋抽梯：切斷去路，迫其妥協

53. ㉕ 偷樑換柱：調包策略

54. ⑳ 混水摸魚：以假亂真，藉機行事

55. ① 瞞天過海：正常過程，帶入陰謀

56. ⑫ 順手牽羊：一石二鳥

57. ② 圍魏救趙：轉移戰場，另起爐灶

58. ⑦ 無中生有：創造願景

59. ㉒ 關門捉賊：運用行銷，包圍客戶

60. ㉔ 假道伐虢：跳板原理

61. ⑥ 聲東擊西：旁敲側擊，分散注意

62. ㉙ 樹上開花：借別人聲勢，壯大自己

63. ③ 借刀殺人：借用人或物，達成目的

64. ① 瞞天過海：正常過程，帶入陰謀

65. ⑳ 混水摸魚：模糊焦點

66. ⑩ 笑裡藏刀：兩面手法

67. ③ 借刀殺人：借用人或物，達成目的

68. ㉜ 空城計：佯裝虛實，誘導對手

69. ⑦ 無中生有：化無為有

70. ㉔ 假道伐虢：跳板原理；先借後占，有借無還

71. ⑦ 無中生有：化無為有

72. ⑫ 順手牽羊：一石二鳥

73. ㉛ 美人計：利用美色、名、利誘惑

74. ① 瞞天過海：正常過程，帶入陰謀

75. ㉜ 空城計：虛張聲勢，買空賣空

76. ⑪ 李代桃僵：犧牲局部，顧全大局

77. ⑳ 混水摸魚：模糊焦點

78. ⑯ 欲擒故縱：以退為進

79. ⑫ 順手牽羊：一石二鳥

80. ㉑ 金蟬脫殼：脫身術

81. ⑱ 擒賊擒王：找出關鍵，打其要害

82. ㉙ 樹上開花：借別人聲勢，壯大自己

83. ③ 借刀殺人：借用人或物，達成目的

84. ㉞ 苦肉計：受損以博取信任

85. ③ 借刀殺人：借用人或物，達成目的

86. ⑦ 無中生有：創造願景

87. ㉜ 空城計：以虛詐實

88. ① 瞞天過海：正常過程，帶入陰謀

89. ㉔ 假道伐虢：跳板原理

90. ② 圍魏救趙：迂迴戰術，騙敵弱處

91. ⑬ 打草驚蛇：旁敲側擊，偵測敵情

92. ⑯ 欲擒故縱：以退為進

93. ⑦ 無中生有：製造假象，以假亂真

94. ㉘ 上屋抽梯：誘而斷之

95. ⑰ 拋磚引玉：以小引大

96. ③ 借刀殺人：借用人或物，達成目的

97. ㉙ 樹上開花：創造價值

98. ⑬ 打草驚蛇：連鎖反應

99. ① 瞞天過海：正常過程，帶入陰謀

100. ⑫ 順手牽羊：一石二鳥

101. ㉙ 樹上開花：借別人聲勢，壯大自己

102. ③ 借刀殺人：借用人或物，達成目的

103. ㉜ 空城計：以虛詐實

104. ⑥ 聲東擊西：旁敲側擊，分散注意

105. ㉓ 遠交近攻：遠敵妥協，近敵解決

106. ⑦ 無中生有：創造願景

107. ② 圍魏救趙：迂迴戰術，攻敵弱處

108. ㉗ 假痴不癲：裝瘋賣傻，掩蓋真情

109. ⑯ 欲擒故縱：以退為進

110. ⑳ 混水摸魚：模糊焦點

111. ㉛ 美人計：運用美色、名、利誘惑

112. ㉑ 金蟬脫殼：脫身術

113. ⑪ 李代桃僵：棄小存大

114. ㉔ 假道伐虢：借道對手，掩飾目的

115. ㊴ 將計就計：以計攻計，見招拆招

116. ⑫ 順手牽羊：一石二鳥

117. ㉒ 關門捉賊：口袋戰術

118. ① 瞞天過海：正常過程，帶入陰謀

119. ㊴ 將計就計：以計攻計，見招拆招

120. ③ 借刀殺人：借用人或物，達成目的

121. ⑬ 打草驚蛇：旁敲側擊，偵測敵情

122. ⑳ 混水摸魚：模糊焦點

123. ⑦ 無中生有：創造願景

124. ㉔ 假道伐虢：跳板原理

125. ㉛ 美人計：以美色、名、利誘惑

126. ㉑ 金蟬脫殼：脫身術

127. ㉜ 空城計：佯裝虛實，誘導對手

128. ① 瞞天過海：正常過程，帶入陰謀

129. ㉞ 苦肉計：受害以騙取同情信任

130. ③ 借刀殺人：借用人或物，達成目的

131. ㊴ 將計就計：以計攻計，見招拆招

132. ㉜ 空城計：佯裝虛實，誘導對手

133. ㉟ 連環計：計計相連，環環相扣

134. ⑫ 順手牽羊：一石數鳥

135. ⑳ 混水摸魚：模糊焦點

136. ⑦ 無中生有：化無為有

137. ② 圍魏救趙：轉移戰場，另起爐灶

138. ③ 借刀殺人：借用人或物，達成目的

139. ⑳ 混水摸魚：模糊焦點

140. ㉑ 金蟬脫殼：避險求存，棄殼脫身

141. ㉚ 反客為主：化被動為主控

142. ㉞ 苦肉計：受損、受害以博取同情信任

143. ㊱ 走為上計：避開不利，保留實力

144. ③ 借刀殺人：借用人或物，達成目的

145. ⑦ 無中生有：製造假象，以假亂真

146. ⑪ 李代桃僵：犧牲局部，顧全大局

147. ㉞ 苦肉計：受損、受害以博取同情

148. ⑳ 混水摸魚：轉移焦點

149. ① 瞞天過海：正常過程，帶入陰謀

150. ㉞ 苦肉計：受損、受害以博取同情信任

151. ② 圍魏救趙：轉移戰場，另起爐灶

152. ⑫ 順手牽羊：一石多鳥

153. ③ 借刀殺人：借用人或物，達成目的

154. ㉑ 金蟬脫殼：脫身術

155. ⑩ 笑裡藏刀：兩面手法

156. ① 瞞天過海：正常過程，帶入陰謀

157. ㉑ 金蟬脫殼：脫身術

158. ② 圍魏救趙：迂迴戰術，攻敵弱處

159. ⑯ 欲擒故縱：以退為進

160. ㉝ 反間計：利用矛盾，分化離間

161. ③ 借刀殺人：借用人或物，達成目的

162. ④ 以逸待勞：以靜制動，選擇機會

163. ⑫ 順手牽羊：順便達成其他目的

164. ⑨ 隔岸觀火：袖手旁觀

165. ⑲ 釜底抽薪：根本下手，除其力量；攤牌

166. ⑳ 混水摸魚：利用混亂，達到目的

167. ㉞ 苦肉計：自殘或受害以博取同情信任

# 第四篇

# 人生與計謀

[註]：本篇文章亦收錄於2013年1月15日出版的《浮生若夢》及《逆轉運勢的3堂課》於大陸出版的簡體版書中。

## 01 善用計謀，就能為生命找到出路

達爾文的進化論中言及：「生存競爭，死亡淘汰；物競天擇，適者生存。」所以生物為了能夠傳宗接代、綿綿不息，勢必要在競爭中找出一條路，恰似電影《侏儸紀公園》的一句名言：「生命會找到自己的出路」，而這句話已被廣泛應用在代表生命的韌性。

就像古人所說：「山重水複疑無路，柳暗花明又一村」，人到絕望時，為了想生存下來，自然會找出一條活路。然而，對人類而言，「找路」的能力是什麼？其實那就是「運用計謀」的能力，人類以其來彌補自身條件的不足，或是加強自己能力，因此若善加運用計謀來突破瓶頸、解決問題，就會得到「創造機會，改變命運」的出路。

回顧我的人生，每當多次挫折、失敗到近乎絕望時，總是會有貴人跳出來幫忙度過難關，不知道是上天的安排？個人的為人風格導致？計謀的運用結果？還是「生命終究會找到自己的出路」？我左思右想，也許四者皆有之吧！

我的一生之中，曾經因為罹患肝癌、胃癌，動了二十二次手術，換了兩次肝臟才能活了下來，這手術前後的精神與肉體痛苦，真是有如在地獄之中！而且我又經歷了二十七種行業，這種創業之辛苦，創過業的人一定很清楚，就是苦不堪言！現在回想起來，在度過種種苦難的過程中，「計謀」確實扮演了很重要的角色！

　　累積這麼多的苦難之後，難免會怨天尤人，怪上天不公平，怪運氣不好，怪自己都沒有快樂，然而卻是越怪越苦！一直到死而復生後才領悟到，既然擺脫不了苦難，唯有與之共存，放棄排斥而接納它，慢慢地心態一轉，覺得苦中作樂，把吃苦當吃補，苦盡甘來，何嘗不是另一種快樂？如果把苦難當作一種上天對我的磨練、考驗，甚至是啟示，則苦難反而變成一個創造機會、改變命運的契機！

　　大家一定覺得很奇怪，為什麼在「人生與計謀」中，我不談成功、快樂，只論失敗、痛苦？因為成功讓人得意忘形，過了半年就忘了；然而失敗卻讓人刻骨銘心，一輩子都忘不了，而且若人生一直很順遂，甚至一輩子都很快樂，實際上根本不需要計謀。就是因為困難重重，諸事不順，才會用到計謀來幫忙突破瓶頸，解決困難，所以也唯有身在失敗或痛苦的環境，計謀才得以適得其所，蓬勃發展。

　　這些與人生有關的文章，乍看和前面所講的「計謀」好像沒有什麼關聯，其實不然，在越苦的環境、越大的壓力或越強的競爭之下，為了度過難關，為了獲勝或為了生存下去，會迫使人類發揮本能，找出脫身或致勝的方法，此時「計謀」就像是催化劑，或像「腎上腺素」激發出來，促使人類茅塞頓開及精力倍增來突破危機，解決困難，達成目的。

　　希望讀者們看懂了本書後，會對「計謀」有更深層的領悟及感觸，或許會為讀者們在「生命中找到不同的出路」。

## 02 媲美《金氏世界紀錄》的傳奇

如果要以數字來串聯我一生的奇遇，大概有以下的描述：一次心臟停止，二次因癌而移植肝臟，三次被醫生判死刑，四次瀕臨死亡，七個徑賽獎牌，八種人間地獄之苦，八次靈魂出竅，二十二次大小手術折磨，二十七種行業淬鍊，四十二天於加護病房、二百多個鬼的歡迎，四百多天在病床上……。這一生匯集多采多姿、多苦多難的過程，徘徊於生死之間的奇遇，及如何應對的方法與經驗，我打算在這幾年以故事寫出，當作紀念，也算是我留給子孫最珍貴的遺產啊！

前一陣子，有個朋友突然問我：「要不要來申請個《金氏世界紀錄》？」我愣了一下，脫口問：「為什麼？」朋友說，這世界上經歷過士、農、工、商等二十七種行業的人有；得了癌症動過二十二次大小手術的人也有；移植過兩次肝的人亦有；死而復生的人還是有，但是四種狀況發生在同一個人身上，而且目前還活著的，在全世界七十億人口中恐怕只有你一人，這傳奇可媲美《金氏世界紀錄》了。

### 倏忽之間，情勢逆轉，又回到人間

許多危機的發生經常是「福無雙至，禍不單行」。我在事業顛峰時，突然得了癌症，致使爭取名、利、成就的所有努力成果將要呈現時，卻像泡沫一樣迅速消失，許多計畫都戛然停止。在癌症初期，一切治療的效果都不錯，可是突然

間病情卻惡化，切肝、換肝全都無效，醫生更直接宣布我的死期。最後心臟停了，接著好像就要到天堂或地獄報到，然而倏忽之間，情勢逆轉，什麼地方都沒去，又回到人間。

先是死得莫名其妙（檢查報告全部肝指數都正常，無肝炎、無肝硬化、無任何症狀、無家族史，竟然罹患肝癌，且於換肝後真菌感染敗血症）；然後又活得莫名其妙（心臟停止，醫生請家屬準備後事，突然間又活了過來），這些經歷難道不是「命運」無奈之展現？罹患癌症後，我總共在病房躺了四百多天，其中在加護病房躺了四十二天，和鬼神對話，互動頻繁（醫生說是譫妄或幻覺），整個過程就像連續劇一般，非常奇妙、精彩和懸疑。

## 造命者天，立命者我

「命運很無奈」這話雖然沒錯，但只說對了一半，「命運」還是有可為的。我一直有個信念：「造命者天，立命者我」，其意是，創造生命在上天，改變命運在自己。出生時的環境、家庭、國家，我們無法選擇；然而個人的命運、方向、願景，靠自己的智慧計謀可以改變。一生之中，這「信念」幫助我度過無數次的「命運」和「機會」，即使在病重奄奄一息時，我依然沒有放棄「信念」。這也就是我能活下來的主要原因之一。

## 03 多采多姿的人生：獻給想創業或創業失敗的人

　　達爾文的進化論中有一些觀念，譬如：「生存競爭，死亡淘汰；物競天擇，適者生存；優勝劣敗，天演進化。」人的成長過程中也有如進化論，經歷越多，競爭能力越強，當然成功機會也越多。當初踏入社會時，我的想法就是受到進化論很大的影響。

　　我的一生都在接受自己和別人的挑戰，只有在挑戰中，才能發揚自己的優點、找出自己的弱點，才能快速成長，並增強競爭力。每逢挑戰時，我就熱血賁張、蓄勢待發，精神都來了；沒有挑戰則會無精打采，興趣缺缺。所以我是遇強則強，遇弱則弱；對強者有挑戰欲望，對弱者則無心再鬥。

### 以失敗的經驗當作肥料，才會滋長壯大成功的果實

　　我一生中經歷過的行業大概有二十七種。因為製造業比較固定性、制度化，所以我比較喜歡可以追求夢想、挑戰自我，尤其是一般人不願做的行業，而我喜歡服務業，就是因為其變化多，且挑戰性也強。如果以人際關係複雜程度而言，一般產業是小山林的話，服務業則是大森林，因為其中隱藏著千奇百怪的怪事與藏龍臥虎的奇人，而挑戰這些奇人與怪事是我興趣之所在。在二十七種行業中，大部分屬服務業，但也涵蓋了士、農、工、商等四大類別。雖然大部分行業並

沒賺到錢，然而以失敗的經驗當作肥料，才會滋長壯大成功的果實，而且以失敗換來的為人、處事經驗是無價的，這些經驗奠定了後續發展的基礎。

## 二十七種行業的淬鍊

這二十七種行業遍及士農工商，依時間先後順序，大致上為：

1. 擺地攤（街頭）。2. 家電修理（電扇、電鍋）。3. 重電設計及銷售工程師（工廠或大樓的變配電設備）。4. 股票操作（自營及代操）。5. 貿易商（進口代理）。6. 監工（建築工地）。7. 小學教師（代課老師）。8. 褲襪（總經銷）。9. 自耕農。10. 建築（投資興建及土地開發）。11. 營建（工程自行發包）。12. 建材買賣。13. 代書。14. 房屋仲介。15. 記者（特約）。16. 批發商（電池、成衣）。17. 賓館。18. 大型三溫暖（整棟九層樓）。19. 大型 KTV（整棟三層樓）。20. 陰宅（墓園、納骨塔）。21. 綜合證券（三十六家分公司及子公司，員工一千兩百人）。22. 作家（著作四本書）。23. 大學教授（兼任）。24. 投資公司。25. 虛擬貨幣。26. 醫療器材。27. 企業顧問。

## 苦中作樂，吃苦當吃補

每一種行業除了擺地攤外，至少都有二年以上，最多的有將近五十年的經驗，有時一年做二至三種，最多時一年同時做六種。創業維艱，創立一種行業至少要苦三年，所以我

幾乎一生都在辛苦中。有人笑我「頭殼壞了」，盡是自找苦吃，其實不然，把工作當作樂趣，苦中作樂，「吃苦當吃補」，不就得了。雖然過程很辛苦，但收成時的豐碩果實就是代價，這果實不只是物質上的名、利、成就，還有很多是精神上的，譬如：閱歷增加，自信、心胸、友誼等都會增加。當然也有缺點，就是太忙碌、太辛苦了，感情會受影響，健康也受影響。

## 你未必能出類拔萃，但一定要與眾不同

不只一個人問過我：「假如來世你可以選擇，你還會選擇像你今生這樣嗎？還是會選擇不同的人生？」

我曾經憶及一生經歷無數次的挫折、失敗及打擊後的壓力和哀痛，也曾想起許多次大小手術前後的緊張與痛苦，心中不免有些忐忑。然而我雖然是平凡人，卻希望有不平凡的際遇，平平凡凡、庸庸碌碌、日夜蹉跎、虛度一生，實非我所願。人生苦短，若能追求夢想──「與眾不同」，也不枉此生。所以我仍會選擇「勞碌命、歹命人」，雖然會多苦多難，但卻擁有多采多姿的人生。

## 04 多苦多難的生涯：獻給曾對人生絕望的人

在我十七歲決定要改變命運之際，似乎已經註定這一輩子要多苦多難。改變自己是一件痛苦的事，要把原有的思想、行

為、習慣、觀念硬拗過來，必須要有相當強的意志力（鬥志）。

## 被判三次不同的死刑

2002 年 4 月發現自己罹患肝癌開始，這二十年來就和肝癌、胃癌、心臟動脈瘤、腸瘤等展開一連串的奮戰，其間一共有二十二次大小手術，並移植了兩次肝臟，小手術是每次住院三至七天，大手術需住院二十天以上，總共在病床上躺了四百多天，其中加護病房四十二天。當一切治療都無效時，最後只有走向移植肝臟一途，在台灣沒有機會，只好到大陸去了。由於病況一直惡化，這些期間，我在三個不同的時間，被三家不同醫院的三位不同醫師，判了我三次不同的死刑。

## 雖已事過境遷，迄今還餘悸猶存

手術的痛苦，在於術前的緊張和術後復原過程中的疼痛，還有併發的後遺症，其痛苦有如地獄刑罰（見下章所述）。

另一種痛苦是幻覺，看到了鬼、神，而且與之互動。因幻覺引起的幻聽、幻視、幻想，讓人真假分不清，從心底而起的恐懼、無助、顫慄的感覺，實在無法形容。我還兩度必須接受精神病科的治療。現在雖已事過境遷，回想當時情況，迄今還是餘悸猶存。

## 午夜夢迴時，在心中喊了無數次：「我要活下去！」

當病況一直惡化，會有一連串的壞消息，肉體上和精神

上（幻覺）的痛苦、種種的考驗，都需要堅強的意志力。當狀況很糟糕時，不知有多少次於午夜夢迴時，在心中喊著：「我要活下去！」來增強意志力。平日自以為很瀟灑，很多事情都不在乎，可是在瀕死時才體會到，平時並不太在意的生命，就像空氣一樣重要，現在要祈求它不要走，竟然有這麼困難。

## 對人間種種，竟然有如此深的依戀

我也才知道，自己對人間種種竟然有如此深的依戀，這種集合震驚、悔恨及掙扎於一身，又無可奈何、無力回天的感覺，真是悲哀啊！當發覺意志力無法支撐時，就要靠信仰的力量幫助。本來沒有深刻宗教信仰的我，在那一段悲慘時期，就是靠對佛祖、媽祖、關公的祈禱，及一本《地藏菩薩本願經》，與默念無數個佛號「南無阿彌陀佛」來度過。

好幾個朋友聽說我動了二十二次手術，都說：「要是我，乾脆死掉算了！何必這麼痛苦。」但我告訴他們，話不要說得太快，回去拿張紙，把活下來的優點和死去的缺點，一一寫下來，評估要不要活下去再說。我這幾年在醫院裡，看過一些病人的真正死因，是自己不願再活下去。當醫療方法遭遇困難或束手無策時，意志力常常會決定生與死。螻蟻尚且偷生，何況人呢？「貪生怕死」到底是自古以來永恆不變的人性弱點啊！

## 05 八種人間地獄之苦：獻給想知道地獄在哪裡的人

傳說人死後，依其功德或罪行，而進入天堂或地獄。地獄何在？佛經說，地獄在地底下十萬里之處。然而人們在生前能夠感受到的是「人間地獄」。「人間地獄」在何處？在屠宰場、在醫院的開刀房、停屍間及病房中；或是在受盡折磨以及對人間已絕望、一心求死的人心中。

我曾於 2002 年罹患肝癌，一直到 2006 年這四年中，曾經動了二十二次大小手術，移植了兩次肝臟，所謂小手術是需住院三至七天，大手術是住院二十天以上。手術前後的痛苦有如走過地獄，故稱其為「人間地獄之苦」。包括：

**一、開膛剖肚之苦**：切除肝臟腫瘤及移植兩次肝臟，皆將腹部剖開人型，才能把肝臟取出來。

**二、高燒火炙之苦**：於加護病房時，常發燒至四十度，全身有如火炙。

**三、全身抽搐之苦**：因藥物或血中低鎂，導致全身抽搐，有如擰轉毛巾，每次長達十餘分鐘，痛苦到甚至咬裂兩顆牙齒。

**四、萬針插身之苦**：鼻、嘴、腸、尿道皆插管，雙手臂吊點滴插針，日久後血管僵硬，異常疼痛。後來手臂無血管可插針，就從頸部大動脈插針，補充營養液。

**五、萬蟻爬身之苦**：全身黃疸，有如萬蟻爬叮，奇癢無比，

而塗藥無效，經常會抓到全身皮破血流。

**六、嘔吐不止之苦：**一開始是為手術後減少痛苦，故使用自動止痛劑，但其後遺症會一直嘔吐。到後來停用止痛劑，但嘔吐還不止，任何食物或水都會吐出來，嚴重到當護士喊「吃藥」時，就開始嘔吐，全身震動，感覺體內器官皆在移位。

**七、幻覺之苦：**除以上六種肉體之苦外，另外一種精神之苦就是幻覺之苦，是因譫妄而產生幻視、幻聽、幻想等幻覺，病患常會主訴看到不該看到的東西，例如：「見到鬼了！」於重病時，病人已經很虛弱，若於此時見到鬼，對內心衝擊很大，認為將被帶走，這種重大壓力，常會促使重病病人提早死亡。

**八、緊張之苦：**另外一種痛苦是手術前的緊張，像我在一周前就會開始，這種緊張，看不到也摸不著，是一種無形壓力，如影隨形，揮不去也趕不走，真讓人受不了。

經歷過的人才知道，所謂「人間地獄之苦」不只是文字或感受而已，那是一種實際的酷刑，非常人所能忍受，除了靠堅強的意志力強忍外，還需靠夢境、幻境與實境的相互轉化來轉移痛苦。

## 06　夢境、幻境與實境的相互轉化：獻給痛不欲生的人

人的大腦有一種作用，就是「日有所思，夜有所夢」。

日思和夜夢有時候不一定會完全一樣，但兩者之間一定有所關聯。夜夢中稱為夢境，當然白日夢也可進入夢境。

醫學上因譫妄而產生的幻覺，是因為藥物作用、發燒、電解質缺乏，或遭受感染等，造成腦部認知功能出現異常，有幻覺就會進入幻境，而實境就是現實的生活環境。夢境與幻境之不同處在於，夢境是斷斷續續的，大部分醒來就忘了。而幻境就像連續劇一樣，劇情清楚，甚至下一次幻境還可接續上一次幻境的劇情。

## 由自我操控想像而進入幻境

理論上夢境、幻境與實境這三種是不同的境界，夢境與幻境在日常生活中偶然會出現，人類並無法操控。而實際上，目前已經可以藉藥物或催眠術來製造幻境。催眠術中一種是由外來的，藉由催眠師的輔助，引導進入幻境；另一種是由自我操控想像而進入幻境，本文所談的就是後者。

## 失去了人生樂趣，就想到以自殺來解脫

在 2006 年 1 月於第二次肝臟移植後，因敗血症而導致心臟停止，經急救後復活，但因術後肉體痛苦有如進入六層地獄，精神痛苦則是因譫妄產生幻覺，進入幻境中，整天與鬼周旋。於肉體及精神兩種痛苦的重大壓力下，天天苦不堪言，已失去了人生樂趣，就想到以自殺來解脫。

## 設法將部分病苦轉化，先拖延時間，等待機會

在譫妄下，雖然神智不是很清楚，但自己心裡明白，因我曾看過一些實例，重病的人只要一心求死，就可以讓心臟停止而死。我知道再這樣下去，這一生就完了，所以一直設法想掙脫困境。有一天突然急中生智，既然痛苦不可避免，至少可想辦法將部分病苦轉化，先拖延時間，等待機會或再想出其他解救辦法。

後來終於想出點子，如果在實境，肉體或精神很痛苦時，就立刻轉化到幻境中；如果在幻境中感到痛苦時，又再轉化回實境中，或再轉化到另一個幻境。用這種方法果然有效，減輕了很多肉體上的痛苦，也有時間讓藥物發生作用，終於脫離了險境。

## 萬一回不來，可能就會變成精神病患，在時空中徘徊

這種方法有些類似自我催眠，我沒學過催眠術，但於多次試驗後，可以慢慢進入狀況，降低了痛苦度，讓生活舒適些。但這方法也有危險處和後遺症，危險處是當從舒適的幻境要轉化回痛苦的實境時，或者是從一個幻境轉化到另一個時，本身會產生抗拒，而拒絕轉化或產生混淆，此時要有相當大的意志力堅持；萬一回不來，可能就會變成精神病患，在時空中徘徊。

## 在午夜夢迴時，感覺靈魂的一部分遺留在幻境裡

這幾年，我常發現一個後遺症，就是有時在思考時，突然會自動轉化到幻境，必須再轉化回來。而且偶爾在夜深人靜時，也會聽到過去幻境的呼喚，所以如果在半夜醒來，我一定會先確定是在幻境還是實境。幸虧這種情況隨著時間過去，次數越來越少。只是有時在午夜夢迴時，感覺靈魂的一部分還遺留在幻境裡，並沒有跟著身體回來，那種微妙的感覺，迄今我仍無法用文字表達[註9]。

即使有危險處和後遺症，但是和減輕痛苦、甚至挽回一條命相較，其代價還是非常值得的，而其最大困難處是在病人相不相信這種方法？或是病人願不願意去做？其實我只是告訴大家有這麼一條路，也曾有人走過而成功，然而要不要嘗試，這最後的抉擇還是要靠自己了。

## 07 死而復生：獻給對死而復生好奇的人

我一生篤信「造命者天，立命者我」，故一直運用意志力（鬥志）來創造機會、改變命運，意志力堅強的人必也是自信心超強，所以相信自己、相信科學，不太會相信神鬼論。雖然我從小隨著長輩在家裡祭拜祖先，或在外面逢廟必進、

[註9]：本文是數年前所寫的，至今我已恢復常態，完全沒有幻覺了，而且上述的「在時空中徘徊」或「靈魂的一部分遺留在幻境裡」的現象皆沒有發生。

遇佛便拜，也都只是秉持一種敬意，總覺得神鬼是存在於另一個世界，和現實世界並不相干。

## 到底「神鬼論」是迷信還是事實？

可是這次在經歷生死的過程中，我不但和神鬼共存，甚至還互動、對話，讓我震撼不已。然而連《論語》都曾提到：「子不語，怪力亂神。」讓我在下筆寫這段奇遇時，不禁有些猶豫，因為我已年近八十了，又歷經士農工商等二十七種行業，人生閱歷豐富，如果現在談和神鬼接觸之事，是否令人匪夷所思？到底「神鬼論」是迷信還是事實？幾千年來，不論中外，各種宗教、民俗所談論的神鬼，難道都是迷信嗎？原本我打算把這段奇遇當作回憶留在心中，後來遇見幾個大師都說：「上天讓你活回來，就是要讓你見證，如果不說出來，豈不辜負聖意？」

基本上，神鬼是屬民俗層面，幻覺是屬科學層面，譫妄是屬醫學層面[註10]，雖然有這三種不同層面，但對於人類的影響、恐懼與疑惑卻都是一樣的。

---

[註10]：譫妄症是一種急性精神混亂的病症，大多發生在加護病房，病人因重症、使用藥物劑量多又重；或因環境突然改變、營養缺乏、發燒、電解質缺乏；或遭受感染等，造成腦部認知功能出現異常，病患常會主訴看到不該看到的東西，如：「見鬼了！」或是已逝的親人。出現譫妄症時，如不即時治療，恐有生命之虞。

## 死而復生的實際過程

我在 2002 年（五十八歲）曾經因為罹患肝癌，經過栓塞、化療、切肝等醫療後依然無效，只有走向移植肝臟一途（六十一歲）。第一次肝移植後因排斥變成黃疸病，只好再做第二次肝臟移植，但又不幸因真菌感染到敗血症，導致心臟停止，醫生們急救無效後宣布死亡（六十二歲），並開出紅單通知家屬準備後事。然而想不到我又突然活了過來，在那攸關生死的幾個小時間，我經歷了一些難以忘懷的怪事，以下讓我將其過程娓娓道來！

2006 年 1 月，我從第二次肝移植手術後的加護病房轉移到一般病房後幾天，於 16 日下午 1 時餘，突然感覺肚子一陣溫熱，打開紗布一看，一道血噴了出來，我仍不以為意，就按鈴請護士來。想不到護士一看，大叫數聲，立刻衝進八位醫生及護士，大家手忙腳亂，有的止血、有的輸血，我有如旁觀者，心裡在想：「有這麼嚴重嗎？」他們立刻把我抬上病床，衝向開刀房急救，在走廊時，我看到醫生和護士用跑步推病床，我想：「醫生這麼緊張，難道真的很危險嗎？」

### 一、靈魂出竅

想著、想著，突然看見病床衝向一個山洞，前後醫生及護士都不見了，只看到有幾個戴著六角帽、皮膚稍黑，穿深灰藍色長袍，身高三公尺左右的人抬著病床進入山洞，洞內

兩側有同種人，下半身嵌在牆壁內，上半身在外伸出手來，指引前進方向 [註11]。

　　經過山洞後走進一個房間，房間又大又高，四周是牆，光線明亮，他們將病床放在房中央。我則不由自主地往上飄，在高處向下看到另一個「我」在病床上，我還在想，到底我要下去、還是下面的「我」要上來？正在找尋有無梯子可下時，突然正對面牆上出現影像，就像幻燈片一樣，一張一張放映過去，大概從五歲開始，一直到最近所發生的大事 [註12]。一段時間後影像停止，繼之是一段很長時間的靜默無聲，感覺空間及時間都靜止了，我正覺得不耐煩時，突然正面牆壁裂開 [註13]，一道強光射進來，讓我眼睛睜不開，當我勉強把眼睛睜開時，就聽到一個聲音：「他醒了！」然後看到兩個護士站在床邊，原來已開刀完成，再回到加護病房。


## 二、進了天堂或地獄？

　　有一天突然我又往上飄，而病床帶著「我」的身體往外

---

[註11]：回台兩年後，朋友邀我到中部某寺廟一遊，一進大殿，著實讓我嚇了一跳，大殿中有四尊天王，高約六公尺，戴六角帽，穿深灰藍色長袍，臉色稍黑，和我幻覺時所見到的，除了高度外，其他幾乎都類似，而奇怪的是，在之前我都沒有去過該廟。

[註12]：這些影像我回台後一一查證，只有幾件無法查證，其他大部分都與事實相符。而醫生朋友告訴我，人到將死時，會發出訊號來刺激腦部，把腦部深處留存的記憶激發出來。

[註13]：後來有大師告訴我說，那些類似幻燈片的影像是放給閻羅王看的，之後那段很長時間的靜默期，就是閻羅王在判決我的何去何從，並說若屋頂裂開就是上天堂，地板裂開則下地獄，牆壁裂開則回到人間，而我就是牆壁裂開，所以回到人間。

跑，我一邊追、一邊喊看護，但無人理睬。病床在路上跑，突然進入一間大廳，高到看不到屋頂，只見光束從天而下。大廳中有很多桌的人在吃飯，只有音樂聲沒有吵雜聲，男士們個個西裝筆挺、英俊挺拔，女士們個個穿晚禮服、美麗大方。我趕快跳進身體裡，只見病床在每桌間穿梭，每一桌男女都站起來請我上座，當時只覺口渴，順手抓起桌上之礦泉水，抓了三次都從手邊漏過，立刻警覺這是否進了地獄見了鬼，而不敢停留，趕緊匆匆而過[註14]。

### 三、觀落陰

又有一次，靈魂又出竅到了某個地方，有一群人在舉行「觀落陰」儀式，我看到其中有一人是我和同學高深的朋友。清醒後我趕快在加護病房中用手機告訴在台灣的他「觀落陰」的事[註15]，並且請他轉告那位先生不要再來了，拗不過我的堅持，他就答應轉告。之後我又去電再確認有否轉告，很詭異地，這人從此沒再出現過[註16]。

---

[註14]：後來有大師提醒，依我所描述現象，應屬天堂，而不是地獄，假如我當時被邀上座，就會進了天堂，不再回人間。還記得在生病期間，所有的幻覺中，從來沒出現過任何一個青面獠牙、面目猙獰及形象可怕的鬼。鬼的外貌就和常人一般，但可以感覺到不是人。
[註15]：「觀落陰」，台灣民俗，靈媒做法後可看到陰間現象，信徒透過靈媒可和陰間親人對話。
[註16]：回台後我問高深到底有沒有轉告，他說：「我也不知道你說的是那一位先生，但看你那麼堅持，只好告訴你已轉告，敷衍了事。」

## 四、二百多個鬼的歡迎

還有一次，我看到自己走過一條很長的商店街，街道兩旁站了很多鬼，我數了一下，大約二百多個。這些鬼皮膚稍黑，講的台灣話帶有特殊的腔調，都鼓掌歡迎並請我入店內休息。我則感覺怪異，不敢進去，就一直往前走，經過一個山洞後，人即清醒過來。

## 五、幻景和實景互相轉化

此後每天都有幻覺（幻視、幻聽、幻想），病房場景時常突然改變，病房中長出樹來，有人坐在樹上瞪著我，有時突然有牛、羊、馬在房內。我會叫看護把牛羊趕出去，為了不和我起爭執，她會拿起掃把往我指的牛羊方向去趕，我也看到牛羊真的被趕出去 [註17]。每天有好幾次，幻景和實景互相轉化。

## 六、夢中夢、幻中幻

開始時晚上有幻覺，後來整天都有，當有人進入病房時，我都要仔細想是真實還是幻覺。起先是咬中指，會痛的是真實，不痛是幻覺。但是過一陣子像夢中夢一樣，連咬中指會痛都是幻覺。因為真假分不清楚，人鬼也分不清楚，所以看到人就打，有一段日子清醒時，甚至連手腳都被綁在病床上

---

[註17]：幻覺和夢不同處，在於夢是片段式，每個夢都不同，醒來後大都會忘掉。而幻覺卻像連續劇一樣，會接續下去，而且醒來後記憶清楚。

動彈不得，而最嚴重時，吃飯、喝水就嘔吐，甚至護士一說「吃藥了」就開始吐。而且兩個手臂扎針到血管硬化，又因礦物質不平衡導致全身抽搐，不能吃也不能喝，加上肉體疼痛，又隨時有幻覺，經常和鬼搏鬥，有如下過八種地獄，體重從五十六公斤驟降到三十九公斤，感到人生已無樂趣，就想到自殺。

## 七、死神的誘惑

有一天忽然看到床前有一條發亮的白線，接著耳邊有聲音說：「只要跨過這條線，一切苦痛都會消失了！」這聲音好像一直在重覆勸說，我還走到白線邊緣，看到下面一片黑，趕快退回來，經過數次徘徊，最後還是沒有越過那條白線[註18]。

## 八、靈魂出竅八次

經過兩個月後，靈魂出竅的現象才停下來，我約略算了一下，這個現象有八次之多。於一年後幻覺漸漸減少，以後十年中，幻覺仍然偶爾會發生，但至今則完全沒有出現過。

## 九、意志如此堅強的人，還差一點自殺，更何況一般人呢？

原本我一直認為可用堅強的意志力來改變命運，認為自

---

[註18]：回台後到公司上班，有一天從十五樓辦公室望出去，突然看到一長條發亮的白線，注意一看，原來是對面十二樓頂女兒牆上面貼的磁磚，經過太陽光反射後形成一道白線。此時猛然想起，當初一直在叫我跨越過白線，不是在暗示從高樓往下跳嗎？頓時雞皮疙瘩都跑了出來。

殺是一種自私及懦弱的表現。可是在自己親身體驗過後才知道，想自殺的人，已經進入死胡同，思想已全然被幻覺或鬼魔所控制，不靠外力是走不出來的。就像我意志這麼堅強的人，還差一點自殺，更何況一般人呢？所以大家與其在事後責備自殺者的自私及懦弱，不如在事前多給予關心，引導他（她）們走出險境才是上策。

寫完此篇文章，頓時感覺如釋重負，一方面多年來一直盤旋在腦海的記憶，終於把它用文字寫出，今後可以放下，另一方面也感覺對上天有了交代，心安多了。至於是否是神鬼、幻覺、譫妄或迷信，這些都是見仁見智，留待大家去想像吧！

## 08 瀕死者的心路歷程：獻給需要未雨綢繆、不想含恨以終的領導者或老闆們

### 瀕死者於瀕臨死亡之際，會發生的六種現象

瀕死當時會出現「靈魂出竅」、「強光效應」、「隧道效應」、「瞳孔效應」、「子宮效應」、「快速回顧人生」等等現象。如果說這些現象是幻覺，為什麼全世界各地不同的瀕死者都會有相同的幻覺？而如果這些現象不是幻覺，那又是什麼？迄今我仍然百思不解，無法找到答案。

**一、靈魂出竅**：瀕死者感覺意識與身體分離，覺得自己的形象脫離了身體，游離到空中而可看到自己的身體。

二、**強光效應**：瀕死者在彌留之際，極少數會迴光返照，看見強光而回到人間。

三、**隧道效應**：世界各地採訪死而復生的人，發覺一部分人都有這個效應，即瀕死者走進一個山洞，看到已故親人來迎接，或看到一片光而回到人間。

四、**瞳孔效應**：醫學分析可能是心臟停止不再供給血液時，瞳孔四周之小血管喪失功能，只剩大血管尚有血液，此時瀕死者只能看到瞳孔之圓形，類似山洞。

五、**子宮效應**：瀕死時，記憶回到原始狀態，即從子宮經過產道出生時見到亮光，此回憶會再次出現，因此會看到圓形影像。

六、**快速回顧人生**：瀕死者從外表看是昏迷中，可是大腦並未停止活動，可能有一種訊息通知大腦：「快死了！」因此大腦的深沉記憶處會放出塵封的記憶，讓瀕死者再次意識到過往一生中有記憶或被遺忘的事。

自古以來，從來沒有不死而永生的人，所以每一個人都必定會經歷「瀕死過程」。有些人的瀕死過程較短，沒多久就往生了，然而一部分人的瀕死過程卻是多次，因而時間拖得很久，最不幸的是意識清楚，而對周遭發生的事皆能感受到，這就是痛苦的所在。經歷過瀕死後死而復生的人，其中有一部分會中風、失憶，甚至變成植物人；只有極少數人復生後反而意識清楚、思考敏銳。通常死而復生過的人，都閉口不談瀕死時所發生的事，因為不願再提起那一段痛苦的回

憶。在人生四大事生、老、病、死中,人們最陌生的是死亡,因為對它的不了解,所以會以訛傳訛,導致傳聞失真。

## 是「未知生,焉知死?」還是「未知死,焉知生?」

昔日,季路問孔子:「請問死後是怎麼回事?」孔子說:「未知生,焉知死?」就是,還沒弄清楚生,如何知道死呢?但在我經歷過死亡歷程後,依我的淺見是,也可以說:「未知死,焉知生?」

我的意思是,假如能夠知道瀕死時會遭遇到什麼事,也許我們從現在開始就會調整或修正某一些思想與行為,從而改變今後的命運,或者啟發善念與善行,從而提升道德觀與價值觀。如此一來,則對個人、家庭、社會及國家都會有莫大的助益。而且如果能預知瀕死過程中的遭遇,就可以迴避或減少瀕死時的痛苦。這也就是我要把曾經體驗過的瀕死心路歷程,包括內心及外在的痛苦回憶公諸於世的用意所在。

## 瀕死者於瀕臨死亡過程中的遭遇

### 一、人間地獄之苦

我曾經罹患肝癌,動了二十二次大小手術,移植了兩次肝臟,歷經開膛剖肚之苦、高燒火炙之苦、全身抽搐之苦、萬針捅身之苦、萬蟻爬身之苦、嘔吐不止之苦等等,這些痛苦有如走過地獄,故稱其為「人間地獄之苦」。

癌症病患心裡要有認知,醫療過程中難免會有病痛,但

是上述這些「人間地獄之苦」都還在一般人可以忍受的範圍之內，況且還有許多方法可降低痛苦，如藥物、催眠、信仰、移轉注意力等等，故肉體之苦，靠意志力及忍耐力可以度過。

## 二、對人間的種種依戀以及對死亡的畏懼

瀕死時才知道，對人間種種竟然有如此深的依戀，這種集合震驚、悔恨、不捨及掙扎於一身，而又無可奈何、無力回天的感覺，其中還夾雜著悲傷與放不下的痛苦。想像死亡也是件可怕的事，因為死亡就表示你要失去一切，如金錢、財富、名聲、成就、親情、愛情、友情，甚至一張紙、一個回憶都無法帶走，人生一切都要歸零，還要走向未知、陌生的世界，光是想像這些，就已經足夠讓人心生畏懼了。

「依戀越深，痛苦越多」，人在生病或七十歲之後（甚至要提早），就要有心慢慢減少物質上和精神上的欲望與需求。要放下雖不容易，但不放下，將來卻會更痛苦。要逐漸將生活清淡化、簡單化，降低對名、利、成就、情感的需求，減少失落的差距，瀕死時的痛苦就會舒緩。

## 三、譫妄、幻覺、神鬼，皆會引起恐懼與絕望

在我們熟知的生、老、病、死之間尚有一個空間，即生、老、病、「陰陽界」、死。「陰陽界」是宗教上稱為神、鬼、人共存的地方，科學上認為是幻覺產生的幻境，醫學上則認為是由譫妄產生。人在死亡前的昏迷狀態就是進入「陰陽界」

或幻境，大部分人會從「陰陽界」或幻境進入天堂或地獄，只有極少數人能再回到人間，這是人最後一次的求生機會。

譫妄屬醫學層面，幻覺屬科學層面，神鬼屬民俗層面，然而對於病人來說，其引發的恐懼與疑惑卻都是一樣的。瀕死的人身體已經虛弱且無信心，會因為這三種現象而產生「鬼來了」的錯覺，其害怕「被鬼帶走」的恐懼與絕望的心情，除非身臨其境，否則難以想像及體會。

所謂信仰是「信者恆信、不信者恆不信」，瀕死者需要靠信仰來堅定信心，並增強求生的意志力。對於相信神鬼的人，平常多做善事，多拜拜或祈禱，不但可以求得心安，而且對「被鬼帶走」的恐懼與絕望，也可以減少。而對於信仰的神，屬哪種教派都好，只要對它有信心，即可產生庇佑的力量。對不相信神鬼的人而言，就把神鬼現象當作一種幻覺或錯覺吧！

### 四、真相的錯亂

瀕死時會出現「靈魂出竅」、「強光效應」、「隧道效應」、「瞳孔效應」、「子宮效應」、「快速回顧人生」等等現象，其中，「快速回顧人生」就是從小時候一直到臨死前的某些特殊事情會瞬間一一呈現，但其中有些景象卻與瀕死者已知的情況相反，因此產生的困惑會造成相當大的震撼。我死而復生後也曾經查證過，大部分死前「快速回顧人生」中出現的情況才是真相。

　　由於自己的主觀意識或者是他人的高超矇騙，以致真相常被蒙蔽。若於臨死前才看到真相，就要怪自己平時不夠謹慎或識人不明，然而這時候怨嘆也沒用，如果尚有時間和機會，趕快做些亡羊補牢的行動吧！如此也許還會有些幫助，減緩事態的嚴重性，也可求得最後的心安。

　　如果有機會，還是要查證一下，因為「快速回顧人生」中所看到的未必都是真相。但是假如不是大事或影響不大，則不用理它，反正人都快死了，就期盼「善有善報，惡有惡報，不是不報，時候未到」吧！

　　然而，在瀕死時，從「快速回顧人生」中所看到的事，到底是否一定要去查明真相？我在《逆轉運勢的3堂課》書中有一段話：「真相是奢侈品，而且往往是殘酷的，因為我們負擔不起某些真相被揭露後，所產生的後果及代價」，可以作為參考，來決定要不要查明真相。

## 五、「快速回顧人生」的痛上加痛

　　除非是出了意外在一瞬間死亡，一般瀕死者的情況是在死亡之前都會有一段時間的昏迷，從外表看是在昏睡中，可是大腦並未停止活動，可能會有訊息通知大腦「快死了」，因此大腦的深沉記憶處會放出塵封的記憶，這就是「快速回顧人生」的現象。

　　「快速回顧人生」時，過去種種會像幻燈片一樣，一張張呈現在眼前。如果往事中有刻骨銘心、內心有愧或「不足

為外人道」的事情時，對瀕死的人有如在傷口上撒鹽一樣，會痛上加痛。

「快速回顧人生」後，瀕死者也許才知道，最後悔且痛心的是，原來根本不了解自己、太不愛惜自己，而且一生都在為別人而活。

俗云：「平時不做虧心事，夜半敲門也不驚。」經常警惕自己，盡量不做缺德、虧心的事，才是要緊。所謂「最後的審判」實際上就是自己在審判自己，人可以騙過任何其他人，但就是騙不了自己，臨死前的「幻燈片」是逃避不了的。唯有從現在開始，多花時間用心了解自己、愛惜自己、多為自己而活，活在當下，才是避免自己在死前懊悔的最好辦法。

切記一句話：「在生時，懂得用的錢稱為財產，捨不得用的錢稱為遺產。」人生短暫，何苦為拚遺產而辛苦一輩子？還是多為自己而活吧！

## 六、瀕死者為了交代後事，不得不將一些祕密曝光

瀕死者自知死期將至，為了交代後事，不得不將一些祕密曝光，然而此舉卻常會引起「關係人」的強烈反應，尤其在感情方面（親情、愛情等）最為顯著。一些「關係人」在情緒激動下，常會不顧瀕死者已面臨死亡，反而會以激烈的言詞或行為報復，致使瀕死者遭受極大的痛苦，甚而加速死亡。

理論上，在臨死前交代後事，將祕密說出來，好像是負

責任的表現，也求得自己的心安，必會得到「好死」。然而
實際狀況是，所謂「剪不斷，理還亂」，這麼一來，卻不得
安寧，不得「好死」。因為「關係人」是凡人，也會按捺不
住個人的情緒與行為。如果當事人真要有責任感及求得心安，
就應該在死前有能力處理時，把它安排好，處理妥當。而且
要未雨綢繆，有些安排甚至要十年以上的時間。

若只聽信「關係人」說「坦白從寬」的話，將使你死前吃
足苦頭，甚至在死後都不得安寧。所以，某些祕密就應隨人入
土為安，不要再增加自己或別人的困擾。至於人死之後，若還
有他人不滿或指責，當事人反正已聽不到，倒也無所謂了。

然而也曾聽說，某人死後，別人拿死者死前所開出的支
票、借據、協議書等，前來向家屬索討，可是死者死前所收
到的上述各種憑據，家屬卻不知道死者藏於何處，在如此狀
況下，不但使家屬吃了大虧，還會背負一堆困擾。所以，如
果有關財務問題，還是交代清楚較為妥當。

## 七、一生汲汲營營、夢寐以求的名、利、成就，有時反而會
　　成為自己的催命符

當瀕死消息傳出後，各種權力鬥爭、利益衝突、新仇舊
恨以及潛在矛盾等等，都會引爆或者浮上檯面，這些衝擊常
會令心力交瘁的瀕死者生不如死。此時瀕死者才醒悟，原來
一生汲汲營營、夢寐以求的名、利、成就，有時反而會成為
自己的催命符。

「狼群效應」——狼群中如果有年老或生病的狼，不論其以前對群體的貢獻有多大，都會成為其他狼群的攻擊對象，分而食之，是謂「弱肉強食」。還有古代「和氏璧」的故事，說明「和氏無罪，懷璧其罪」。這些故事就是點出老闆或領導者的危機，這些威脅或危機有來自比老闆等弱勢的人，是為了藉機報復或奪權；也有來自比老闆等更強勢的人，因為藉此可以再增利益或擴大地盤。

老闆或領導者若不能領悟到這一點，而於生前規劃對策、安排妥當，則將於死前悲嘆，原來一生汲汲營營、夢寐以求的名、利、成就，有時反而會成為自己的催命符，屆時生不如死而深深後悔。早知如此，倒不如當初做個凡夫俗子，雖然沒有很多名、利、成就，卻可生得安樂，死得「好死」。

## 瀕死者的「頓悟」

瀕死者在與死神奮鬥了一段時間後，雖然幸得逃脫，然而在經歷了上述幾種肉體和精神上的痛苦後，身心俱受重創，從而會產生兩種「頓悟」，一種是想逃避現實，遠離紅塵；另一種則產生危機感，想再積極奮鬥，以求得最後的安全感。

瀕死者對人性也會產生「頓悟」，在經過上述幾種痛苦的體驗後，終於悟到人性變化多端（包括自己在內），是非黑白、孰真孰假皆撲朔迷離，難以論斷，只有自求適應，自行了斷了。

「我執」就是「我的執著，一切以我為前提的心態」。

而「我執」存在人類基因中已數萬年，要用外力強行改變，談何容易？幸而，仍可用宗教、信仰、教育、自我要求等加以淡化。「我執」為因，煩惱為果，為了減少瀕死時的痛苦與悔恨，唯有平時盡量降低「我執」，讓自己獲得內心的平靜與心安。

然而，很詭異的是，在生時名、利、成就越多的人，瀕死時煩惱越多，越不容易心安。一生中汲汲營營的名、利、成就，甚至是「鞠躬盡瘁，死而後已」勢必要得到的這些東西，人們卻在瀕死時為了獲得內心的平靜與心安，以求得「好死」，而急於擺脫它們，這種情況真是矛盾、諷刺且令人錯愕！

也許哪一天我們「頓悟」後，才知道所謂「是非黑白、孰真孰假皆撲朔迷離，難以論斷」，也是另類的「我執」吧！

## 結語

瀕死者死而復生後，有些人的生活習慣會改變，有些人的性情會大變，而大部分人會對自己及別人都缺乏信心，也不知道如何規劃餘生，因此會有一段所謂「徬徨期」，有些人可能會長達數年之久，更有甚者，餘生都會在「徬徨期」中度過。

在「徬徨期」時，瀕死者內心的焦慮與情緒的波動，大都不願顯露出來，所以外人很難察覺。在長期的壓抑下，有些人會轉化成憂鬱症或躁鬱症。在這種情況下，唯有靠自己

堅強的意志力及親友們的關心與耐性，才能安然度過「徬徨期」。一旦家人冷漠或疏忽，就會讓瀕死者鬱鬱而終，或者導致死神再度降臨。

## 09 經歷瀕死與死而復生後的人生

我在十六年前經歷一場瀕死與死而復生之後，對於為什麼會活下來、為什麼會看到一些怪異現象，我一直百思不解，後來有幸請教幾位大師，大致得到兩個答案：一是上天要我回來，一定是有什麼使命要讓我完成；二是我一定做過不少善事，上天才會如此庇佑我[註19]。

回顧這十六年來，到底我的人生如何？我又完成了什麼事？大概可分成幸與不幸兩方面：

---

[註19]：經歷過死而復生後，一直想解開這個謎，也曾請益過數位大師，有一位大師問了我三個問題，一問：「你知道上天為什麼要讓你死嗎？」我答不知。二問：「你知道上天為什麼要讓你活嗎？」我也答不知。三問：「你知道上天為什麼要讓你又死又活嗎？」我再答不知。大師說：「既然都不知，那就不必問了！」我還是不懂，就請求大師再明說以解疑惑。大師說：「我只指點，回去想想，沒有慧根講了也是白講，請回吧！」我心想，問了也是白問，今天算是白跑了一趟，只好黯然而歸！一年後的某一天，突然頓悟了大師的話，一是：凡事必有因果，現在果已呈現（復生），善因生善果，答案已出，不必再問了！二是：人生旅途中很多事情，我們要在過程中努力並享受，結果並不重要，因對了果就對了，人生道理就是如此，不必想太多！然而，還是要提醒一下，經營企業就不一樣，經營企業是講效率、求效果，若只論過程不求目的，萬貫家財早晚敗光，而且還對不起股東、員工和家人，不得不慎乎！

## 有幸的方面

一、從人生絕望的谷底，再次上升到充滿希望的頂峰。

二、目前財富中90％是死而復生回來後這十六年中得到的。

三、從以前複雜的情感生活中脫離，回歸安寧生活。

四、當年兩個尚於稚齡的孩子，現已順利長大成人。

五、當年許多疑難雜症、無法解決的問題，大多已順利處理。

六、現在無法想像，假如當年我倉促死亡，家中不知要混亂、淒慘到什麼地步？

七、當年許多疑案，現在一一水落石出，終於真相大白，正義呈現，還我公道。

八、個人的睿智、氣度、修養、忍耐、思慮及活在當下的觀念更加增進不少，且驗證了「大難不死，必有後福」！

## 不幸的方面

我在瀕臨死亡之時，仍在規劃痊癒後如何讓公司再次發揚光大，可是回來後卻面臨一連串的鬥爭、霸凌、背信、誣衊，使得身心俱疲，最後在「道不同不相為謀」的執著下，我不得不離開創業了三十一年的公司，心中雖充滿不捨與無奈，然而也很高興脫離了是非之地，沒有了羈絆，從此海闊

天空，任我翱翔。塞翁失馬，焉知非福？

瀕死回來後，我更相信：「人在做，天在看」及「因果論」[註20]。這十六年來的苦難，幸得有家人、好友及正義之士的鼎力幫忙，還有一輩子不離不棄的「計謀」相助，雖關關難過卻關關過，在此謹致誠摯的感恩之意！

大家都以為經歷過死而復生之後，一定會大徹大悟，從此「頓悟」了！其實不然，可能前幾年會，然後隨著時間而遞減，十年後因人類的習性，又會回復到原來狀態。然而，離奇的是，我變成會寫作（四本書）、演講（三百多場）及教課（大學教授），這些都是我過去想都不敢想的才能，或許是這次的死而復生，讓我開竅了，也許這就是上天的恩賜。

除此之外，同時也領悟了一個從前無法體會的道理：「淡定、寧靜就是幸福！」然而，雖然領悟了，卻面臨「吾欲靜而風不止」的困境，近年來風波不斷，波濤洶湧，雖悟而不靜，既然無法靜下來，唯有選擇隨風起舞、隨心所欲了！

一生之中我曾有兩次機會，努力到可讓我所服務的公司市值達到百億之上，但兩次都在緊要關頭功虧一簣，無法達成，我覺得這是上天之意，是對我的考驗，所以無怨無悔。

若以農曆年紀計算，我今年已是八十高齡，我不願做三等老人（等老、等病、等死），然而也知道必須要有生命的

---

[註20]：「因果論」：一飲一啄莫非前定，出來混的總是要還。
• 善有善報，惡有惡報，不是不報，時候未到。
• 種善因不一定能得善果，但肯定不會招來惡報；種惡因不一定能得惡果，但肯定不會招來善報。

熱忱才能延年益壽。「有夢最美」，夢可以產生熱忱，所以我又再憧憬「百億的夢」，在八十歲又開始創業，做以前沒做過的行業，至於成功或失敗皆無所謂，因為人生終究不要留白。實際上我要的是，享受過程中因夢想而產生的熱忱，熱忱會激出快樂，讓生命爆出火花，能實現「自我價值」，最後的餘生才有意義，死而無憾！

國家圖書館出版品預行編目資料

計謀學：創造機會、改變命運的最佳武器／鄭世華著. -- 初版. --
臺北市：商周出版：英屬蓋曼群島商家庭傳媒股份有限公司城
邦分公司發行, 2022.09
　　面；　公分

ISBN 978-626-318-372-8（精裝）

1.CST: 謀略 2.CST: 成功法

177.2　　　　　　　　　　　　　　　111010972

新商業周刊叢書 BW0807C

# 計謀學：創造機會、改變命運的最佳武器

作　　　者／鄭世華
編 輯 協 力／陳鳳珠
責 任 編 輯／鄭凱達
版　　　權／吳亭儀
行 銷 業 務／周佑潔、林秀津、黃崇華、賴正祐、郭盈均

總 　編 　輯／陳美靜
總 　經 　理／彭之琬
事業群總經理／黃淑貞
發 　行 　人／何飛鵬
法 律 顧 問／台英國際商務法律事務所　羅明通律師
出　　　版／商周出版
　　　　　　臺北市中山區104民生東路二段141號9樓
　　　　　　電話：(02) 2500-7008　傳真：(02) 2500-7759
　　　　　　E-mail：bwp.service@cite.com.tw
發　　　行／英屬蓋曼群島商家庭傳媒股份有限公司　城邦分公司
　　　　　　臺北市中山區104民生東路二段141號2樓
　　　　　　讀者服務專線：0800-020-299　　24小時傳真服務：(02) 2517-0999
　　　　　　24小時傳真服務：(02)2500-1990．(02)2500-1991
　　　　　　讀者服務信箱E-mail：cs@cite.com.tw
　　　　　　劃撥帳號：19833503　戶名：英屬蓋曼群島商家庭傳媒股份有限公司城邦分公司
訂 購 服 務／書虫股份有限公司客服專線：(02) 2500-7718；2500-7719
　　　　　　服務時間：週一至週五上午09:30-12:00；下午13:30-17:00
　　　　　　24小時傳真專線：(02) 2500-1990；2500-1991
　　　　　　劃撥帳號：19863813　戶名：書虫股份有限公司
　　　　　　E-mail：service@readingclub.com.tw
香港發行所／城邦（香港）出版集團有限公司
　　　　　　香港灣仔駱克道193號東超商業中心1樓
　　　　　　Email：hkcite@biznetvigator.com
　　　　　　電話：(852)2508-6231　　傳真：(852)2578-9337
馬新發行所／城邦(馬新)出版集團【Cite (M) Sdn. Bhd.】
　　　　　　41, Jalan Radin Anum, Bandar Baru Sri Petaling, 57000 Kuala Lumpur, Malaysia
　　　　　　電話：(603)90578822　　傳真：(603)90576622　　Email：cite@cite.com.my

封 面 設 計／FE設計・葉馥儀　　　　　內文排版／唯翔工作室
印　　　刷／韋懋實業有限公司
總 　經 　銷／聯合發行股份有限公司　電話：(02) 2917-8022　傳真：(02) 2911-0053
　　　　　　地址：新北市新店區寶橋路235巷6弄6號2樓

■ 2022年9月15日初版1刷
■ 2023年6月 2日初版2.9刷

Printed in Taiwan

城邦讀書花園
www.cite.com.tw

定價：480元（紙本）330元（EPUB）　　　　　版權所有・翻印必究
ISBN：978-626-318-372-8（紙本）
ISBN：978-626-318-373-5（EPUB）

### 第20計 混水摸魚

**✿簡介**

利用混亂，達到目的。模糊焦
點。以假亂真，藉機行事。
偷雞摸狗，蒙混過關。化簡為
繁，化明為暗。障眼法。

———上班族行為

3600萬成交如何？

不好意思，

3300萬，怎麼

### 第21計 金蟬脫殼

**✿簡介**

避險求存，棄殼脫身。自然演
變，不露痕跡。分身術。脫身
術。棄保效應。斷尾求生。轉移
注意，擺脫危險。

———詐死

### 第22計 關門捉賊

**✿簡介**

誘使孤立，斷絕外援。口袋戰
術。運用行銷，包圍顧客。
布局困敵，斷其逃路。引君入
甕，誘敵深入。

———甕中捉鱉

這隻自以為高

### 第23計 遠交近攻

**✿簡介**

遠敵妥協，近敵解決。切割兼
併。先易後難，逐步擴張。
聯合次要，打擊主要。同業競
爭，異業結盟。

———吃裡扒外

第36計 走為上計

✤簡介

避開不利,保留實力。轉進重來。急流勇退,避禍得名。
停利、停損。以退為進,尋機制人。知難而退,保住本錢。

————白吃方式

第37計 以誠為本

✤簡介

應用於我方用計之前、用計之中、用計之後、無計可施時。
先表現誠意再論道理。為人厚道、處事精明。
先禮後兵,先誠後計。開誠佈公,真誠相待。
至誠無敵,多所助力。精誠所至,金石為開。

第38計 動靜互制

✤簡介

應用於我方用計之前、用計之中、用計之後、無計可施時。
以動制靜,以靜制動。尋求誘因,找出需求。因時制宜,
隨機應變。察言觀色,伺機出擊。使敵先動,動中找隙。
對方動時,我方靜待觀察;對方靜時,我方誘逼其動。

第39計 將計就計

✤簡介

應用於我方用計之中、是謂計中有計;應用於敵方用計之
後,是謂以計攻計。
以計攻計,見招拆招。計中有計,謀中有謀。
以計含計,整合謀算。順水推舟。藉勢而為。